Kohlhammer

Der Autor und die Autorin

Franz Herrmann ist seit 1998 Professor für Soziale Arbeit an der Hochschule Esslingen. Nach dem Studium der Sozialarbeit an der Fachhochschule Esslingen war er in der Jugend- und Gemeinwesenarbeit tätig. Über ein Aufbaustudium an der Universität Tübingen wurde er wissenschaftlicher Mitarbeiter in mehreren Projekten zur Jugendhilfeplanung. Mit anderen Freiberuflern gründete er 1993 das Netzwerk ›Planung und Beratung‹, in dem Sozialplanungen, Projektentwicklungen und -evaluationen mit öffentlichen und freien Trägern umgesetzt wurden. Er promovierte an der Universität Tübingen zu Möglichkeiten, Hindernissen und Strategien einer ›Planung des Sozialen‹. Seine aktuellen Lehr- und Forschungsschwerpunkte umfassen Jugendhilfe- und Sozialplanung, Praxisforschung, Qualitätsentwicklung, Konfliktarbeit und Kulturelle Bildung.

Bettina Müller ist seit 2009 Professorin für Sozialmanagement an der Hochschule Esslingen. Nach dem Studium der Allgemeinen und Sozialpädagogik an den Universitäten Göttingen und Bremen promovierte sie im Institut für interdisziplinäre Altersforschung in Bremen. Sie arbeitete als Sozialpädagogin sowie in leitender Position bei zwei gewerkschaftsnahen Bildungsträgern und baute dabei ein Netzwerk der Jugendberufshilfe in Zusammenarbeit mit fünf weiteren Trägern in Kiel auf. Auch in Niedersachsen und Baden-Württemberg engagierte sie sich in der Entwicklung von Bildungs- und Fördernetzwerken. Vor ihrem Ruf an die Hochschule Esslingen war sie im Modellprojekt »Bildungsregion Ravensburg« als Leiterin des Bildungsbüros tätig. Ihre aktuellen Lehr- und Forschungsschwerpunkte umfassen Organisationsentwicklung, Sozialmanagement in der Jugendberufshilfe und in Kindertageseinrichtungen, Schulsozialarbeit, Bildungsmanagement, Sport und Soziale Arbeit sowie Reitpädagogik.

Franz Herrmann, Bettina Müller

Qualitätsentwicklung in der Sozialen Arbeit

Grundlagen, Methoden, Umsetzung

Verlag W. Kohlhammer

Dieses Werk einschließlich aller seiner Teile ist urheberrechtlich geschützt. Jede Verwendung außerhalb der engen Grenzen des Urheberrechts ist ohne Zustimmung des Verlags unzulässig und strafbar. Das gilt insbesondere für Vervielfältigungen, Übersetzungen, Mikroverfilmungen und für die Einspeicherung und Verarbeitung in elektronischen Systemen.

Die Wiedergabe von Warenbezeichnungen, Handelsnamen und sonstigen Kennzeichen in diesem Buch berechtigt nicht zu der Annahme, dass diese von jedermann frei benutzt werden dürfen. Vielmehr kann es sich auch dann um eingetragene Warenzeichen oder sonstige geschützte Kennzeichen handeln, wenn sie nicht eigens als solche gekennzeichnet sind.

Es konnten nicht alle Rechtsinhaber von Abbildungen ermittelt werden. Sollte dem Verlag gegenüber der Nachweis der Rechtsinhaberschaft geführt werden, wird das branchenübliche Honorar nachträglich gezahlt.

Dieses Werk enthält Hinweise/Links zu externen Websites Dritter, auf deren Inhalt der Verlag keinen Einfluss hat und die der Haftung der jeweiligen Seitenanbieter oder -betreiber unterliegen. Zum Zeitpunkt der Verlinkung wurden die externen Websites auf mögliche Rechtsverstöße überprüft und dabei keine Rechtsverletzung festgestellt. Ohne konkrete Hinweise auf eine solche Rechtsverletzung ist eine permanente inhaltliche Kontrolle der verlinkten Seiten nicht zumutbar. Sollten jedoch Rechtsverletzungen bekannt werden, werden die betroffenen externen Links soweit möglich unverzüglich entfernt.

1. Auflage 2019

Alle Rechte vorbehalten
© W. Kohlhammer GmbH, Stuttgart
Gesamtherstellung: W. Kohlhammer GmbH, Heßbrühlstr. 69, 70565 Stuttgart
produktsicherheit@kohlhammer.de

Print:
ISBN 978-3-17-032073-4

E-Book-Formate:
pdf: ISBN 978-3-17-032074-1
epub: ISBN 978-3-17-032075-8
mobi: ISBN 978-3-17-032076-5

Franz Herrmann, Bettina Müller

Qualitätsentwicklung in der Sozialen Arbeit

Grundlagen, Methoden, Umsetzung

Verlag W. Kohlhammer

Dieses Werk einschließlich aller seiner Teile ist urheberrechtlich geschützt. Jede Verwendung außerhalb der engen Grenzen des Urheberrechts ist ohne Zustimmung des Verlags unzulässig und strafbar. Das gilt insbesondere für Vervielfältigungen, Übersetzungen, Mikroverfilmungen und für die Einspeicherung und Verarbeitung in elektronischen Systemen.

Die Wiedergabe von Warenbezeichnungen, Handelsnamen und sonstigen Kennzeichen in diesem Buch berechtigt nicht zu der Annahme, dass diese von jedermann frei benutzt werden dürfen. Vielmehr kann es sich auch dann um eingetragene Warenzeichen oder sonstige geschützte Kennzeichen handeln, wenn sie nicht eigens als solche gekennzeichnet sind.

Es konnten nicht alle Rechtsinhaber von Abbildungen ermittelt werden. Sollte dem Verlag gegenüber der Nachweis der Rechtsinhaberschaft geführt werden, wird das branchenübliche Honorar nachträglich gezahlt.

Dieses Werk enthält Hinweise/Links zu externen Websites Dritter, auf deren Inhalt der Verlag keinen Einfluss hat und die der Haftung der jeweiligen Seitenanbieter oder -betreiber unterliegen. Zum Zeitpunkt der Verlinkung wurden die externen Websites auf mögliche Rechtsverstöße überprüft und dabei keine Rechtsverletzung festgestellt. Ohne konkrete Hinweise auf eine solche Rechtsverletzung ist eine permanente inhaltliche Kontrolle der verlinkten Seiten nicht zumutbar. Sollten jedoch Rechtsverletzungen bekannt werden, werden die betroffenen externen Links soweit möglich unverzüglich entfernt.

1. Auflage 2019

Alle Rechte vorbehalten
© W. Kohlhammer GmbH, Stuttgart
Gesamtherstellung: W. Kohlhammer GmbH, Heßbrühlstr. 69, 70565 Stuttgart
produktsicherheit@kohlhammer.de

Print:
ISBN 978-3-17-032073-4

E-Book-Formate:
pdf: ISBN 978-3-17-032074-1
epub: ISBN 978-3-17-032075-8
mobi: ISBN 978-3-17-032076-5

Vorwort zur Reihe

Mit dem so genannten »Bologna-Prozess« galt es neu auszutarieren, welches Wissen Studierende der Sozialen Arbeit benötigen, um trotz erheblich verkürzter Ausbildungszeiten auch weiterhin »berufliche Handlungsfähigkeit« zu erlangen. Die Ergebnisse dieses nicht ganz schmerzfreien Abstimmungs- und Anpassungsprozesses lassen sich heute allerorten in volumigen Handbüchern nachlesen, in denen die neu entwickelten Module detailliert nach Lernzielen, Lehrinhalten, Lehrmethoden und Prüfungsformen beschrieben sind. Eine diskursive Selbstvergewisserung dieses Ausmaßes und dieser Präzision hat es vor Bologna allenfalls im Ausnahmefall gegeben.

Für Studierende bedeutet die Beschränkung der akademischen Grundausbildung auf sechs Semester, eine annähernd gleich große Stofffülle in deutlich verringerter Lernzeit bewältigen zu müssen. Die Erwartungen an das selbständige Lernen und Vertiefen des Stoffs in den eigenen vier Wänden sind deshalb deutlich gestiegen. Bologna hat das eigene Arbeitszimmer als Lernort gewissermaßen rekultiviert.

Die Idee zu der Reihe, in der das vorliegende Buch erscheint, ist vor dem Hintergrund dieser bildungspolitisch veränderten Rahmenbedingungen entstanden. Die nach und nach erscheinenden Bände sollen in kompakter Form nicht nur unabdingbares Grundwissen für das Studium der Sozialen Arbeit bereitstellen, sondern sich durch ihre Leserfreundlichkeit auch für das Selbststudium Studierender besonders eignen. Die Autor/innen der Reihe verpflichten sich diesem Ziel auf unterschiedliche Weise: durch die lernzielorientierte Begründung der ausgewählten Inhalte, durch die Begrenzung der Stoffmenge auf ein überschaubares Volumen, durch die Verständlichkeit ihrer Sprache, durch Anschaulichkeit und gezielte Theorie-Praxis-Verknüpfungen, nicht zuletzt aber auch durch lese(r)-freundliche Gestaltungselemente wie Schaubilder, Unterlegungen und andere Elemente.

Prof. Dr. Rudolf Bieker, Köln

Zu diesem Buch

Die Frage nach kompetentem Handeln in der Sozialen Arbeit sowie nach Folgen und Nutzen dieses Handelns für deren Adressat*innen ist so alt wie die Profession selbst. Denn es gehört zu den Charakteristika einer Profession, die Angemessenheit des eigenen Tuns und der dahinter liegenden Ziele zu überprüfen und zu reflektieren. Insofern ist die Qualitätsfrage in der Sozialen Arbeit kein neues Thema. Dennoch setzt erst in den 1990er Jahren ein systematischer Diskurs um den Begriff ›Qualität‹ im Hinblick auf die Organisationgestaltung der Sozialen Arbeit ein. In den folgenden Jahren erlebt die Thematik dann einen regelrechten Boom. Seine Dynamik entsteht aus verschiedenen (sozial-)politischen, fachlichen und professionsbezogenen Entwicklungen und ist nicht zuletzt beeinflusst durch die erfolgreiche Einführung von Qualitätsmanagementkonzepten (Qualitätsmanagement = QM) in der Erwerbswirtschaft. Um deutlich zu machen, worin es beim Thema Qualität in der Sozialen Arbeit geht, ist es hilfreich, sich die verschiedenen Bezugspunkte zu vergegenwärtigen.

Sozialpolitische Aspekte stehen in Zusammenhang mit dem in den 1980er Jahren begonnenen Umbau des Wohlfahrtsstaats zu einem aktivierenden Sozialstaat. Das damit verbundene ›Neue Steuerungsmodell‹ (NSM) in den öffentlichen Verwaltungen sowie die Verankerung des Qualitätsthemas in den Sozialgesetzen kennzeichnen eine neue Sicht auf soziale (Versorgungs-)Leistungen. Dieser neue sozialpolitische Fokus wendet sich deutlich stärker als bisher den Erträgen und Wirkungen sozialer Aufwendungen zu und fordert auch für den sozialen Sektor den Bewertungsmaßstab von Effizienz und Effektivität ein. Gleichzeitig wird nach verbesserten Formen staatlicher Steuerung der sozialen Leistungserbringung und des Verwaltungshandelns gesucht. Aktuell wird das Thema in vielen Arbeitsfeldern durch eine starke *Orientierung an Wirkungen* und der daraus resultierenden Frage geprägt, ob und wie sich soziale Dienstleistungen wirkungsorientiert(er) gestalten lassen. Eine so gewachsene Forderung nach mehr und sichtbarerer Qualität im sozialen Dienstleistungssektor kann nicht ohne Antwort und Diskussion innerhalb der Profession bleiben.

Professionspolitische Aspekte innerhalb der Qualitätsdebatte manifestieren sich deshalb v. a. in Reaktionen auf die kritischen Fragen aus Politik und Verwaltungen danach, ob die Angebote Sozialer Arbeit nicht besser und kostengünstiger bzw. Hilfeprozesse kürzer gestaltet werden können. Hierzu gibt es sehr unterschiedliche Standpunkte: Von den Befürworter*innen wird die Stärkung des Qualitätsthemas in der Sozialen Arbeit als Chance betrachtet, dadurch ein verbessertes Wissen über ihre Leistungen in der Gesellschaft herzustellen und so eine stärkere Legitimation der Politik gegenüber zu erreichen. Gegner*innen verstehen es als Zumutung und Fremdsteuerung von außen, wenn Soziale Arbeit sich durch ›Qualitätsnachweise‹ legitimieren soll und dafür (auch noch) vorgegebene QM-Instrumente, die z. T. aus der Wirtschaft stammen, verwendet werden.

Fachpolitische Aspekte betreffen eher die inhaltliche Auseinandersetzung mit dem Qualitätsthema. Hier sind seit den 1990er Jahren vier große fachliche Trends zu erkennen, die die Handlungskonzepte der Sozialen Arbeit mit neuen Qualitätsanforderungen speisen. Diese Trends sind: die praxisfeldübergreifende Verbreitung der Alltags- und Lebensweltorientierung sowie systemischer Theorie- und Handlungsmodelle, die Weiterentwicklung von Formen der Kasuistik und des methodischen Handelns sowie die Aufwertung planungsbezogener und betriebswirtschaftlicher Methoden. In diesen Konzepten geht es immer auch darum, die Charakteristika Sozialer Arbeit, wie z. B. die Ko-Produktion oder die Widersprüchlichkeit der Aufträge, zu bedenken.

Ein weiterer Aspekt der Qualitätsdiskussion beinhaltet Fragen nach dem passenden *Qualitätsbegriff* sowie angemessenen *Konzepten und Methoden* zur Planung und Lenkung von Qualität in Einrichtungen, Verbänden und Verwaltungseinheiten Sozialer Arbeit. Die folgende Abbildung fasst die beschriebenen Punkte noch einmal zusammen (▶ Abb. 1).

Damit ist das komplexe Feld umrissen, in dem sich dieses Buch bewegt. In den folgenden fünf Kapiteln werden wichtige theoretische Aspekte des Feldes näher beleuchtet sowie Methoden der Qualitätsentwicklung (QE), die für die Soziale Arbeit von Bedeutung sind, vorgestellt und an Praxisbeispielen veranschaulicht.

Kapitel 1 bietet einen Überblick über wesentliche Aspekte der Qualitätsdebatte, um die Relevanz des Themas bzw. die Unterschiedlichkeit der Interessenslagen zu verdeutlichen und so die Gebundenheit von Qualität in der Sozialen Arbeit an gesellschaftliche und persönliche Werte, Ziele und Erwartungen zu begründen. Es werden sozialpolitische Ansprüche und rechtliche Regelungen dargestellt, die Relativität des Qualitätsbegriffs sowie weitere Termini erläutert, die im Bereich QM und QE Verwendung finden (▶ Kap. 1).

Kapitel 2 thematisiert die Eigenschaften und Besonderheiten der Sozialen Arbeit, die für das Qualitätsthema von Belang sind. Dafür werden zunächst arbeitsfeldübergreifende Merkmale des beruflichen Handelns skizziert, um dann der Frage nachzugehen, was die Profession Soziale Arbeit charakterisiert. Da Angebote und Leistungen Sozialer Arbeit immer in einen organisatorischen Rahmen eingebettet sind, widmet sich das Kapitel auch dem Thema, wie Organisationen funktionieren und wie Veränderungen darin gestaltet werden können (▶ Kap. 2).

In *Kapitel 3* wird ein konzeptionelles Modell von QE vorgestellt, das aus unserer Perspektive den Charakteristika Sozialer Arbeit und Spezifika von Professionalität angemessen ist: Elemente der ›Praxisforschung‹ und ein Verständnis von Sozialer Arbeit als reflexivem methodischen Handeln bilden die Basis für dieses Modell und werden hier erläutert. Drei Aspekte rücken dabei in den Fokus: Erstens ein handlungsorientiertes Verständnis von Professionalität, zweitens ein Verständnis von QE als Weiterentwicklung von Fachlichkeit und als Form organisationalen Lernens sowie drittens bestimmte Methoden, die geeignet sind, die beiden ersten Aspekte zu realisieren (▶ Kap. 3).

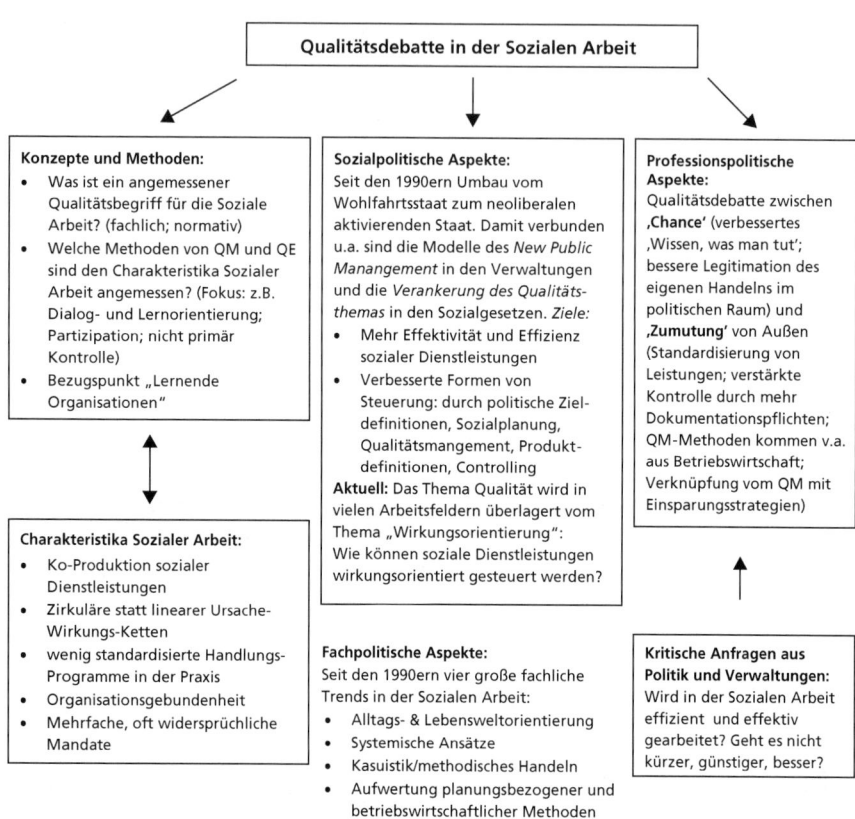

Abb. 1: Die Qualitätsdebatte in der Sozialen Arbeit, eigene Darstellung

Kapitel 4 veranschaulicht unser Modell an konkreten Qualitätsprojekten und bildet den praxisorientierten Kern dieses Bandes. Auf der Basis von fünf übergreifenden Handlungsmustern, die wir im Kontext von QE in der Sozialen Arbeit für besonders relevant halten, werden Methoden und Werkzeuge vorgestellt, die alleine oder in Kombination miteinander angewendet werden können, um QE systematisch und strukturiert umzusetzen. Diese Instrumente werden mit Beispielen aus der Kinder- und Jugendhilfe und der Beschäftigungsförderung illustriert (▶ Kap. 4).

Bei der Einführung bzw. Gestaltung von QE in Einrichtungen der Sozialen Arbeit müssen verschiedene Bedingungen berücksichtigt werden. So braucht es Strukturen und Verfahren, die zur konkreten Organisation passen, Wissen und Strategien zum Umgang mit Widerständen, das richtige Timing etc. (▶ Kap. 5), damit QE gelingen kann. Mit diesen Themen beschäftigt sich das abschließende *Kapitel 5.*

Während der Entstehung dieses Buches haben wir einige langjährige Leitungskräfte aus der Kinder- und Jugendhilfe, Wohnungslosenhilfe sowie von Freiwilligendiensten zu ihren Erfahrungen bei der Entwicklung und Implementierung von Systemen der QE befragt. Ergebnisse dieser Untersuchung fließen illustrierend und pointierend in unsere Darstellungen ein.

Bedeutung des Buches für die Praxis Sozialer Arbeit

Der Qualitätsdiskurs in der Sozialen Arbeit ist komplex und widersprüchlich. Er ist gleichzeitig Chance und Zumutung für die Profession. Unser Ziel in diesem Buch ist es zu zeigen, wie die Perspektive der ›Chance‹, die in diesem Thema steckt, gestärkt werden kann und Fachkräfte diese Seite in ihrer Praxis methodisch und strategisch besser zur Geltung bringen können. Es geht darum, im Wissen um die zuvor skizzierten Diskurse praktikable Möglichkeiten aufzuzeigen, das Thema QE in den eigenen Einrichtungen fachlich angemessen anzugehen. Es ist unsere Überzeugung, dass für die Schaffung professioneller Handlungsfähigkeit in der Sozialen Arbeit der geplante, Kriterien geleitete und selbstreflexive Umgang mit Fragen der Herstellung und Messung von Qualität unerlässlich ist. Der Band »Qualitätsentwicklung in der Sozialen Arbeit« in der Lehrbuchreihe »Grundwissen Soziale Arbeit« zielt deshalb darauf ab, Wissensinhalte und methodisches Werkzeug zu vermitteln, um (angehende) Fachkräfte der Sozialen Arbeit in die Lage zu versetzen, Schritt für Schritt Qualität im eigenen Arbeitsfeld zu definieren, zu konkretisieren und zu überprüfen.

Das *Besondere dieses Buches* ist, dass wir dazu in Kapitel 3 ein eigenes Modell von QE als konzeptionellen Bezugspunkt vorschlagen. Außerdem veranschaulichen wir unsere methodischen Ausführungen in Kapitel 4 und 5 an zahlreichen Beispielen aus der Praxis. In Kapitel 4.1.3 wird dazu als Fallbeispiel eine Organisation beschrieben, die in unterschiedlichen Feldern der Kinder- und Jugendhilfe sowie der Beschäftigungsförderung tätig ist, und auf die wir uns bei den methodischen Ausführungen immer wieder beziehen werden.

Esslingen, Juli 2019
Franz Herrmann und Bettina Müller

Inhalt

Vorwort zur Reihe 5

Zu diesem Buch 6

1 **Qualität in der Sozialen Arbeit: Grundlagen** 15
   1.1   Qualität als Aufgabe von Unternehmen 15
   1.2   Qualität als Aufgabe in der Sozialen Arbeit 17
         1.2.1   Auslöser und Hintergründe der Qualitätsdebatte 17
         1.2.2   Standpunkte in der Qualitätsdebatte 21
         1.2.3   Qualitätsanforderungen in den Sozialgesetzen 24
   1.3   Grundlagen der Qualitätsgestaltung 28
         1.3.1   Definitionen und Charakteristika von ›Qualität‹ 28
         1.3.2   Ansprüche und Anspruchsgruppen im Hinblick
                 auf Qualität 31
         1.3.3   Aufgaben organisatorischer Qualitätsgestaltung 32
         1.3.4   Bezugspunkte organisatorischer Qualitätsgestaltung ... 35
         1.3.5   Dimensionen von Qualitätsentwicklung (QE) 39
   1.4   Qualitätsmodelle 40

2 **Gestaltung von Qualitätsentwicklung (QE)**
   in der Sozialen Arbeit 44
   2.1   Das Tätigkeitsfeld: Arbeitsfeldübergreifende Charakteristika
        Sozialer Arbeit 44
         2.1.1   Soziale Arbeit als personenbezogene soziale
                 Dienstleistung 46
         2.1.2   Das Prinzip der Ko-Produktion 47
         2.1.3   Widersprüchliche Aufträge als Bezugspunkt
                 professionellen Handelns 48
   2.2   Die Fachkräfte: Professionalität und professionelles Handeln 49
         2.2.1   Das strukturbezogene Professionalisierungsmodell 49
         2.2.2   Handlungsorientierte Professionalität 51
   2.3   Organisationen: Der Rahmen professionellen Handelns 59
         2.3.1   Organisation und Soziale Arbeit – ein Strukturmodell 60
         2.3.2   Drei Perspektiven zum Verständnis
                 von Organisationen 62
         2.3.3   Organisationslernen 64
         2.3.4   Organisation und Professionalität 66

3		**Qualitätsentwicklung (QE) als Praxisforschung und reflexives methodisches Handeln – das methodische Modell**	**69**
	3.1	Methodische Bezugspunkte	70
		3.1.1 Praxisforschung und Qualitätsentwicklung (QE)	70
		3.1.2 Methodisches Handeln und Qualitätsentwicklung (QE)	74
	3.2	Nutzung des Modells in der Praxis	79
4		**Methoden und Werkzeuge zur Qualitätsentwicklung (QE) in der Sozialen Arbeit**	**81**
	4.1	Einführung	81
		4.1.1 Übergreifende Handlungsmuster im Kontext der Qualitätsentwicklung (QE)	82
		4.1.2 Zwei Werkzeuge zur strukturierten Erfassung professionellen Handelns	82
		4.1.3 Das Fallbeispiel: Eine Organisation Sozialer Arbeit überprüft und entwickelt die Qualität ihrer Arbeit	92
	4.2	Handlungsmuster »Überprüfen was man tut« – Die Methode Evaluation	93
		4.2.1 Formen von Evaluation	94
		4.2.2 Methodische Arrangements von Evaluation zwischen Praxisbezug und Forschung	96
		4.2.3 Handlungsschritte bei (Selbst-)Evaluationen	97
		4.2.4 Gütekriterien von Evaluationen: Was zeichnet eine ›gute Evaluation‹ aus?	103
		4.2.5 Wichtige Typen und Gegenstände der (Selbst-)Evaluation im Kontext der Qualitätsentwicklung (QE) ...	104
		4.2.6 Praxisbeispiel: Evaluation der Sozialpädagogischen Familienhilfe (SPFH)	111
	4.3	Handlungsmuster »Probleme in der Organisation systematisch untersuchen und Lösungen entwickeln« – Die Methode Praxisforschung	115
		4.3.1 Formen von Praxisforschung	116
		4.3.2 Handlungsschritte im Kontext der Praxisforschung ...	117
		4.3.3 Praxisbeispiel: Beschreibende Praxisforschung in der Schulsozialarbeit	119
	4.4	Handlungsmuster »Rahmenbedingungen der eigenen Arbeit untersuchen«	124
		4.4.1 Ziele und Bezugspunkte von Untersuchungen der Rahmenbedingungen	125
		4.4.2 Analysen des Umfeldes einer Einrichtung	127
		4.4.3 Analysen der inneren Bedingungen einer Organisation	142
	4.5	Handlungsmuster »Konzeptionell fassen, was man tut bzw. tun will« – Die Methode Konzeptionsentwicklung	153
		4.5.1 Begriffsdefinition und Aufgaben von Konzeptionen ..	153
		4.5.2 Konzeptionsarten	157

	4.5.3	Arbeitsschritte bei einer Konzeptionsentwicklung	160
	4.5.4	Inhaltliche Aufgaben bei einer Konzeptionsentwicklung	162
4.6		Handlungsmuster »Etwas Neues entwickeln und erproben« – Innovationszyklus und Projektmanagement	178
	4.6.1	Der Innovationszyklus	179
	4.6.2	Projektmanagement	182

5 Die Implementierung von Qualitätsentwicklung (QE) in Organisationen 190

5.1	Der Ausgangspunkt: Situations- bzw. Problemanalyse in der Organisation		190
5.2	Die Gestaltung von QE-Prozessen		191
5.3	Herausforderungen bei der Einführung und Gestaltung von QE		196
	5.3.1	Widerstand gegen Veränderungen	196
	5.3.2	Die Bedeutung des Faktors Zeit	200
	5.3.3	Zur Organisation passende Verfahren und Strukturen	202
	5.3.4	Der Nutzen des ›Blicks von außen‹	205
	5.3.5	Erforderliche Ressourcen	207
	5.3.6	QE als Leitungsaufgabe	209

Literatur 214

Abkürzungsverzeichnis 220

Abbildungsverzeichnis 222

Tabellenverzeichnis 223

1 Qualität in der Sozialen Arbeit: Grundlagen

Was Sie in diesem Kapitel lernen können

Um sich fundiert mit dem Thema Qualität in der Sozialen Arbeit auseinandersetzen und es in seiner Komplexität verstehen zu können, ist grundlegendes Wissen erforderlich. In diesem Kapitel informieren wir Sie deshalb darüber,

- welche Gründe für das Erstarken der Qualitätsdebatte in der Sozialen Arbeit verantwortlich sind (▶ Kap. 1.2.1),
- warum es sehr unterschiedliche Positionen in diesem Diskurs gibt und woraus sich die Vielfalt der Positionen in der Sozialen Arbeit zu diesem Thema begründet (▶ Kap. 1.2.2),
- in welcher Weise gesetzliche Vorgaben Anforderungen an die Qualität in der Sozialen Arbeit stellen und welche Interessensgruppen es sonst noch gibt (▶ Kap. 1.2.3),
- worauf sich Begriffe rund um das Thema Qualität wie z. B. Qualitätssicherung und QM inhaltlich fokussieren und warum dennoch eine Trennschärfe nicht immer möglich ist (▶ Kap. 1.3),
- welche verschiedenen Qualitätsmodelle es gibt (▶ Kap. 1.4),
- mit welchen Überlegungen Einrichtungen der Sozialen Arbeit konfrontiert sind, wenn sie entscheiden müssen, welches Modell sie anwenden wollen (▶ Kap. 1.4).

1.1 Qualität als Aufgabe von Unternehmen

»Qualität beschäftigt die Menschheit wahrscheinlich von Beginn an, sicher jedoch seitdem Waren und Güter ausgetauscht werden« (Antosch 2013, S. 5). Beispiele für historische Qualitätsthemen sind die Überprüfung von Gold- und Silbergehalten in Münzen von König Hieron II. von Syrakus (ebd.) oder Anforderungen an Bauwerke zu babylonischen Zeiten (Gerull 2012, S. 27). Die historischen Entwicklungslinien zur Festlegung gesicherter Eigenschaften von Waren und Dienstleistungen sollen hier nicht nachgezeichnet werden. Wichtig aber ist es zu realisieren, dass das Thema Qualität da eine Rolle spielte und geregelt werden musste, wo es um den Austausch von Gegenständen, Produkten oder Dienstleistungen zwischen verschiedenen Parteien ging und wo davon auszugehen war, dass die Interessen der Nutzer*innen und der Hersteller*innen oder Verkäufer*innen an das Produkt oder die Leistung nicht identisch waren.

Die Wurzeln einer Beschäftigung mit Qualitätsfragen als explizite betriebliche Strategie können auf das beginnende 20. Jahrhundert datiert werden. Mit dem Scientific Management wurde die Kontrolle von Qualität erstmals zu einer wichtigen und expliziten Zielperspektive einer wissenschaftlich begründeten Betriebsführung, dessen Konzept eng mit dem Namen des Ingenieurs Frederic Taylor verbunden ist. Zunächst ging es darum, mittels eigens dafür eingestellter Kontrolleur*innen möglichst viele fehlerhafte Produkte am Ende der Produktionskette auszusortieren und so nachzubearbeiten, dass sie schließlich – intakt – verkaufbar waren. Von einer Qualitätskontrolle dieser Art, die v. a. im Aussortieren und anschließendem Wiederherstellen von schadhaften Endprodukten bestand, ging man in den 1930er Jahren über zur systematischen und statistisch unterstützten Suche nach Fehlern im Produktionsprozess, die v. a. in der Kriegsproduktion zu Beginn des Zweiten Weltkriegs angewendet und präzisiert wurde. Auslöser waren hier sowohl der Wunsch, die Kosten der Produktion zu reduzieren, als auch die Forderung weiterverarbeitender Industriezweige, zugelieferte Stoffe und Waren als einwandfreie Ausgangsgrößen für die eigene Produktion zu erhalten.

Ab der Mitte des 20. Jahrhunderts wurde dann eine komplexere Sichtweise auf Qualität in Unternehmen propagiert und praktiziert. Angestoßen durch Japans wirtschaftlichen Erfolg, der u. a. auf ein umfassendes QM zurückgeführt wurde, praktizierten auch bald US-amerikanische und europäische Unternehmen ein QM, das nicht mehr nur die fehlerfreie Gestaltung des Produktionsprozesses im Fokus hatte, sondern *alle* Prozesse im Unternehmen einem Qualitätsdenken unterwarf (DGQ 2016, S. 5). Ein Management von Qualität wurde installiert, das mit der Optimierung der individuellen Arbeitsplätze beginnt und über die Verbesserung der Abstimmung verschiedener Arbeitsabläufe bis hin zur Gestaltung einer qualitätsfördernden Organisationskultur reicht, um »nachhaltig gute Arbeit« zu leisten (ebd.). W. Edward Deming und Joseph M. Juran lieferten das wohl bekannteste »Planungstool« einer so ausgerichteten und fortdauernd angelegten Qualitätsphilosophie: den Kreislauf des Planens, Umsetzens, Überprüfens und Verbesserns, bekannt unter dem Namen »Deming-Zyklus« oder »PDCA-Zyklus: Plan, Do, Check, Act« (Trubel/Bastian 2016, S. 17). Parallel zu dieser sich auch in Deutschland etablierenden Sichtweise wurden zahlreiche Verfahren dafür entwickelt, Qualität im Unternehmen umfassend zu gestalten und so Produkte auf einem globalen Markt in ihrer Qualität vergleichbar zu machen. Prominente Beispiele dafür sind Six Sigma, TQM (Total Quality Management), DIN EN ISO 9000ff.und EFQM (European Foundation for Quality Management). Diese Akronyme stehen für – auch in der Sozialwirtschaft – gebräuchliche QM-Konzepte. Insgesamt wird heute das umfassende Managen von Qualität als wichtiger Faktor für die Sicherung von Erfolg und Wettbewerbsfähigkeit von erwerbswirtschaftlichen Unternehmen verstanden (▶ Abb. 2).

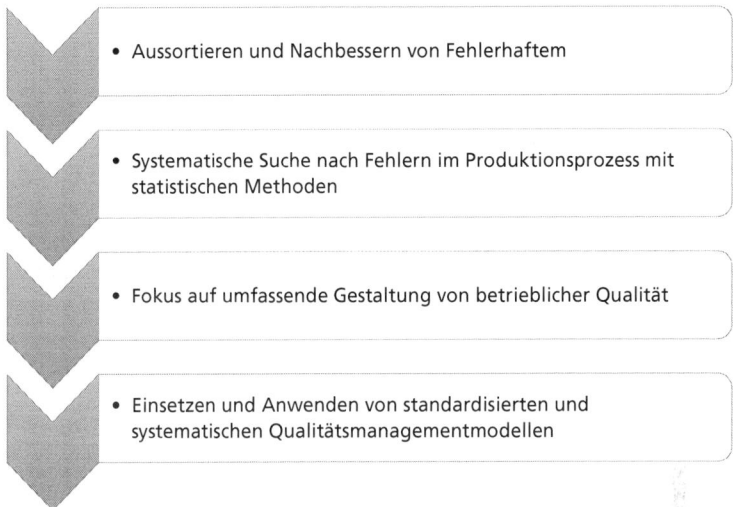

Abb. 2: Entwicklungslinie »Qualität im betrieblichen Kontext«, eigene Darstellung

1.2 Qualität als Aufgabe in der Sozialen Arbeit

1.2.1 Auslöser und Hintergründe der Qualitätsdebatte

Obwohl die Frage nach Qualität und die Suche nach Fehlern und Verbesserungsmöglichkeiten schon immer Bedeutung in der Sozialen Arbeit hatten, erfuhr die Qualitätsdebatte im sozialen Sektor in den 1990er Jahren einen immensen Auftrieb. Als Auslöser sind drei Faktoren zu identifizieren:

- eine Veränderung des Verständnisses von Sozialstaatlichkeit,
- eine neue Sichtweise auf die Gestaltung von Organisationen,
- die Kritik unterschiedlicher Akteure an der bisherigen Gestaltung Sozialer Arbeit.

Veränderung des Verständnisses von Sozialstaatlichkeit: In den 1990er Jahren setzte ein grundlegender Umbau des Sozialstaates ein. Dieser Umbau zielte darauf ab, die »*Kosten der sozialen Dienstleistungserbringung insgesamt zu senken*« (Buestrich/Wohlfahrt 2008, S. 20; Herv. die Verf.). Hintergrund dieses neuen Kurses war einerseits der staatliche Wille, die Wettbewerbsfähigkeit Deutschlands im internationalen Wirtschaftsgeschehen z. B. durch Abbau der Lohnnebenkosten zu sichern und zu stärken. Andererseits stand aufgrund einer wachsenden Schuldenlast der öffentlichen Haushalte der sozialstaatliche Bereich »hinsichtlich Zuständigkeit und Finanzierung« in Konkurrenz mit anderen Bereichen (Holdenrieder 2017a, S. 33). Bei diesem Umbau ging es insbesondere darum, die »Leistungsreserven« (Buestrich/Wohlfahrt 2008, S. 20) sowohl bei den leistungserbringenden als auch bei den Leistungen in Anspruch nehmenden Akteuren zu mobilisieren und freizusetzen. Eine Aktivierung aller Potentiale sollte dafür sorgen, die Eigenverantwortlichkeit der Bürger*innen und der wohlfahrtsstaatlichen Leistungsträger zu stärken. Diese folgenreiche sozialstaatliche Neuausrichtung lässt sich auch als »Wandel des Selbstverständnisses des Sozialstaates vom ›Versorgungsstaat‹ zum ›Minimalstaat‹ bzw. ›aktivierenden Staat‹« (Speck/Olk 2008, S. 78) bezeichnen. Durch die Verheißung, mit dieser sozialstaatlichen Kehrtwende die Sozialkosten inklusive der »Lohnnebenkosten« massiv begrenzen und qualitativ hochwertigere Leistungen hervorbringen zu können, fielen Widerstände gegen diese grundlegende Veränderung eher verhalten aus (Dahme/Wohlfahrt 2014, S. 1279). Als geeigneter Weg für die Neuausrichtung wurde die Anwendung von Instrumenten aus der Ökonomie gesehen und eine damit verbundene Fokussierung von Effektivität (Wirksamkeit) und Effizienz (Wirtschaftlichkeit). Der so angestoßene Prozess der Einführung betriebswirtschaftlicher Rationalitätskriterien im sozialen Sektor wird auch als »Ökonomisierung des Sozialen« bezeichnet. Die Qualitätsdiskurse nehmen darin eine zentrale Rolle ein und sind »in einem neuen, erweiterten Kontext und (…) nicht mehr nur als disziplin- und professionsinterne Fachlichkeitsdiskurse zur Verbesserung und Professionalisierung der Sozialen Arbeit zu lesen« (ebd., S. 1278). Vielmehr zielt der Qualitätsdiskurs in diesem veränderten Verständnis von Sozialstaatlichkeit darauf ab, mit einer gesicherten und standardisierten Leistungserbringung maximal mögliche und kalkulierbare Wirkungen zu erzielen, die durch regelmäßige Qualitätsüberprüfungen nachgewiesen werden können.

Neue Sichtweise auf die Gestaltung von Organisationen: Dieser wachsende Leistungs- und Legitimationsdruck (Arnold 2014, S. 586) steht im Zusammenhang mit einer grundsätzlichen sozialstaatlichen *Kritik an der Organisationsgestaltung* in den eigenen Verwaltungen sowie in Institutionen, die im Auftrag der öffentlichen Verwaltung soziale Dienstleistungen erbringen. So wurden der Verwaltung mangelnde Kund*innenorientierung, fehlende Zielgenauigkeit, ein überbordender schwerfälliger bürokratischer Apparat sowie Innovationsfeindlichkeit vorgeworfen (Emanuel 2015, S. 39). Auf Grundlage dieser Unzufriedenheit politischer Entscheidungsträger*innen setzte sich die Einschätzung durch, dass *neue Steuerungsinstrumente* erforderlich seien, um die Arbeit der öffentlichen Hand und ihrer Leistungserbringer effektiver und effizienter zu machen. Die bereits in den 1970er Jahren aufkommende Forderung nach einer Veränderung der Sozialverwaltung, die im Zusammenhang mit einem starken Zuwachs an Hilfebedarfen im Kinder- und Jugendhilfebereich stand (Olk/Speck 2008, S. 79), kumulierte Mitte der 1990er Jahre in einer umfassenden Verwaltungsmodernisierung, für die das NSM als geeignetes Instrumentarium angesehen wurde.

Das Neue Steuerungsmodell (NSM)

1993 wurde das NSM von der Kommunalen Gemeinschaftsstelle für Verwaltungsvereinfachung (KGSt, ab 2005 Kommunale Gemeinschaftsstelle für Verwaltungsmanagement) beschrieben und den Kommunen zur Einführung empfohlen (KGSt 2017). Das NSM gilt als deutsche Sonderform des New Public Managements, dessen Anliegen es war, »betriebswirtschaftliche Effizienzkriterien, Managementdenken sowie Wettbewerbsmechanismen (...) auf Verwaltungen zu übertragen und diese von Bürokratien in moderne Dienstleistungsunternehmen umzuwandeln« (Holdenrieder 2017a S. 37). Intention des Modells war es, eine grundlegende Verwaltungsreform anzustoßen, um eine leistungsfähigere und nach Maßstäben des modernen Managements gestaltete Bürokratie zu ermöglichen. Als Ausgangspunkt für das NSM sind v. a. die Unzulänglichkeiten der bürokratischen Behördenorganisation zu nennen, die sich u. a. durch eine geringe Ergebnisorientierung auszeichnete (Dahme/Wohlfahrt 2013, S. 97).

Im Kern richteten sich die Empfehlungen des Modells auf folgende Gestaltungselemente von Kommunalverwaltungen und andere größere Verwaltungseinheiten:

- eine neue partizipations- und leistungsorientiertere Sichtweise auf die Mitarbeiter*innen,
- eine stärkere Orientierung an den Kund*innen,
- ein Bedeutungszuwachs von Wettbewerb sowie eine stärkere Gewichtung der Ergebnisse des Verwaltungshandelns (Bieker 2004, S. 27ff).

Insgesamt ging es darum, eine andere Art des Verständnisses von Kommunalverwaltungen zu implementieren und die »Stadt als Unternehmen« zu gestalten. Nach *innen* bedeutete dies, dass z. B. eine moderne Personalmanagementstrategie entwickelt werden sollte, in der Mitarbeiter*innen einerseits mehr Mitgestaltungsmöglichkeiten und Eigenständigkeit bekommen, andererseits aber auch mehr mit Verantwortung und Nachweispflichten für die Ergebnisse ihres Handelns versehen sind. Für das Verhältnis nach *außen* sollte z. B. eine größere Nähe zu privaten Unternehmen gesucht werden, um durch Partnerschaften mit Firmen und anderen privatwirtschaftlichen Organisationen besser die eigenen Ziele erreichen zu können. Die vorgeschlagenen Strategien bewegten sich dabei zwischen den Polen von Stabilität und Flexibilität: *Stabilität* beinhaltet mehr Verlässlichkeit bei den Leistungen und Kosten, *Flexibilität* eröffnet die Möglichkeit, auf veränderte Interessen von Kund*innen und Partner*innen reagieren zu können (Wöhrle 2008, S. 10).

Als weiterer Ansatzpunkt der Modernisierung wurden *neue Finanzierungsstrukturen* implementiert. Diese nahmen Abstand vom Selbstkostendeckungsprinzip, also davon, dass die Kostenträger alle Selbstkosten von Einrichtungen ausgleichen, und führten stattdessen das Prinzip der Leistungsentgelte ein, in dem nicht nur Anreize sondern auch Zwänge für eine wirtschaftliche, d. h. effiziente Organisationsgestaltung enthalten waren. Diese neue Finanzierungsform zeichnet sich dadurch aus, dass Entgeltvereinbarungen zwischen Kostenträger und Leistungserbringer mit festgelegten Kostensätzen pro Stunde, pro Tag oder pro Monat für einen definierten Zeitraum getroffen werden (Holdenrieder 2017a S. 39). Die sozialen Einrichtungen sahen sich nun mit der Notwendigkeit konfrontiert, eine betriebswirtschaftliche Kostenkalkulation zu erstellen und von einer nutzer*innenorientierten Bedarfsdeckung abzurücken.

Insgesamt wurde gefordert, dass sich die sozialen Organisationen unter Anwendung professioneller Methoden aus dem Bereich der Betriebswirtschaft neu strukturieren, um einer wachsenden und sozialstaatlich gewünschten Konkurrenz begegnen zu können (Olk/Speck 2008, S. 78).

Die Neuausrichtung der organisatorischen Gestaltung der Sozialverwaltung und der Einrichtungen Sozialer Arbeit beinhalteten folgende zentralen Anforderungen:

- Nachweise erbringen über Wirksamkeit und Wirtschaftlichkeit,
- Kosten minimieren v. a. durch effizienzorientierten Personaleinsatz,
- alle Organisationsbereiche nach betriebswirtschaftlichen Kriterien durchgestalten,
- der wachsenden Konkurrenz mit anderen Anbieter*innen begegnen können.

Kritik unterschiedlicher Akteure an der bisherigen Gestaltung Sozialer Arbeit:
Neben dieser sozialstaatlichen und organisatorischen Neuausrichtung des sozialen Sektors stärken bis heute Debatten um Planungs- und methodische Mängel Sozialer Arbeit den Wunsch nach professionelleren Instrumenten zur Gestaltung ›guter Sozialer Arbeit‹. Das Verlangen nach ›fachlichen Standards‹, die sich bis dato eher auf die *strukturelle* Qualitätsdimension gerichtet hatten, wurde deutlich ausgeweitet auf Fragen nach praxistauglichen Konzepten zur *Umsetzung* theoretischer Leitkonzepte sowie zur Mess- und Nachweisbarkeit von *Erfolgen und Wirkungen* Sozialer Arbeit. Auch wenn insbesondere zu letztgenanntem Aspekt die Fachwelt eine ambivalente Haltung zeigt, steht doch klar die Forderung nach systematischer Entwicklung von Kriterien für qualitätsvolles Handeln in der Sozialen Arbeit im Raum (Merchel 2013, S. 30f).

Aber nicht nur von staatlicher und fachlicher Seite wurden Forderungen nach mehr oder transparenterer Qualität Sozialer Arbeit laut. Arnold (2014) nennt als weitere Interessensgruppen insbesondere die Leistungsempfänger*innen, die Öffentlichkeit und die Mitarbeiter*innen (S. 586f).

Durch eine verstärkte Dienstleistungs- und Lebensweltorientierung erfahren Bedürfnisse und Wünsche der unmittelbaren *Adressat*innen* Sozialer Arbeit vermehrt Aufmerksamkeit. Im Dienstleistungsgedanken spiegelt sich die Auffassung wider, dass die Adressat*innen die eigentlichen Produzent*innen im sozialen Dienstleistungsgeschehen sind (Schaarschuch 2003, S. 157) und so die Angebote nach eigener Logik und Bedürfnislage in ihre Lebenssituation integrieren. Das bedeutet, nur wenn Angebote an diese Logiken und Bedürfnisse anknüpfen, haben sie einen Gebrauchswert für die Adressat*innen. Der Lebensweltorientierung liegt die Auffassung zugrunde, dass die Lebensverhältnisse und Bewältigungsmuster der Adressat*innen den Ausgangspunkt Sozialer Arbeit bilden müssen und nicht abstrakte Normen und Wertvorstellungen. Die Qualität Sozialer Arbeit bestimmt sich in beiden Ansätzen also dadurch, wie sehr es gelingt, die Lebenssituationen, Sichtweisen und Relevanzsysteme der Adressat*innen zum Ausgangspunkt der Leistung zu machen und durch Partizipation den eigentlichen Produzent*innenstatus der Adressat*innen zu realisieren.

Auch die (nicht direkt betroffene) Anspruchsgruppe der *Bürger*innen* bzw. die *Öffentlichkeit* inklusive der sie begleitenden Medien fordern verstärkt einen sorgsameren Umgang mit gesellschaftlichen Ressourcen ein und erhöhen so den Druck auf die sozialen Einrichtungen, ihre Arbeit durch die Qualität ihrer Ergebnisse zu legitimieren. Dafür sind systematische, dokumentierte und nachvollziehbare Qualitätsstandards notwendig.

Schließlich sind noch die *Mitarbeiter*innen* zu nennen, die Ansprüche an Qualität Sozialer Arbeit stellen. Hier richten sich die Ansprüche sowohl an ihr eigenes fachliches Handeln und das ihrer Kolleg*innen und Vorgesetzten als auch an die Rahmenbedingungen, die Arbeitgeber*innen zur Verfügung stellen, die aber auch von den Kostenträgern und letztlich vom Gesetzgeber verantwortet werden.

1.2.2 Standpunkte in der Qualitätsdebatte

Der Bedeutungszuwachs der Qualitätsfrage in der Sozialen Arbeit wird sehr ambivalent beurteilt. Angesichts der skizzierten Hintergründe und Anlässe der Debatte ist nachvollziehbar, dass eine uneingeschränkt positive Einschätzung kaum möglich ist, denn die Forderung nach mehr und nachweisbarer Qualität rüttelt an professionellen Grundüberzeugungen und bringt neue Anforderungen an die Organisations- und Leistungsgestaltung Sozialer Arbeit mit sich.

Im Folgenden sollen zentrale Standpunkte zum Qualitätsdiskurs nachgezeichnet werden. Die Darstellung erhebt weder Anspruch auf Vollständigkeit noch wird eine Bewertung dieser Argumentationen vorgenommen. Es soll vielmehr deutlich werden, wie die ›Qualitätsoffensive‹ der 1990er Jahre von Profession und Disziplin Sozialer Arbeit aufgenommen und mit welchen Hoffnungen und Fragezeichen sie verbunden wurde. Zunächst sollen die befürwortenden Argumentationen, Einschätzungen und Hoffnungen, die sich auf die Stärkung der Qualitätsfrage richteten, dargestellt werden.

Die *erste Argumentationslinie* geht davon aus, dass die explizite und organisatorisch verankerte Beschäftigung mit dem Thema Qualität einer *Legitimierung* Sozialer Arbeit dienen kann (Merchel 2013, S. 33). Nach *außen* bieten Qualitätsnachweise die Gelegenheit, Existenz und Arbeitsweisen Sozialer Arbeit zu rechtfertigen, denn eine »Profession, die auf Dauer glaubwürdig bleiben will, muss Auskunft darüber geben, was sie tut, warum sie es tut und welchen Nutzen ihr Handeln erzeugen soll« (ebd., S. 34). Auf diese Weise kann eine Sichtweise in der Öffentlichkeit gestärkt werden, die die Bearbeitung gesellschaftlicher Probleme und individueller Notstände durch spezielle Fachkräfte für sinnvoll und notwendig hält. Nach *innen* bieten Qualitätsüberprüfungen, etwa in Form von

Evaluationen, die Möglichkeit, dass Fachkräfte wie auch Teams ihre Leistungen und Erfolge gegenüber Kolleg*innen und Vorgesetzten aufzeigen. Weil so Kompetenzen und Engagement von Mitarbeiter*innen gewürdigt werden, kann die organisational gesteuerte Pflicht zur Planung und Dokumentation von Qualität eine stabilisierende Funktion für die »Aufrechterhaltung der Handlungsmotivation und der Arbeitsfähigkeit« (ebd.) haben. Dies ist auch deshalb von Bedeutung, weil Soziale Arbeit sich weniger als andere Professionen durch offensichtliche Erfolge selbst vergewissern kann (Arnold 2014, S. 587).

Eine *andere Argumentationslinie* verbindet die Bedeutung des Qualitätsthemas mit der Hoffnung, dadurch (endlich!) »eine übergreifende und verbindliche inhaltliche Orientierung für das professionelle Handeln« zu erhalten (Klatetzki 2004, S. 186). In einer Profession, die sich durch ein

> »Technologiedefizit auszeichnet, stellt dies einen verständlichen Wunsch und eine attraktive Verheißung dar. Insbesondere das 1991 in Kraft getretene Kinder- und Jugendhilfegesetz (SGB VIII) mit den dort begründeten Maximen der Anspruchsberechtigung, des Wahlrechts und der Verpflichtung zur Qualitätsvereinbarung wird als Chance und brauchbares Verfahren gesehen, Qualitätsstandards zu stärken und in der Praxis umzusetzen« (Rose 2004, S. 212; ▶ Kap. 1.2.3).

Mit dieser Hoffnung auf eine professionsstärkende Funktion des Qualitätsdiskurses wird also auch der implizite *Aufforderungscharakter* hervorgehoben. Man erhofft sich, eine an Transparenz und Rechenschaftspflicht orientierte Haltung der Fachkräfte zu fördern (Beckmann 2009, S. 130f).

Auf Seiten der eher *skeptischen bis ablehnenden Haltungen* gegenüber der Implementierung von Qualitätsverfahren lassen sich folgende Argumentationen skizzieren:

Eine skeptische Haltung fragt nach der Vereinbarkeit von vorgegebenen Qualitätsstandards mit den zentralen Professionsmerkmalen von Autonomie und Mündigkeit. So vertritt Grunwald (2008) die Auffassung, dass eine selbstgesteuerte Fachlichkeit im Widerspruch steht zu Kontrollmechanismen, die im QM angelegt sind. Ihm zufolge sei Professionalisierung Resultat von Fachlichkeit und nicht von QM, das eher auf die Verbesserung der *Organisationen* ausgerichtet sei (ebd., S. 817).

Verstärkt werden diese Bedenken durch die Tatsache, dass die praktischen Konzepte zur Gestaltung von Qualität, die mit dem Einzug der Qualitätserwartungen in den Einrichtungen und Diensten Sozialer Arbeit implementiert wurden, aus fachfremden Kontexten entstammen und disziplinär in der Betriebswirtschaftslehre zu verorten sind. Dies nährt die Befürchtung, dass es zu einer Überformung Sozialer Arbeit durch andere Berufsgruppen und Disziplinen kommen könne, indem die Einrichtungen und Dienste Sozialer Arbeit dem Primat der Ökonomie durch Heranziehen betriebswirtschaftlicher Instrumente folgen würden. Befürchtet wird, dass professionsfremde Gesichtspunkte zu sehr in den Vordergrund rücken und zu alles bestimmenden Größen im professionellen Alltag der Sozialen Arbeit werden, so dass eine Realisierbarkeit der professionellen Ziele nicht mehr ausreichend gesichert sei.

Eine weitere kritische Haltung leitet sich daraus ab, dass ein enger Zusammenhang der Qualitätsdebatte und den Mechanismen der Ökonomisierung der Sozialen Arbeit besteht. So konstatiert Perko:

1.2 Qualität als Aufgabe in der Sozialen Arbeit

»Qualitätsabsicherung fokussiert nicht die Absicherung fachlicher Qualitäten zugunsten von Adressat*innen mit ihren jeweiligen Bedarfen und Bedürfnissen, sondern die Erbringung der effizienten Leistung, die messbar sein soll« (Perko 2016, S. 125).

Die Kritik richtet sich hier also auf das staatliche Anliegen, Kostengesichtspunkte zum Maßstab der Bewertung sozialer Dienstleistungen zu machen.

Eine andere Argumentationslinie hebt die Schwierigkeit hervor, die sich durch die Vielzahl an Anspruchsgruppen in der Sozialen Arbeit ergibt. So ist es kaum möglich, *einer* Anspruchsgruppe maßgebliche Definitionsmacht für die Bestimmung ›guter‹ bzw. ›anzustrebender‹ Qualität zuzuschreiben. Das bedeutet allerdings auch, dass eine allgemeine Bestimmung von Qualität als nicht möglich gesehen wird, weil Soziale Arbeit verschiedensten individuellen und gesellschaftlichen Anforderungen begegnen muss (Arnold 2014, S. 587).

Mit Christof Beckmann (2009) können die skeptischen Haltungen in zwei Kategorien unterteilt werden: in eine funktionale Kritik und in eine politische Kritik (ebd., S. 116). Als *funktionale Kritiken* sind solche Standpunkte einzuordnen, die Zweifel daran äußern, dass die Nutzung von Methoden der Betriebswirtschaftslehre ein geeignetes Mittel ist, um Qualität von *sozialen* Dienstleistungen zu gestalten. QM sei als Professionalisierungsinstrument nicht tauglich, weil sich unvereinbare Logiken gegenüberstünden: hier Ökonomie, da Hilfe und Unterstützung. *Politische Kritiken* richten ihr Augenmerk dagegen auf den Machtverlust, der nach dieser Sichtweise unweigerlich eintritt, wenn sich Soziale Arbeit unter fach- und professionsfremde »Autoritäten« unterordnet. Dies führe zu einem »Verlust an Autonomie und Ermessensspielräumen, zu schlechteren Arbeitsbedingungen und dem Schwinden öffentlichen Ansehens« (ebd., S. 117).

In der Zusammenschau lassen sich die genannten Standpunkte folgendermaßen auflisten (▶ Tab. 1).

Tab. 1: Standpunkte zur Stärkung des Qualitätsthemas in der Sozialen Arbeit

Befürwortende Standpunkte	Skeptische, ablehnende Standpunkte
• Legitimierung nach außen durch Sichtbarmachen von Erfolgen • Motivationsschub für Fachkräfte im Innenverhältnis durch Leistungsnachweise • Hoffnung auf verbindliche Orientierungen, was gute Soziale Arbeit auszeichnet • Aufforderung an Fachkräfte, sich eine rechenschaftsorientierte Haltung zu eigen zu machen	• Professionsmerkmal Autonomie nicht mit Standards und externer Kontrolle vereinbar • Instrumente zur Gestaltung von Qualität stammen aus fachfremden Disziplinen und werden ›blind‹ übernommen • Überformung der Sozialen Arbeit durch Sparzwang und Ökonomisierung • Schwierigkeit, allgemeine Qualitätskriterien zu formulieren

Eigene Darstellung

Trotz aller Kritik und Skepsis ist das Thema Qualität in der Sozialen Arbeit mittlerweile fest verankert und die Nutzung von Verfahren des QM nicht mehr wegzudenken. Mit Meinhold und Matul (2011) lässt sich konstatieren, dass »sowohl überhöhte Erwartungen als auch dramatisierende Befürchtungen vor diesem ungewohnten Arbeitsfeld in realitätsgerechte Bahnen gelangt« (S. 5) sind. Als realitätsgerecht kann verstanden werden, dass die Qualitätsanforderungen durch formale Vorgaben etwa eines QM-Systems weniger Einfluss auf das praktische Alltagshandeln haben als befürchtet und dass sich stattdessen eine Qualitätsdebatte in der Sozialen Arbeit verstetigt hat, die unter fachlichen Gesichtspunkten geführt wird und das Ziel verfolgt, Leistungen unter nachvollziehbaren Qualitätskriterien zu gestalten (Grohs et al. 2014, S. 75). Grunwald (2008) stellt heraus, dass QM durchaus die Entwicklung von Professionalität unterstützen kann, aber nicht mit ihr gleichgesetzt werden darf (S. 817). Sowohl die Relativierung der Bedeutung von QM als auch der Hinweis auf dessen Nutzen für die Entwicklung von Fachlichkeit fordern dazu auf, aufmerksam und kritisch nach Zwecken von Qualitätsanforderungen und QM-Ansätzen in Einrichtungen Sozialer Arbeit zu fragen.

1.2.3 Qualitätsanforderungen in den Sozialgesetzen

Die in Kapitel 1.2.1 dargestellte Modernisierung des Sozialstaats war insgesamt eng verknüpft mit der Forderung von Qualitätsnachweisen und einer Kodifizierung des Qualitätsgedankens in den Sozialgesetzen (Dahme/Wohlfahrt 2011, S. 1279; ▶ Kap. 1.2.1). So ist inzwischen für alle Arbeitsfelder der Sozialen Arbeit die Beschäftigung mit dem Thema Qualität, Qualitätssicherung, QE oder Qualitätsüberprüfung rechtlich normiert und damit obligatorisch. In den einzelnen Sozialgesetzbüchern (SGB) sind allerdings unterschiedliche »thematische und prozessuale Nuancierungen« (Merchel 2015, S. 23) im Hinblick auf die Anforderungen zu erkennen. Während in SGB III und SGB IX Regelungen für Zertifizierungspflichten enthalten sind, wird in anderen SGB lediglich der Nachweis von QM und QE gefordert (Vomberg 2010, S. 36). Im Folgenden sollen die Anforderungen und Pflichten an die Gestaltung und den Nachweis von Qualität aus den SGB III, VIII, II und XII näher beschrieben werden.

Arbeitsförderungsgesetz (SGB III)

Rechtsgrundlage für die Soziale Arbeit im Bereich der beruflichen (Re-)Integration ist u. a. das Arbeitsförderungsgesetz (SGB III). Das sozialstaatliche Instrument der Arbeitsförderung soll »dem Entstehen von Arbeitslosigkeit entgegenwirken, die Dauer der Arbeitslosigkeit verkürzen und den Ausgleich von Angebot und Nachfrage auf dem Ausbildungs- und Arbeitsmarkt unterstützen« (§ 1 Abs. 1 SGB III). Das Gesetz regelt dafür Leistungen und Maßnahmen, die »die individuelle Beschäftigungsfähigkeit durch Erhalt und Ausbau von Fertigkeiten, Kenntnissen und Fähigkeiten fördern« (§ 1 Abs. 2 SGB III).

Zu den Zielgruppen gehören insbesondere junge ausbildungs- und arbeitsuchende Menschen, Arbeitslose, behinderte Menschen, Langzeitarbeitslose, Berufsrückkehrerinnen. Leistungen erfolgen monetär oder durch verschiedene Dienstleistungen, also durch Beratungs-, Bildungs- sowie (sozial-)pädagogische Betreuungs- und Unterstützungsangebote. Diese können durch freie Träger sowie durch Betriebe erbracht werden.

Als Verfahren zur Sicherung der Qualität der Dienstleistungen in diesem Bereich wurden Zulassungsverfahren bzw. Zulassungspflichten für Träger im Gesetz verankert. Diese wurden durch das »Gesetz zur Verbesserung der Eingliederungschancen am Arbeitsmarkt« 2011 (BGBl. I S. 2854) in weiten Teilen neu formuliert (Schmid 2015, S. 108). In den Paragraphen 176ff sieht das SGB III vor, dass Träger, die Maßnahmen zur Eingliederung durchführen oder durchführen lassen wollen, eine Zulassung gemäß der »Akkreditierungs- und Zulassungsverordnung – Arbeitsförderung« (AZAV) durch eine fachkundige Stelle benötigen (ebd.). Fachkundige Stellen sind etwa der TÜV oder die DEKRA, die selbst wiederum durch andere Stellen akkreditiert, also zugelassen, sein müssen (Müller 2015, S. 250).

Nachweise für die Qualität in der Trägerzulassung müssen nach § 178 SGB III auf fünf Ebenen erbracht werden. Der Träger muss erstens über die »erforderliche Leistungsfähigkeit und Zuverlässigkeit« verfügen. Dies kann er durch ein Leitbild und durch Personal- und Organisationsstrukturen, die für Maßnahmen der Arbeitsförderung geeignet sind, nachweisen. Zweitens muss er dazu fähig sein, »durch eigene Bemühungen die berufliche Eingliederung von Teilnehmenden in den Arbeitsmarkt zu unterstützen«, was er u. a. durch Bewertungen des Trägers durch Teilnehmende und Betriebe nachweisen muss. Drittens muss das eingesetzte Personal über geeignete Aus- und Fortbildungen sowie Berufserfahrungen verfügen, was u. a. durch Bewertungen der Lehr- und Fachkräfte durch Teilnehmende zu belegen ist. Viertens muss er ein »System zur Sicherung der Qualität« vorhalten, was u. a. durch die Darstellung der Unternehmensorganisation und -führung zu belegen ist. Fünftens muss er angemessene Bedingungen in den vertraglichen Vereinbarungen mit den Teilnehmer*innen nachweisen, insbesondere über »Rücktritts- und Kündigungsrechte« (Bundesministerium für Justiz und Verbraucherschutz: AZAV 2012). Nach § 180 SGB III müssen zusätzlich auch einige Maßnahmen einem Zulassungsverfahren unterzogen werden.

Insgesamt sind die Träger also verpflichtet, durch umfangreiche Dokumentationen nachzuweisen, dass sie über ein umfassendes System zur Sicherung ihrer Organisations- und Leistungsqualität verfügen. Einen zentralen Fokus legt das Gesetz auch auf Rückmeldesysteme für die Adressat*innen. Vor dem Hintergrund dieser Anforderungen haben die betroffenen Träger i. d. R. ein universelles QM-System eingeführt. Sie nutzen die Modelle DIN EN ISO 9000ff, EFQM oder LQW (Lernorientiere Qualitätstestierung Weiterbildung).

Kinder- und Jugendhilfegesetz (SGB VIII)

Im Kinder- und Jugendhilfegesetz sind sozialstaatliche Leistungen für junge Menschen und Familien geregelt. Die zuständigen öffentlichen Träger (Länder, Kreise und kreisfreie Städte) erbringen zu einem geringen Anteil die Leistungen selbst (z. B. durch Einrichtung von städtischen Kitas) oder ergreifen Maßnahmen zum Kinderschutz, beauftragen aber überwiegend freie Träger der Jugendhilfe mit der Erfüllung der Verpflichtungen. Die Soziale Arbeit übernimmt dabei zahlreiche und sehr unterschiedliche Aufgaben. Im SGB VIII sind an drei Stellen Anforderungen und Maßgaben formuliert, die im Zusammenhang mit Qualität stehen.

Im Bereich der *Kindertagesbetreuung*, der in den §§ 22 bis 26 geregelt ist, wird von den öffentlichen Trägern der Jugendhilfe im Sinne einer »Soll«-Vorschrift gefordert, die Qualität der Förderung in ihren Tageseinrichtungen sicherzustellen und weiterzuentwickeln (§ 22a Abs. 1 SGB VIII). In Abs. 1 Satz 2 werden Instrumentarien benannt, die zur Realisierung dieser Verpflichtung angewendet werden sollen: die Entwicklung einer pädagogischen Konzeption sowie Einsatz von Evaluationsverfahren.

»Entsprechende Qualitätskriterien sowie Verfahren und Instrumente zur Qualitätsmessung und -entwicklung sind auf bundesweiter Basis innerhalb der ›Nationalen Qualitätsinitiative im System Tagesbetreuung für Kinder (NQI)‹ entwickelt worden« (Wiesner 2015, S. 238).

Darüber hinaus haben Bund, Länder und Kommunen einen mehrjährigen Prozess zur Weiterentwicklung der Qualität in der Kindertagesbetreuung initiiert. Die Jugend- und Familienministerkonferenz einigte sich im Mai 2017 auf Eckpunkte eines QE-Gesetzes, das u. a. auf den Einsatz von mehr Fachkräften und die Stärkung von Kita-Leitungen abhebt.

Als Voraussetzung für die Übernahme des Leistungsentgelts gibt das Gesetz in § 78b vor, dass zwischen Leistungsträger (Jugendamt) und Leistungserbringer (freier Träger) Leistungs-, *Entgelt- und QE-Vereinbarungen* abgeschlossen werden müssen. Ziel dieser Regelungen ist es, dass ein qualitativ hochwertiges Angebot vorgehalten wird (Emanuel 2015, S. 402)

In § 79a wird die *Gesamtverantwortung*, die Träger der öffentlichen Jugendhilfe wahrzunehmen haben (§ 79), noch einmal in Bezug auf die Qualitätsfrage verdeutlicht. Demnach sollen »Grundsätze und Maßstäbe für die Bewertung der Qualität sowie geeignete Maßnahmen zu ihrer Gewährleistung« weiterentwickelt, angewendet und überprüft werden. Die Träger sollen sich dabei an den fachlichen Empfehlungen der Landesjugendämter orientieren (Merchel 2015, S. 27).

Insgesamt betrachtet sind die Anforderungen zum Thema Qualität im SGB VIII mit einer klaren *Entwicklungsorientierung* verbunden. Der Gesetzgeber macht hier deutlich, dass Qualität in Fragen der Bildung, Erziehung und Betreuung entlang von Kriterien gestaltet werden muss, die in Fachkreisen ausgehandelt werden. Gleichzeitig macht er aber auch deutlich, dass die öffentliche Verwaltung dafür Sorge zu tragen hat, dass die Träger sich des Themas Qualität annehmen. Dafür werden verschiedene Instrumentarien empfohlen, wie z. B. pädagogische Konzeptionen. Eine Verpflichtung, universelle QM-Modelle anzuwenden, ist hier nicht verankert.

Leistungen zur Eingliederung in Arbeit (SGB II) und Sozialhilfe (SGB XII)

Das SGB XII beinhaltet die rechtlichen Grundlagen der Sozialhilfe in Deutschland und hat zusammen mit dem SGB II, das die Grundsicherung für Arbeitssuchende regelt, das Bundessozialhilfegesetz (BSHG) im Jahr 2005 abgelöst.

Zu den Hilfen, die im SGB XII normiert sind, gehören u.a.: Hilfe zum Lebensunterhalt, Eingliederungshilfe für Menschen mit Behinderungen und Hilfe zur Überwindung besonderer sozialer Schwierigkeiten. Hier werden Leistungen geregelt, die neben monetären Transferleistungen auch soziale Dienstleistungen vorsehen und die vornehmlich im teilstationären und stationären Bereich erbracht werden. In § 75 dieses Gesetzbuches wird festgelegt, dass Leistungen der Sozialhilfe durch geeignete Träger erbracht werden sollen. Zur Übernahme der Vergütung ist der Träger der Sozialhilfe nur verpflichtet, wenn er mit dem Träger der Einrichtung oder seinem Verband eine Leistungsvereinbarung über Inhalt, Umfang und Qualität der Leistungen abgeschlossen hat, darüber hinaus eine Vergütungsvereinbarung sowie eine Prüfungsvereinbarung, in der Regelungen getroffen werden zur Prüfung der Wirtschaftlichkeit und der Qualität der Leistungen.

Das SGB II regelt vornehmlich das Arbeitslosengeld II, das Sozialgeld und Leistungen für Bildung und Teilhabe. Hier werden monetäre Leistungen vorgesehen, aber auch Leistungen zur Unterstützung der Eingliederung in Arbeit. Die letztgenannten Leistungen können die gleichen sein wie die im SGB III vorgesehenen. Im Hinblick auf die Anforderungen an die Gestaltung von Qualität durch die leistungserbringenden Träger und Einrichtungen gelten die gleichen Regelungen wie im SGB XII: Es muss Vereinbarungen zu Inhalt, Umfang und Qualität der Leistungen, zur Vergütung sowie zur Prüfung von Wirtschaftlichkeit und Qualität geben (§ 17 Abs. 1 SGB XII).

Zusammenfassend ist festzuhalten, dass Qualität in den für die Soziale Arbeit grundlegenden Gesetzbüchern eine wichtige Rolle spielt und als Frage einer spezifischen *Organisationsgestaltung*, als Element von *Vereinbarungen* zwischen Leistungsträger und Leistungserbringer sowie als *fachlich* zu entwickelnde Größe thematisiert wird. Dabei sind *zwei unterschiedliche Grundlogiken* zu erkennen. Die eine lautet: *Qualität muss gesichert werden*. Dies erfordert ein gezieltes Management von Qualität und Vereinbarungen zwischen Auftraggebern und Auftragnehmern. Die andere Logik lautet: *Qualität muss entwickelt werden*. Dafür wird fachliche Entwicklungsarbeit benötigt.

Darüber hinaus lässt sich feststellen, dass die »Regelungstiefe« in den benannten Sozialgesetzen unterschiedlich ausfällt (DGQ 2016, S. 20). Während im SGB III die konkrete Vorgabe verankert ist, dass die Gestaltung von Qualität in einer Zertifizierung münden muss, sind die Anforderungen in SGB II und XII stark an Leistungsvereinbarungen und an Effizienzgesichtspunkten orientiert. Das SGB VIII bietet die weitest gehenden Möglichkeiten einer *fachlich* ausgerichteten Ausgestaltung der Qualitätsthematik, denn hier liegt der Fokus auf der QE (Merchel 2015, S. 26). Spezifische Techniken des QM werden in keinem Gesetz zwingend vorgeschrieben (Dahme/Wohlfahrt 2011, S. 1282).

1.3 Grundlagen der Qualitätsgestaltung

1.3.1 Definitionen und Charakteristika von ›Qualität‹

Der Begriff Qualität ist lateinischen Ursprungs (»qualitas«) und bedeutet die Beschaffenheit, Eigenschaft bzw. den Zustand einer Person oder einer Sache. Damit ist der Begriff Qualität von seiner Bedeutung her erst einmal wertneutral.

Wir verwenden im Alltag das Wort Qualität in vielen verschiedenen Bezügen. Hier einige Beispiele:

> »Die Qualität unserer Beratungsleistungen liegt in der hohen Gesprächsführungskompetenz unseres Beratungsteams begründet.«
> »Ich bevorzuge bei Lebensmitteln immer Qualität vor Quantität.«
> »Hartz IV bedeutet eine qualitative Veränderung der Grundsicherung.«

Es wird deutlich, dass obwohl der Begriff Qualität von seiner ursprünglichen Bedeutung her eigentlich keine Wertung enthält, er im Alltag meistens wertbezogen verwendet wird. Der Satz: »Das hat Qualität«, siehe erstes Beispiel, soll i. d. R. zum Ausdruck bringen, dass die Sache, über die man spricht, gut, hochwertig, anstrebenswert ist. Der positive Gehalt des Begriffs Qualität in seiner Alltagsbedeutung wird auch dadurch deutlich, dass er häufig auch als Gegensatz zur – dann negativ konnotierten – Quantität verwendet wird, siehe zweites Beispiel. Logisch betrachtet ist dieser Gegensatz irreführend, denn er tut so, also könne eine Sache, von der es viel gibt, nicht auch von hoher Güte sein. Bezeichnet man etwas als qualitative Veränderung, wie in Bespiel drei, so zielt man darauf ab, ein nicht durch Zahlen zu kennzeichnendes Charakteristikum darzustellen.

Wenn über die Qualität einer Sache gesprochen wird, dann wird ihre Beschaffenheit entlang von *Merkmalen* bestimmt. Diese Merkmale sind der Sache entweder *inhärent* (innewohnend und nicht einfach austauschbar) und beschreiben Eigenschaften, also z. B. Höhe, Breite, Gewicht, Materialität, oder sie sind *zugeordnet* und beschreiben so den Grad der Übereinstimmung mit vorher als relevant gesetzten *Maßstäben*. So sind sie z. B. teuer, billig, energieeffizient, verkaufbar, schön, aber überflüssig usw. (Herrmann/Fritz 2011, S. 34).

Die Unterteilung Arnolds (2014) im Lehrbuch der Sozialwirtschaft in einen »leistungsbezogenen Qualitätsbegriff« und einen »kundenbezogenen Qualitätsbegriff« knüpft an die Unterscheidung in inhärente und zugeordnete Merkmale an. Der »leistungsbezogene Qualitätsbegriff« beinhaltet Qualität als Summe von objektiv bestimmbaren Eigenschaften einer Leistung oder Sache. Im »kundenbezogenen Qualitätsbegriff« definiert sich Qualität als »die Summe der vom Kunden wahrgenommenen Eigenschaften einer Leistung« (S. 588). Arnold zufolge steht hinter dem kundenbezogenen Qualitätsbegriff die Auffassung, dass Nutzung und Verkaufbarkeit von Leistungen von diesen subjektiven Beurteilungen abhängig ist, während die objektiven Eigenschaften keine Rolle spielen (ebd.). Danach kann ein Produkt oder eine Dienstleistung faktisch dadurch entwertet werden, dass sie nicht (mehr) nachgefragt wird, obwohl die innewohnende Qualität gleichbleibt.

Merchel beschreibt (2013) folgende vier »logische Dimensionen« (S. 40) des Qualitätsbegriffs:

- »*Deskriptiv-analytische Dimension*«
  Hier geht es entsprechend der ursprünglicheren Begriffsbedeutung (lateinisch »qualitas«) um die Beschaffenheit eines Gegenstandes, um eine Beschreibung mit der Intention von Wertneutralität.
- »*Normative Dimension*«
  Hier wird ein Urteil über einen Vorgang oder eine Sache gefällt auf der Grundlage von Zielen, Anforderungen, Erwartungen. Es werden Kriterien für die ›Güte‹, den Wert eines Sachverhalts zugrunde gelegt, und auf dieser Basis wird eine Bewertung vorgenommen auf einer Skala von ›gut‹ bis ›schlecht‹, ›geeignet‹ bis ›ungeeignet‹ etc.
- »*Evaluative Dimension*«
  Diese Dimension resultiert unmittelbar aus dem normativen Gehalt des Qualitätsbegriffs. Die Normativität des Qualitätsbegriffs zieht einen Bewertungsvorgang nach sich, bei dem die Bewertenden einen Gegenstand oder Sachverhalt prüfen und anhand ihrer Maßstäbe zu einem Urteil gelangen.
- »*Handlungsorientierte Dimension*
  Die Bewertung zur Beschaffenheit des Gegenstands oder Sachverhalts steht in der Regel nicht für sich, sondern ist mit einer Handlungsaufforderung verbunden, entweder Aktivitäten zur Qualitätsverbesserung zu veranlassen oder Maßnahmen zur Aufrechterhaltung bzw. Gewährleistung des als zufrieden stellenden Zustands zu treffen.«(ebd.)

Merchel zufolge sind diese Differenzierungen im alltäglichen Umgang mit dem Begriff Qualität nicht präsent, denn es wird kaum zwischen der Beschaffenheit, also der deskriptiv-analytischen Dimension und der normativen Dimension, also der Bewertung einer Sache oder Leistung unterschieden. Ein *Beispiel* aus einer Lehrveranstaltung soll dies verdeutlichen.

Beispiel

Eine Gruppe von Studierenden erhält den Auftrag, Aussagen über die Qualität des Seminarraumes, in dem sie sich gerade befinden, zu machen. Zunächst entsteht die Dynamik einer generellen Bewertung: Einige Studierende äußern die Einschätzung, der Raum habe »wenig Qualität«, andere sind der Meinung, die Qualität sei »einigermaßen in Ordnung«. Gefragt nach Begründungen werden von den positiv Beurteilenden folgende Aussagen getroffen: »Der Raum ist gut, weil er über eine gute Medienausstattung verfügt«, »Er hat einen schönen Blick aus dem Fenster«, »Man kann die Dozierenden gut verstehen«, »Er ist groß genug, so dass man seine Arbeitsunterlagen auf dem Tisch ablegen kann«, »Für Arbeitsgruppen ist er gut geeignet, weil die Tische Rollen haben und man sie so leicht zusammenschieben kann.«

> Die negativ Beurteilenden treffen folgende Aussagen: »Es ist hier im Sommer immer so heiß, man kann sich schlecht konzentrieren«, »Der Raum ist so abgelegen, dass wir häufig den Bus nicht mehr erreichen«, »Das Muster der Gardinen ist hässlich« »Die Stühle sind unbequem«, »Der Beamer ist zu laut«. Zwei Studierende bemerken, dass der Raum an sich gut sei, wenn die Studierenden dafür sorgen würden, dass eine angemessenere Sitzordnung hergestellt wird, wie das am Anfang des Semesters von dem Dozenten vorgeschlagen worden ist. Schließlich wird Einigkeit darüber hergestellt, dass es schlechtere Räume gäbe.

Die im Beispiel genannten Bewertungen basieren auf unterschiedlichen Merkmalsklassen und dahinterliegenden Maßstäben. Hätte der Dozent darum gebeten, die Qualität des Raumes im Hinblick auf die Unterstützung des Lernens zu beurteilen, wären sicherlich einige Merkmale nicht benannt worden, wie z. B. der weite Weg bis zu den öffentlichen Verkehrsmitteln oder die hässlichen Gardinen. Andere wären dominanter in den Vordergrund getreten, wie z. B. die Frage, was die Konzentration fördert. Zu erkennen sind im Beispiel die von Merchel identifizierten Dimensionen: ›Medienausstattung‹ ist eine analytisch-deskriptive Dimension, sie wird aber gleich mit der normativen Dimension (»gut«) verbunden. Es bestätigt sich hier also die oben getroffene Aussage, dass die *Beschreibung* von Qualität im alltäglichen Sprachumgang in der Regel mit einer *Bewertung* versehen wird. Die evaluative Dimension ist in der Äußerung enthalten, der Raum sei »besser als andere Räume«. Schließlich lässt sich in der Aufforderung an die Kommiliton*innen, sich um eine bessere Sitzordnung zu kümmern, auch die handlungsorientierte Dimension erkennen.

Wie man also eine Sache oder eine Dienstleistung im Hinblick auf seine/ihre Qualität beurteilt, hängt ab von den Merkmalen, die man in ihnen realisiert sehen *will*, d. h. die für jemand (gerade) relevant sind. Nicht selten wird die Sache oder Dienstleistung im *Vergleich* mit anderen ähnlichen Sachen und Dienstleistungen beurteilt. Persönliche Erfahrungen stellen deshalb eine wichtige Grundlage für Qualitätsbeurteilungen dar. Auf Grundlage von Erfahrungen und Bedürfnissen werden Anforderungen formuliert. Entspricht die zu beurteilende Sache oder Leistung diesen Anforderungen, wird sie als gut befunden, entspricht sie dem nicht oder nur in geringem Maße als schlecht. Dieser Besonderheit des Begriffs Qualität trägt die Definition nach DIN EN ISO 9000:2005, der gültigen DIN-Norm zum QM, Rechnung. Danach ist Qualität der »Grad, in dem ein Satz inhärenter Merkmale Anforderungen erfüllt.«

Es lässt sich also festhalten, dass Qualität *relativ* ist und *Konstruktcharakter* hat, weil die Bestimmung der Beschaffenheit und die Bewertung einer Sache i. d. R. miteinander verkoppelt werden. Das bedeutet, dass Qualität kein neutraler und objektiver Begriff ist und »außerhalb gesellschaftlicher und persönlicher Normen, Werte, Ziele und Erwartungen nicht denkbar ist« (Merchel 2013, S. 41).

1.3.2 Ansprüche und Anspruchsgruppen im Hinblick auf Qualität

Kommen wir noch einmal auf unser Beispiel zurück.

Beispiel

Nachdem die Studierenden nun ihre persönlichen Qualitätsurteile zum Seminarraum abgegeben haben, werden sie aufgefordert, allgemeine Anforderungen an Seminarräume zu formulieren. Dafür werden sie gebeten, verschiedene Perspektiven einzunehmen: die der Adressat*innen (Studierende), der Mitarbeiter*innen (Dozierende), der Organisation (Hochschulleitung und -verwaltung), der Politik (Wissenschaftsministerium Land und Bund), der Öffentlichkeit (steuerzahlende Bürger*innen).

Bei den Antworten zeigt sich, dass es einen Unterschied macht, ob die Anwesenden im Seminarraum eine Aussage zur Qualität des Raumes ohne Statusgruppenbezug machen oder ob sie als Mitglied einer Gruppe, z. B. der Gruppe der Studierenden, ihr Votum abgeben. Während ohne Gruppenbezug alle möglichen individuellen Bedürfnisse und Wünsche an einen Seminarraum geäußert werden, auch solche, die evtl. völlig ›sachfremd‹ sind, haben die Anforderungen, die die Befragten als *Studierende* äußern, einen Bezug zur spezifischen Lebenssituation des Studierens und zu den Aufgaben und Bedürfnissen, die damit einhergehen (Wissen aneignen, Abschluss erlangen). So ist es in dieser Rolle ›normal‹, etwas lernen zu wollen und aus diesem Anliegen heraus den Seminarraum als gute oder schlechte Lernbedingung zu bewerten. Wenngleich beide Erwartungsmuster für die Qualitätsbeurteilung relevant sind, können Ansprüche, die einer bestimmbaren Perspektive zuzuordnen sind, einfacher bei der Qualitätsgestaltung berücksichtigt werden. Ihnen können erwartbare Ansprüche zugeordnet werden, zu denen sich eine Organisation verhalten kann. So ist von der Perspektive der *Dozierenden* zu erwarten, dass sie sich wünschen, alle technischen und räumlichen Bedingungen zur Verfügung gestellt zu bekommen, die das Lehren, also v. a. die Vermittlung von Wissen und die Beteiligung der Studierenden erleichtern. Aus der Perspektive der *Hochschulleitung* geht es möglicherweise darum, ausreichend Räume zur Verfügung stellen zu können, so dass alle Studierenden gleich gute Bedingungen haben. Die hohe Qualität der Raumausstattungen soll das Studieren an dieser Hochschule attraktiv machen. Die *Öffentlichkeit* verlangt dagegen einen sparsamen Umgang mit ihren Steuergeldern bei guter Ausbildungsleistung der Hochschulen. Die Erwartungen können hier deshalb weit unterhalb der direkt betroffenen Anspruchsgruppen liegen.

Die im Beispiel genannten Akteursgruppen sind also Träger verschiedener Perspektiven. Mit diesen Perspektiven gehen spezifische, für die Gruppe charakteristische Ansprüche und Anforderungen an ein Produkt oder eine Dienstleistung einher. In der Managementlehre werden diese Gruppen auch als »Anspruchsgruppen« oder »Stakeholder« bezeichnet. Anspruchsgruppen sind Personen oder

Institutionen, die unmittelbar oder mittelbar mit einer Einrichtung oder Initiative, die eine Leistung erbringt, in Interaktion stehen. Dabei kann unterschieden werden zwischen Anspruchsgruppen, die Ressourcen bereitstellen und Rahmenbedingungen vorgeben und solchen, die direkt von der »Wertschöpfung«, d. h. von der Leistungserbringung beeinflusst werden (Rüegg-Stürm 2000, S. 27; Steinmann et al. 2013, S. 84). Zu den Rahmen setzenden Anspruchsgruppen gehören für die Soziale Arbeit der Sozialstaat und seine ausführenden und untergeordneten Organe. Betroffen von der Art und Weise der Zielerreichung sind in erster Linie Adressat*innen, aber auch Angehörige, Kooperationspartner*innen oder der soziale Nahraum können beeinflusst werden.

Im Hinblick auf die Bedeutsamkeit von Anspruchsgruppen gibt es einen gravierenden Unterschied zwischen erwerbswirtschaftlichen und sozialwirtschaftlichen Organisationen: Während Unternehmen der Erwerbswirtschaft sich, um erfolgreich zu sein, in ihren Entscheidungen v. a. an den Bedürfnissen der unmittelbaren Kund*innen, also den Käufer*innen, orientieren müssen, ist der Erfolg einer sozialwirtschaftlichen Organisation davon abhängig, wie gut sie die Erwartungen auch derjenigen Anspruchsgruppen berücksichtigen, die die Rahmenbedingungen schaffen und zur Legitimierung des Angebots führen (Staat, Kostenträger, Kommune) (Arnold 2014, S. 653). Hierin manifestiert sich die Tatsache, dass Organisationen der Sozialen Arbeit im Gegensatz zu privatwirtschaftlichen Unternehmen eine gesellschaftlich begründete Zielsetzung verfolgen und gemeinnützig konstituiert sind. Während es in der Privatwirtschaft um die Verkaufbarkeit von Sachen oder Leistungen geht und deshalb um die Passung von Produkt und Kund*innenwunsch, steht hinter einem konkreten Angebot für hilfesuchende Menschen einer sozialen Einrichtung immer die Notwendigkeit, einem gesellschaftlich bzw. sozialstaatlich legitimierten Versorgungs- und Hilfeanspruch zu entsprechen.

In Bezug auf die Qualitätsgestaltung in sozialen Einrichtungen ist die Berücksichtigung der verschiedenen Anspruchsgruppen von großer Relevanz und gleichzeitig eine Herausforderung, denn »Soziale Dienste befinden sich in einem Kraftfeld unterschiedlicher Qualitätsansprüche, sodass (!) (...) von einem *labilen Qualitätsgleichgewicht* gesprochen werden kann« (Meinhold/Matul 2011, S. 59; Herv. i. O.). Beim Austarieren dieses Gleichgewichts stehen Organisationen der Sozialen Arbeit vor der Aufgabe, fachlich Wichtiges im Spannungsfeld ungleich verteilter Machtressourcen umzusetzen (Schaarschuch/Schnurr 2004, S. 309).

Dabei ist es wichtig zu realisieren, dass es zwar vielfach *widersprüchliche Anforderungen* gibt (z. B. im Verhältnis von fachlichen Standards zu ökonomisch begründeten Verfahrensvorgaben), andererseits aber auch *gemeinsame Bezugspunkte* und *Übereinstimmungen* von Erwartungen (z. B. hinsichtlich des Nachweises der Leistungsfähigkeit der Organisationen) (Meinhold/Matul 2011, S. 100f).

1.3.3 Aufgaben organisatorischer Qualitätsgestaltung

Es gibt eine Reihe von Begriffen, die im Zusammenhang mit der Gestaltung betrieblicher Qualität verwendet werden: QM, Qualitätssicherung, Qualitätsprüfung, QE. Auch wenn diese Begriffe äußerst unscharf und mit vielen Überschneidungen verwendet werden, lassen sich doch unterschiedliche Pointierungen und Zielsetzungen bestimmen. Diese wollen wir im Folgenden herausarbeiten.

Der bekannteste und am häufigsten verwendete Terminus zum Thema Qualität ist der Begriff *QM*. Die Popularität dieses Begriffs ergibt sich aus der Tatsache, dass er als »Oberbegriff« für weitere qualitätsbezogene Begriffe (Arnold 2014, S. 593) verstanden wird. Management ist im organisatorischen Kontext zu verstehen als planvolles, zielgerichtetes und lenkendes Handeln im Unterschied zu spontanem und unkoordiniertem Handeln, was in der Betriebswirtschaftslehre als Selbstorganisation bezeichnet wird (Gerull 2012, S. 32). Die Deutsche Gesellschaft für Qualität e. V. (DGQ) definiert QM folgendermaßen.

> **Definition Qualitätsmanagement (QM)**
>
> »Durch organisierte Prozesse werden die Merkmale eines Produkts bzw. einer Dienstleistung so gesteuert, dass sie die Anforderungen und Erwartungen der Kunden und interessierten Parteien an das Produkt bzw. die Dienstleistung optimal erfüllen« (DGQ 2016, S. 30).

Diese Definition verbindet QM eindeutig mit dem Ziel, die Erwartungen aller Anspruchsgruppen zu erfüllen. Gleichzeitig macht diese Definition deutlich, dass QM ein Steuerungsinstrument ist, das *verschiedene* betriebliche Prozesse integriert. Auf die Vielzahl der Aktivitäten, die ein QM beinhaltet, hebt auch die Definition aus dem QM-Modell DIN EN ISO 9000ff ab:

> »Alle aufeinander abgestimmten Tätigkeiten zum Leiten und Lenken einer Organisation bezüglich Qualität« (DIN EN ISO 9000:2005).

Diese Definition weist deutlicher als die erste darauf hin, dass es sich beim QM um eine *Management*aufgabe handelt, also dem Verantwortungsbereich der Leitung einer Organisation zuzuordnen ist. Außerdem verdeutlicht sie, dass QM keine isolierte Teilfunktion im Unternehmen ist, sondern vielmehr eine *Querschnittsfunktion* darstellt, die bereichs- und funktionsübergreifend ausgeübt werden muss. Auch wenn QM integraler Bestandteil von verschiedenen anderen Managementaufgaben ist – z. B. dient eine Fortbildung als Personalentwicklungsmaßnahme ja auch der Sicherung von Qualität der Leistungserbringung – können doch verschiedene *spezifische* Teilfunktionen von QM identifiziert werden (Gerull 2012, S. 33). Die nachfolgenden Begriffe werden in der Literatur nicht immer identisch verwendet, wir verbinden hier die Darstellungen von Arnold (2014, S. 597–614) und Gerull (2012, S. 33f).

- *Qualitätsplanung*
  Damit ist die Formulierung eines angestrebten idealen Zustands (Sollzustand) für die gesamte Organisation und deren Leistungen gemeint. Durch »Auswählen, Klassifizieren und Gewichten der Qualitätsmerkmale sowie das schrittweise Konkretisieren aller Einforderungen an die Beschaffenheit der Leistung« (Arnold 2014, S. 597) werden die Qualitätsziele festgelegt.

- *Qualitätslenkung*
  Dies beinhaltet alle vorbeugenden, überwachenden und korrigierenden Maßnahmen, die dazu dienen, die Erfüllung des Sollzustands zu steuern. Dazu gehört die Qualifizierung von Mitarbeiter*innen genauso wie die Erneuerung der technischen Ausstattung des Betriebs.
- *Qualitätsprüfung/Qualitätssicherung*
  Hierunter fallen Maßnahmen zur Ermittlung der Übereinstimmung oder Abweichung von Ist und Soll. Sie haben also Kontroll- und Überprüfungscharakter und stellen fest, »inwieweit eine Einheit die vorgegebene Qualitätsforderung erfüllt« (ebd., S. 611). Die Prüfinstrumente lassen sich in interne und externe Verfahren unterteilen. Ein internes Verfahren ist z. B. der Leitungsvergleich zwischen Geschäftsbereichen, ein externes Verfahren z. B. die Kund*innenbefragung (ebd., S. 612f).
- *Qualitätsförderung*
  Hierbei geht es darum, eine Qualität fördernde Kultur im Unternehmen herzustellen. Dies kann durch die Etablierung von Belohnungssystemen für die Aufdeckung von Fehlern ebenso wie für die Entwicklung von Verbesserungsvorschlägen geschehen (Gerull 2012, S. 34)
- *QM-Darlegung*
  Dies meint die Darstellung aller Aktivitäten des Unternehmens zur Planung, Lenkung, Prüfung, Sicherung und Förderung von Qualität, also des gesamten QM nach innen und außen. Diese manifestieren sich in Qualitätshandbüchern, Audits oder Qualitätsstatistiken (Arnold 2014, S. 614).

Neben dieser Ausdifferenzierung von QM in verschiedene Teilfunktionen ist es auch wichtig, seine Einbettung und damit seinen Stellenwert im allgemeinen Management eines Unternehmens zu verstehen. Im Hinblick auf diese Frage lassen sich zwei unterschiedliche Blickrichtungen erkennen.

Die eine Sichtweise versteht QM als integralen Bestandteil des allgemeinen Managements, das im Sinne eines TQM sozusagen bei allen Managementaufgaben mitläuft.

Die andere Sichtweise versteht QM als Teilaufgabe in der Gesamtheit der Managementaufgaben. Merchel (2013, S. 15) plädiert dafür, QM als einen von fünf *Steuerungsbereichen* von Unternehmen zu beschreiben. Er grenzt QM ab von *organisationsbezogener Steuerung*, d. h. der Gestaltung von internen Strukturen und Abläufen zur Sicherstellung der angemessenen Leistungserbringung, *mitarbeiterbezogener Steuerung*, d. h. der »Gestaltung der personellen Ressourcen und der interaktiven Bezüge bei der Erstellung der Leistungen« (ebd.), *Controlling* als Steuerung von Zielen und Prozessen im Hinblick auf vorhandene Ressourcen und *Marketing* als »Gestaltung der Beziehung einer Organisation zu ihrer Umwelt« (ebd.). QM versteht er als »Steuerung der fachlichen und der administrativen Prozesse im Hinblick auf die ›Güte‹ der Leistung« (ebd.).

Beide Sichtweisen lassen sich mit dem Einsatz von QM-Systemen vereinbaren, also mit Verfahren, die darauf abzielen, nach einer systematisch konzipierten Struktur alle Bereiche des Unternehmens im Hinblick auf ihre Qualität zu betrachten. Im TQM geschieht dies fortwährend und umfassend. Die Teilaufgabensichtweise verleiht dem QM einen expliziten Charakter und eine stärkere organisatorische Rahmung.

Wie in o. g. DIN-ISO-Definition deutlich wird, ist *Qualitätssicherung* nach heutigem Verständnis eine Teilfunktion des QM und dient der Sicherstellung der Qualitätsanforderungen. Sie kann als Sammelbegriff für alle Maßnahmen verstanden werden, mit denen eine *Vorbereitung, Begleitung* und *Überprüfung* der Realisierung geplanter Qualität erfolgt, d. h. eine konstante Qualität der Produkte und Leistungen gewährleistet wird. Bevor Qualitätssicherung stattfinden kann, müssen Qualitätsziele benannt und Qualitätsmaßstäbe entwickelt worden sein. Verfahren und Methoden dafür sind z. B. Prozessbeschreibungen, regelmäßige statistisch gestützte Überprüfungen oder Audits.

QE kann als umfassende Beschäftigung mit dem Thema Qualität verstanden werden. Der Begriff wird entsprechend des o. g. Kanons der organisationalen Anstrengungen um Qualität als zusammenfassender Begriff für das Planen, Lenken, Überprüfen und Verbessern von Qualität verwendet. Damit ist QE aber kaum eindeutig vom Qualitäts*management* bzw. von der Qualitäts*sicherung* abzugrenzen. Das Besondere der Qualitäts*entwicklung* besteht darin, dass es auf ein *fachlich begründetes* und *arbeitsfeldspezifisches* Bemühen abzielt, die Leistungen fortlaufend im Hinblick auf ihre Aufträge, Ziele, Methoden und Strukturen zu gestalten und zu verbessern. QE ist so verstanden ein prozedurales Vorgehen zur Weiterentwicklung einer Organisation, das den *fachlichen Bezug* der qualitätsfördernden Maßnahmen betont gegenüber eher »formalen und instrumentenbezogenen« Vorgehensweisen (Merchel 2010b in Grunwald 2013, S. 820). Spezifische Bedingungen des Arbeitsfeldes, wie notwendige organisatorische Gegebenheiten, gesetzliche Vorgaben, nutzer*innenbedingte Anforderungen sowie Charakteristika und ethische Standards der beteiligten Berufsgruppen müssen dabei bedacht werden.

Qualitätsmodelle sind zu einem Konzept verdichtete Verfahrensweisen, mit denen Organisationen bzw. Unternehmen und Einrichtungen ihre Qualität bzw. ihr QM systematisch gestalten können (Gerull 2012, S. 34). Es gibt eine Reihe sehr bekannter Qualitätsmodelle, wie die DIN EN ISO 9000er Normenreihe, das TQM oder das Modell des EFQM. Diese Modelle liefern universelle Konzepte, d. h., sie können in allen produzierenden und mittlerweile auch dienstleistenden Unternehmen angewendet werden. Andere Modelle sind weniger bekannt, weil sie auf spezifische Bereiche zugeschnitten sind, etwa auf Dienstleistungen, wie z. B. das GAP-Verfahren, oder auf spezifische Arbeitsfelder innerhalb von Dienstleistungen. Im Bereich des Sozial- und Gesundheitswesens gibt es eine ganze Reihe von solchen spezifischen bzw. arbeitsfeldbezogenen Modellen, z. B. den Dormagener Qualitätskatalog für die Jugendhilfe, LQW für den Weiterbildungsbereich und LEWO für die Behindertenhilfe oder das Diakonie-Siegel für den Bereich der ambulanten Pflege (vgl. Gerull 2012).

1.3.4 Bezugspunkte organisatorischer Qualitätsgestaltung

Bei aller Vielfalt und Unterschiedlichkeit der Verfahren organisatorischer Qualitätsgestaltung lassen sich doch gleiche Ansatzpunkte festmachen. Dieser gemeinsame »Nenner« (Gerull 2012, S. 34) besteht darin, dass dieselben betrieblichen Elemente und Akteure bei einer umfassenden Qualitätsgestaltung bedacht werden müssen. So geht es regelmäßig darum, sich auf betriebliche Prozesse, Aufgaben von Leitung und Belegschaft, Kund*innenanforderungen, Ressourcen sowie grundsätzliche Einstellungen zu Verbesserungen zu beziehen. Im Folgenden sollen die einzelnen Komponenten näher erläutert werden.

- *Prozesse*
  Bei der Gestaltung von Qualität spielen betriebliche Prozesse eine zentrale Rolle. Sie sollen möglichst umfassend auf ihren Beitrag zur Qualitätsproduktion überprüft und gestaltet werden. Unter einem Prozess versteht man in der Betriebswirtschaftslehre eine »Folge von logisch zusammenhängenden Aktivitäten«, die für die »zielgerichtete Erstellung einer Leistung« (Vahs 2012, S. 233) notwendig sind. Es gibt kein Maß dafür, wie viele Vorgänge minimal oder maximal zu einem Prozess gehören dürfen, schließlich gibt es komplexe und weniger komplexe Prozesse in Unternehmen und Einrichtungen. Eine nützliche Differenzierung verschiedener Unternehmensprozesse liefert die Einteilung in Kern-, Management- und Unterstützungsprozesse (ebd., S. 241). *Kernprozesse* sind Handlungen, die den eigentlichen Zweck eines Unternehmens, die Leistungserbringung, repräsentieren. In der Sozialen Arbeit sind das z. B. Beratungen oder sozialpädagogische Gruppenangebote. *Managementprozesse* umfassen alle Aufgaben zur Planung, Gestaltung, Ausrichtung und Weiterentwicklung eines Unternehmens. *Unterstützungsprozesse* stellen Dienstleistungen dar, die eine Erbringung von Kernprozessen ermöglichen. Dies sind z. B. die Lohnbuchhaltung oder Fortbildungen.
- *Management*
  Dem Management, also der Leitung eines Unternehmens, kommt eine Schlüsselrolle für die Realisierung von QM zu. Hier ist besonders das Management aus »institutionelle(r) Perspektive« (Holdenrieder 2017c, S. 58) gemeint, also »die Personen oder Funktionsträger, die für das Management eines Unternehmens verantwortlich sind und über Entscheidungs-, Weisungs- und Kontrollkompetenzen verfügen« (ebd.). Sie sind dafür verantwortlich, die Qualitätspolitik (normative Ebene) und die Qualitätsziele (strategische Ebene) eines Unternehmens zu formulieren. Darüber hinaus sollte das Management selbst an vorderster Stelle den Qualitätsgedanken unterstützen und vorleben.
- *Ressourcen*
  QM kostet Zeit und Geld. So müssen von der Unternehmensführung Personalressourcen zur Verfügung gestellt werden. Dabei werden spezielle Stellen für das QM eingerichtet oder es werden Stellenanteile zu Verfügung gestellt, damit Mitarbeiter*innen neben ihrer eigentlichen Aufgabe die o. g. Funktionen des QM ausüben können. Darüber hinaus sind auch finanzielle Ressourcen für Sachmittel, z. B. für die Anschaffung von qualitätsrelevanter Software und für externe Dienstleistungen wie für Beratungs- und Begutachtungstätigkeiten bereitzustellen. Qualitätsplanung beinhaltet also immer auch eine dezidierte Ressourcenkalkulation.

- *Mitarbeiter*innen*
  Sie müssen für ihren Einsatz im QM, also z. B. als interne Auditor*innen, als QM-Beauftragte oder Mitglied eines Qualitätszirkels, nicht nur freigestellt, sondern auch ausreichend vorbereitet werden. Je nach Einsatz und Ausrichtung des verwendeten Systems zur Qualitätsgestaltung sind unterschiedliche Qualifikationen erforderlich. Aber auch bei Mitarbeiter*innen ohne spezifische Funktion im QM sollten »Qualitätsbewusstsein und mitunternehmerisches Denken« (Gerull 2012, S. 35) gefördert werden. Mitarbeiter*innen sind als grundlegende Akteure bei der Umsetzung von Qualität selbst auch Gegenstand von Qualitätsbemühungen eines Unternehmens. Deshalb hat QM auch immer Maßnahmen der Personalentwicklung zur Förderung der Leistungsfähigkeit von Mitarbeiter*innen zu bedenken.
- *Verbesserungen*
  Das kontinuierliche Bemühen um Verbesserung stellt ein Grundanliegen aller QM-Verfahren dar. Nach Gerull steht hinter der Verbesserungsabsicht das Ziel, Verschwendung zu vermeiden (ebd.). Auch wenn die Verschwendung eine Kategorie aus der Wirtschaft ist, gilt dieser Standpunkt auch in der Sozialen Arbeit. Er ist in dem Anspruch an Effizienz manifestiert. Allerdings gilt neben der Frage nach der Wirtschaftlichkeit auch die Frage nach der Angemessenheit der Angebote im Hinblick auf die Bedarfe und Bedürfnisse der Adressat*innen.
- *Kund*innen*
  Als Kund*innen werden im Bereich des QM alle Institutionen und Personen bezeichnet, die einen Einfluss auf die Organisation ausüben können bzw. die sich ein Urteil über sie bilden (Meinhold/Matul 2011, S. 43). Die Erfüllung der Erwartungen der Kund*innen steht im Zentrum des QM. Aus ihnen sind Qualitätsanforderungen abzuleiten und im Hinblick auf ihre Erfüllbarkeit einzuschätzen (▶ Kap. 1.3.2). Im engeren Begriffsverständnis sind Kund*innen die tatsächlichen oder potenziellen Nachfrager*innen eines Produkts oder Nutzer*innen von Leistungen. Durch ihr Kauf- und Nutzungsverhalten realisiert sich erst das Produkt bzw. die Dienstleistung. Für die Qualitätsgestaltung ist die direkte Bezugnahme auf deren Bedürfnisse und Wünsche aber auch auf deren Zahlungsfähigkeit und Nutzungsverhalten unerlässlich.

> **Der umstrittene Kund*innenbegriff in der Sozialen Arbeit**
>
> Die Nutzung des Begriffs Kund*in in der Sozialen Arbeit anstelle des Begriffs Klient*in oder Adressat*in, Leistungsempfänger*in, Patient*in steht in engem Zusammenhang mit der Ökonomisierung des Sozialen Bereichs und stellt einen Perspektivwechsel dar, »der anzeigen soll, dass die Leistungserbringer im Sozialbereich ihre Existenz oder Existenzberechtigung den Bedürfnissen, Bedarfen und Nachfragemustern anderer verdanken. Kunden wird das Recht zugestanden, die Menge, Art und Qualität der sozialen Dienstleistungen zu definieren und durch ihre Nachfrage zu steuern« (Halfar 2007, S. 596).

In den Diskursen von Wissenschaft und Praxis Sozialer Arbeit ist der Kundenbegriff umstritten (Bieker 2004, S. 35ff). Dabei können zwei Argumentationslinien identifiziert werden: Die eine beschäftigt sich mit der Frage, ob der Kundenbegriff richtig ist, d. h. eine korrekte Situationsbeschreibung darstellt, die andere diskutiert, ob der Begriff nützlich ist.

Im Hinblick auf die *Korrektheit des Begriffs* im Sozialbereich kommen schnell Zweifel auf. Zwar gibt es Arbeitsfelder, in denen mit einem eigenen ›Budget‹ selbst darüber verfügt werden kann, wie die finanziellen Ressourcen eingesetzt werden. Außerdem haben Adressat*innen sozialer Dienstleistungen die Möglichkeit, sich zwischen Inanspruchnahme und Nicht-Inanspruchnahme des Angebots zu entscheiden (Meinhold/Matul 2011, S. 449). Dennoch gilt, dass i. d. R. das, was sonst eine Kund*in ausmacht, bei den Nutzer*innen sozialer Leistungen nicht oder nur schwach ausgeprägt ist: Dadurch, dass ihre Leistungsbezüge und -ansprüche durch gesetzliche Vorgaben und verwaltungsspezifische Maßgaben geregelt sind, verfügen sie nicht über die Fähigkeit, das »Preis-Qualitäts-Leistungsverhältnis zu vergleichen (…) und die eigene Präferenzstruktur in Kauf- und Wahlentscheidungen umzusetzen« (ebd.). Auch ihr Status als Hilfsbedürftige beschert ihnen eine unterlegene Position, in der sie sich der Definitionsmacht von Expert*innen darüber, was gut für sie ist, unterwerfen müssen. Außerdem befindet sich der/die Kund*in und soziale Dienstleistungserbringer nicht in einer unmittelbaren Tauschbeziehung, wie das bei der Konsumption von Waren oder nicht sozialen Dienstleistungen der Fall ist, indem der*die Kund*in sowohl Konsument*in als auch Bezahlende*r und/oder Auftraggeber*in ist. Vielmehr übernehmen staatliche Kostenträger die Bezahlung und Beauftragung der Dienstleistung. Als »analytischer Begriff« ist der Kundenbegriff in der Sozialen Arbeit also als wenig tauglich anzusehen (Merchel 2015, S. 72).

Im Hinblick auf die *Nützlichkeit des Begriffs* lassen sich dagegen durchaus positive Argumente finden. So besteht in der Nutzung der »Metapher« Kunde (Herwig-Lempp 2004, S. 199) die Möglichkeit, eine kundenfreundliche Haltung einzunehmen, Hilfebedürftigen mit Respekt zu begegnen (Meinhold/Matul 2011, S. 45) und »freundlich zu ihnen zu sein und immer wieder nach ihren Vorstellungen und Aufträgen zu fragen, ihnen also so zu begegnen, wie auch ich behandelt werden will, wenn ich Kunde bin« (Herwig-Lempp 2004, S. 199). Der Kund*innenbegriff kann so als »strategischer Begriff« wertvoll sein, indem er eine stärkere Relevanz der Kund*innenperspektive und -wünsche im sozialen Dienstleistungsgeschehen fördert (Merchel 2015, S. 71) und so das paternalistische Verhältnis zwischen Leistung erbringenden Personen und Leistung in Anspruch nehmenden Personen, das im Klient*innenbegriff steckt, in Frage stellt (Bauer 2001, S. 116).

1.3.5 Dimensionen von Qualitätsentwicklung (QE)

Eine international anerkannte und auch im Sozialwesen geläufige Kategorisierung des Qualitätsbegriffs stellt die Unterscheidung in Struktur- bzw. Potenzial-, Prozess- und Ergebnisqualität dar. Diese Differenzierung wurde 1966 von Avedis Donabedian für den Bereich der Pflege entwickelt, um eine Möglichkeit zu schaffen Qualitätsgestaltung ›handhabbarer‹ zu machen. Seine Grundannahme dabei ist, dass die drei Qualitätsbereiche in einem kausalen Zusammenhang stehen. Während dies für den leicht zu standardisierenden Bereich von Pflegeabläufen durchaus möglich erscheint, ist ihr Nutzen für den auf Interaktion ausgerichteten Bereich der Sozialen Arbeit mit Einschränkungen versehen. Da die Ergebnisse Sozialer Arbeit erheblich durch die Ko-produktion der Adressat*innen geprägt sind, lassen sich keine garantiert eintretenden Ergebnisse durch spezifische organisatorische Rahmenbedingungen und standardisierte Prozesse vorhersagen (Gerull 2012, S. 74). Dennoch kann es hilfreich sein, sich an den Qualitätsdimensionen von Donabedian zu orientieren, um die Qualität der *Bedingungen* für sozialarbeiterisches Handeln von der Güte der *Interaktion* unterscheiden zu können. Darüber hinaus ist es wichtig, die Rahmenbedingungen als wichtige Voraussetzung für gelingende Arbeit zu bewerten, aus der auch Forderungen für organisatorische oder auch finanzielle Gegebenheiten abgeleitet werden können.

Die *Struktur-* oder auch *Potenzial*qualität beschreibt die Grundvoraussetzungen und Rahmenbedingungen der Leistungserbringung. Diese betreffen die

- räumliche Beschaffenheit sowie materielle, technische Ausstattung, z. B. Barrierefreiheit des Gebäudes, Mobiliar, EDV-Ausstattung;
- personellen Ressourcen, z. B. Qualifikation der Mitarbeiter*innen, Personalschlüssel, Einbindung von Ehrenamtlichen;
- infrastrukturelle Situation und Einbindung in der Kommune, z. B. Erreichbarkeit bzw. Anbindung an öffentliche Verkehrsmittel, Nähe zu Kooperationspartner*innen und anderen mitgenutzten Angeboten;
- Aufbauorganisation und formale Regelungen, z. B. Formen der Arbeitsteilung, Weisungsbefugnisse, Teamstrukturen (Arnold 2014, S. 590; Müller 2015, S. 246);
- Mission, Konzeption und Rahmenziele als ›geistiges Fundament‹ einer Einrichtung.

Die *Prozess*qualität manifestiert sich in der Art und Weise des Leistungsgeschehens und entsteht so in dem konkreten Interaktionsgeschehen zwischen Leistungserbringer und Adressat*in. Beispiele dafür sind Vorgehensweisen und Abläufe einer Beratung oder eines Bildungsangebots oder die Verfahren, mit denen Adressat*innenwünsche in die Leistungserbringung einbezogen werden.

Mit der *Ergebnis*qualität sind die Resultate der Leistungserbringung angesprochen. Dabei geht es um die Frage, was mit dem Prozess der Dienstleistungserbringung bei Adressat*innen bewirkt werden konnte und wie sich diese Resultate zu den von der Einrichtung formulierten Zielen und entlang der Kriterien »Richtigkeit, Rechtmäßigkeit und Vollständigkeit« (Dahme/Wohlfahrt 2015,

S. 1281) verhalten. Ergebnisse können auf verschiedenen Ebenen bilanziert werden (▶ Abb. 3). So geht es bei der Betrachtung des *Outputs* z. B. darum, ob die Zielgruppe erreicht werden konnte, beim *Outcome* darum, welche Wirkungen bei den Adressat*innen zu erkennen sind und beim *Impact*, welche über die Zielgruppe hinausgehenden gesellschaftlichen Veränderungen durch die Leistungen erzielt werden konnten.

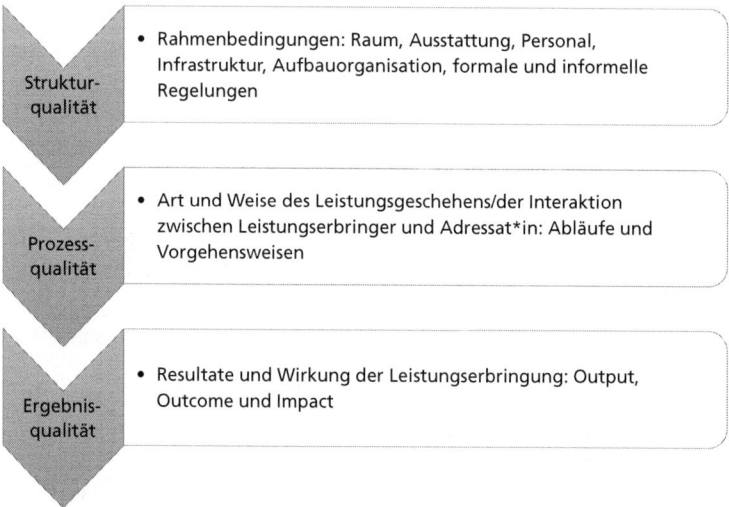

Abb. 3: Dimensionen von Qualität nach Donabedian, eigene Darstellung

1.4 Qualitätsmodelle

Die Entscheidung, welches QM-Modell für eine Organisation das geeignetste ist, gestaltet sich angesichts einer fast unüberschaubaren Fülle von Systemen, Modellen, Verfahren und Konzepten nicht einfach. Grundsätzlich lassen sich die Modelle danach differenzieren, ob sie ›lediglich‹ ein formales Verfahren zur Gestaltung des QM vorgeben oder ob sie konkrete inhaltliche und auf das spezifische Arbeitsfeld bezogene Formulierungen über ›gute Qualität‹ enthalten (Gerull 2012, S. 81). Gerull unterscheidet in:

- »*Formale Universalkonzepte*« als Modelle mit »breitem Einsatzspektrum sowie generelle(n) Strategien zur Qualitätsoptimierung« wie die DIN EN ISO 9000er Normenreihe, TQM und EFQM;
- »*Formale Branchenkonzepte*« als Modelle, die als »Derivate der Universal-Modelle« an Arbeitsfelder oder Branchen angepasst sind und hierfür auch allgemeine Strategien zur Qualitätsverbesserung stellen und ggf. auch feldspezifische

Beispiele für gute Qualität beinhalten. Dies sind z. B. LQW und das GAB-Verfahren (Gesellschaft für Ausbildungsforschung und Berufsentwicklung);
- »*Materiale Branchenkonzepte*« enthalten als feldspezifische »Anforderungskataloge« oder »standardisierte Bewertungsverfahren« inhaltliche Konkretisierungen von ›guter Qualität‹ wobei einrichtungsbezogene Konkretisierungen von Qualität vorgesehen sind. Beispiele hierfür sind der Dormagener Jugendhilfekatalog oder das Konzept WANJA (Instrumentarium zum Wirksamkeitsdialog in der kommunalen Jugendarbeit).
- »*Qualitätskontextkonzepte und Qualitätstechniken*« als qualitätsbezogene Verfahren, die ein eigenständiges Managementverfahren darstellen (z. B. Controlling), aus anderen als der betriebswirtschaftlichen Wissenschaftstradition entstammen (z. B. Evaluation aus der Sozialwissenschaft) oder eher unter der Überschrift der Qualitätstechniken firmieren (Balanced Scorecard, Benchmarking) (ebd., S. 81f, 202f).

Konkrete fachlich-inhaltliche Anregungen und Vorgaben sind demzufolge lediglich in den materialen Branchenkonzepten enthalten. Gerull listet in seiner Bestandaufnahme 30 solcher Konzepte für den Sozial-, Gesundheits- und Pflegebereich auf (ebd., S. 83f).

Trotz dieser Vielzahl an arbeitsfeldspezifischen Angeboten verwenden viele Einrichtungen der Sozialen Arbeit sowie öffentliche Verwaltungen formale QM-Modelle. Am häufigsten wird auf die DIN EN ISO 9000 Normenfamilie sowie das EFQM-Modell für Excellence bzw. auf Derivate dieser Universalkonzepte zurückgegriffen. Auch die Bundesarbeitsgemeinschaft der Freien Wohlfahrtspflege (BAGFW) orientiert sich in ihren Empfehlungen zum QM an den formalen »Darlegungsverfahren«. In einem Grundsatzpapier zum QM heißt es.

Anforderungen an die Darlegung und Prüfung von QM-Systemen

»Die Wohlfahrtsverbände der Freien Wohlfahrtspflege vertreten den Ansatz eines umfassenden Qualitätsmanagements auf der Grundlage anerkannter europäischer Qualitätsmanagementnormen. Entsprechend orientieren sie sich auch an den bisherigen europäisch anerkannten Darlegungsverfahren (DIN EN ISO 9001 ff. und EFQM-Modell für Excellence). Auf Basis dieser normativen Grundlagen erarbeiten die Wohlfahrtsverbände Qualitätsmanagement-Rahmenhandbücher und Qualitätsleitlinien auf Bundesebene. Davon ausgehend entwickelten sie in der BAGFW gemeinsam fachbereichsübergreifende Qualitätsanforderungen« (BAGFW 2012, S. 7).

Wenn eine Einrichtung sich für die Nutzung eines formalen Universalmodells entscheidet, kann dies auf folgenden Überlegungen beruhen.

- *Legitimitätsgewinne gegenüber Anspruchsgruppen* (Kostenträger, Kunden*innen, Kooperationspartner)

Den formalen Universalmodellen wird ein hohes Maß an Professionalität zugeschrieben.
- *Konkurrenzvorteile*
Andere Einrichtungen können kein vergleichbar anerkanntes QM-System nachweisen.
- *Konkurrenzdruck*
Andere Einrichtungen haben bereits ein vergleichbar anerkanntes QM-System eingeführt und setzten damit einen Standard, der nicht unterboten werden sollte.
- *Akzeptanz durch die Mitarbeiter*innen*
Ein erprobtes Verfahren verspricht ein geordnete(re)s und kalkulierbares Vorgehen im Qualitätsgewinn sowie eine Profilierung des eigenen Arbeitgebers.
- *Kalkulierbarer Einsatz von Personalkapazitäten*
Die Adaption eines bestehenden fertigen Systems erfordert keine Entwicklungsressourcen.

Es lassen sich aber auch Kalkulationen anstellen, die gegen ein universelles QM-Modell sprechen.

- *Inhaltliche Zweifel*
Der unmittelbare Nutzen von universellen Verfahren ist für die alltägliche Arbeit nicht auszumachen.
- *Zertifizierungskosten*
Insbesondere durch die im DIN EN ISO 9000er Modell vorgesehene Zertifizierung von Seiten externer Stellen entstehen hohe Kosten. Nicht selten liegen die Einführungs- und Zertifizierungskosten im fünfstelligen Bereich.
- *Erfordernis externer Beratungsleistungen*
Universelle Managementmodelle beinhalten eine komplexe Systematik und eine spezialisierte Sprache, so dass externe Berater*innen benötigt werden, die teilweise fachfremd sind und viel Geld kosten.
- *Fortbildungskosten*
Mitarbeiter*innen müssen befähigt werden, die QM-Modelle auf die Bedingungen des Unternehmens anzupassen und die vorgeschriebenen Verfahren anzuwenden. Dabei fallen Kosten für die Qualifizierungen und für die Kompensation der Arbeitsausfälle an.
- *Ideelle Kosten*
Durch die Einführung eines QM-Modells, das aus der Erwerbswirtschaft stammt, könnten Mitarbeiter*innen den Eindruck gewinnen, dass ihre bisherigen Leistungen nicht ausreichend wertgeschätzt werden und dass sie nun durch sach- und fachfremde Instrumente kontrolliert werden. Dies kann zu einem Motivationsverlust führen.

Deutlich wird, dass in die Auswahl eines QM-Modells verschiedene Abwägungen einfließen. Während im Hinblick auf die monetären Kosten und die Umsetzbarkeit der verschiedenen Möglichkeiten fundierte Kenntnisse über die Modelle vorliegen müssen, werden Kalkulationen über die Außen- und Innenwirkung eher gespeist durch Erfahrungswerte und Kommunikations- und Aushandlungsprozesse mit den Anspruchsgruppen. Bedeutsam für die Akzeptanz und die Vereinbarkeit formaler QM-Modelle mit den professionellen Grundbestimmungen Sozialer Arbeit ist in jedem Fall die Erkenntnis und der Hinweis darauf, dass *formale Qualitätsmodelle* lediglich die Rahmenbedingungen des fachlichen Handelns beschreibbar und in Teilen auch steuerbar machen, aber keine *inhaltlichen Vorgaben* für die konkrete Ausgestaltung der Interaktion zwischen Adressat*in und Sozialarbeiter*in machen können.

Eine Entscheidung, welches QM-Modell für die eigene Einrichtung gut und sinnvoll ist, lässt sich nur dann treffen, wenn man sich mit verschiedenen Modellen auseinandergesetzt hat. Eine inhaltliche Darstellung verschiedener Modelle würde Rahmen und Zielsetzung des Buches sprengen. Eine systematische Kurzbeschreibung bietet Gerull (2012).

2 Gestaltung von Qualitätsentwicklung (QE) in der Sozialen Arbeit

Was Sie in diesem Kapitel lernen können

Bevor wir uns der methodischen Seite von QE zuwenden, muss zuerst der *Gegenstand ›Soziale Arbeit‹* mit seinen Eigenschaften und Besonderheiten näher betrachtet werden. Erst mit diesem Wissen sind wir in der Lage, sinnvolle methodische Vorgehensweisen zur qualitätsvollen Gestaltung der Sozialen Arbeit zu formulieren. Deshalb werden in diesem Kapitel zuerst wichtige arbeitsfeldübergreifende Merkmale der beruflichen Handlungsstruktur von Fachkräften skizziert, die für das Qualitätsthema relevant sind (▶ Kap. 2.1). Danach wird die Frage beantwortet, was professionelles Handeln in der Sozialen Arbeit charakterisiert. Dazu stellen wir ein Konzept handlungsorientierter Professionalität vor, das gut mit dem Thema Qualität verbunden werden kann (▶ Kap. 2.2).

Ein wichtiges Merkmal Sozialer Arbeit ist, dass ihre Angebote und Leistungen im Rahmen von Organisationen erbracht werden. Die Qualität des Handelns von Fachkräften ist deshalb nicht nur von ihrem individuellen Wissen und Können abhängig, sondern ebenso von den Strukturen und Prozessen der Organisationen, in denen sie arbeiten. Wer Qualität entwickeln will, muss deshalb auch verstehen, wie Organisationen funktionieren und wie sie verändert werden können (▶ Kap. 2.3).

2.1 Das Tätigkeitsfeld: Arbeitsfeldübergreifende Charakteristika Sozialer Arbeit

Unsere Herausforderung beginnt damit, dass es viele unterschiedliche Bestimmungen des *Gegenstands und der Funktionen Sozialer Arbeit* in der Fachdiskussion gibt. In seiner Übersicht zu aktuellen Theoriediskursen findet Michael May (2008) alltags-, lebenswelt-, lebenslagen-, lebensbewältigungsorientierte Ansätze sowie professionstheoretische, systemtheoretische, diskursanalytische und psychoanalytische Modelle. Entsprechend verschieden sind auch die Funktions- und

2.1 Das Tätigkeitsfeld: Arbeitsfeldübergreifende Charakteristika Sozialer Arbeit

Zielbestimmungen Sozialer Arbeit, die in der Fachliteratur vorkommen. Exemplarisch seien hier genannt:

- die Bearbeitung sozialer Probleme, die aufgrund ungleicher Verteilung und Zugänge zu gesellschaftlichen Ressourcen entstehen (z. B. Staub-Bernasconi 2007);
- die Ermöglichung eines gelingenderen Alltags der Adressat*innen Sozialer Arbeit trotz sozialer Benachteiligungen und Belastungen (Grunwald/Thiersch 2016);
- die Unterstützung der Lebensbewältigung von Subjekten und die Verbesserung ihrer Lebenslagen (Böhnisch/Schröer 2013);
- die Förderung sozialer Integration/Inklusion in gesellschaftliche Teilsysteme (Familie, Schule, Beschäftigungssystem etc.) (Merten 2004).

Gemeinsam ist aktuellen Theorien Sozialer Arbeit aber, »dass sie die wechselseitige Bedingtheit von staatlichem Auftrag, institutioneller Organisation und personenbezogener Arbeit mit den Adressaten betonen. Und alle fokussieren mehr oder weniger ausdrücklich eine Arbeit an Problemen (und der Stärkung der Ressourcen) mit dem Ziel der ›Normalisierung‹« (von Spiegel 2013a, S. 25).

Soziale Arbeit wird hier als Teilsystem des Sozialstaats verstanden mit der Aufgabe, bei der Bearbeitung sozialer Probleme (wie z. B. soziale Ungleichheit, Armut, Straffälligkeit) in der Gesellschaft mitzuwirken sowie Menschen aus allen Altersgruppen und sozialen Schichten in ihrer Alltagsbewältigung und Entwicklung zu unterstützen. Dazu gestalten Fachkräfte im Rahmen von Organisationen Angebote und Maßnahmen von Beratung, Bildung, Erziehung, Begleitung und Betreuung. Maja Heiner charakterisiert die ›*intermediäre Funktion*‹ *der Sozialen Arbeit*, indem diese vermittelnd zwischen Individuen und Gesellschaft tritt mit dem Ziel, bessere Beziehungen zwischen Menschen und ihrer Umwelt zu ermöglichen. Fachkräfte arbeiten dabei – je nach Kontext und Selbstverständnis – nicht nur mit Menschen, sondern angesichts der oft belastenden Lebensbedingungen der Adressat*innen auch an einer Veränderung dieser Verhältnisse.

»Die Fachkräfte der Sozialen Arbeit beeinflussen Lebenslagen, indem sie Gelder bewilligen, Hilfen organisieren und Förderangebote vermitteln, welche die Individuen entlasten, stützen und befähigen. Sie üben aber auch Druck aus, verweigern Unterstützung und wirken auf diese Weise disziplinierend und kontrollierend. Sie tun es, um die Betroffenen zu aktivieren und ihre Selbsthilfekräfte zu mobilisieren, aber auch, um ihnen Grenzen zu setzen und andere Beteiligte zu schützen oder zu entlasten und/oder um gesellschaftliche Normen und Erwartungen durchzusetzen« (Heiner 2010, S. 34).

Dabei sind Fachkräfte aber nicht nur Ausführende gesetzlicher Vorgaben und Aufträge des Sozialstaats, ihr Handeln muss wissenschaftlich und berufsethisch fundiert sein:

»Soziale Arbeit fördert als praxisorientierte Profession und wissenschaftliche Disziplin gesellschaftliche Veränderungen, soziale Entwicklungen und den Zusammenhalt sowie die Stärkung der Autonomie und Selbstbestimmung von Menschen. Die Prinzipien sozialer Gerechtigkeit, die Menschenrechte, die gemeinsame Verantwortung und die Achtung der Vielfalt bilden die Grundlage der Sozialen Arbeit« (DBSH 2016).

Konkretisiert werden solche ethischen Bezugspunkte z. B. in den Ethikkodizes des Deutschen Berufsverbandes für Soziale Arbeit (DBSH 1997).

2.1.1 Soziale Arbeit als personenbezogene soziale Dienstleistung

Leistungen in der Sozialen Arbeit werden als spezifische Form *personenbezogener sozialer Dienstleistungen* erbracht, die in aller Regel eine rechtliche Grundlage haben. Im Unterschied zu sachbezogenen Dienstleistungen (z. B. Reparaturen oder Serviceleistungen) geht es hier um ein Einwirken auf bzw. eine Veränderung von Personen oder sozialen Beziehungen. Merkmale dieser Dienstleistungen sind folgende:

- *Immaterieller Charakter*
  »Bei der Beratung wird besonders deutlich, dass die produzierte Leistung ein immaterielles Gut ist, kein Sachgut. Manchmal ist die persönliche Dienstleistung – z. B. in Form eines Haarschnittes – noch sichtbar, vielfach aber besteht sie – wie bei der Beratung – nur im Vorgang, ohne sichtbare Spuren zurückzulassen« (Badura/Gross 1976, S. 68).

Aufgrund ihres immateriellen Charakters ist eine personenbezogene soziale Dienstleistung auch

- *nicht lagerfähig*
  D. h., sie kann nicht auf Vorrat produziert werden, sondern kann nur im direkten Kontakt zwischen Produzent*in und Nutzer*in erbracht werden (*uno-actu-Prinzip*). Erforderlich ist die gleichzeitige Anwesenheit dieser Akteure.
- *Ko-Produktion der Dienstleistung*
  Personenbezogene Unterstützung und Intervention funktioniert nur, wenn die Fachkraft und Nutzer*in bei der Erbringung der Leistung kooperieren. Die Nutzer*in ist deshalb immer auch Ko-Produzent*in der Dienstleistung. Das bedeutet aber auch: »Ein bestimmtes Bildungsziel, eine erwünschte Verhaltensänderung ist nur zu erreichen, wenn es der Klient will, wenn er – aus welchen Gründen auch immer – einen Sinn darin sieht, sich ›auf den Weg‹ zu machen. Wenn der Klient nein sagt, scheitert jedes didaktisch auch noch so versierte und durchdachte Angebot. (...) Positiv gewendet verweist die Ko-Produktivität sozialer Dienstleistungen auf den Umstand, dass der Erfolg sozialpädagogischer Interventionen nur in Arbeitsbündnissen mit den Klienten zu erzielen ist. Sozialpädagogische Interventionen müssen darum in besonderer Weise sowohl die Partizipation der Klientinnen am Hilfeprozess sicherstellen als auch die Autonomie der Lebenspraxis der KlientInnen respektieren« (Galuske 2011, S. 48f).

2.1.2 Das Prinzip der Ko-Produktion

Das Prinzip der Ko-Produktion personenbezogener sozialer Dienstleistungen drückt in anderer Form aus, was in der Systemtheorie als »strukturelles Technologiedefizit« bezeichnet wird, das für alle sozialen Prozesse und damit auch für die Soziale Arbeit gilt (Luhmann/Schorr 1982):

> »Ein Zusammenhang zwischen Ursache und Wirkung und weiter zwischen methodischer Vorgehensweise und Ziel, der stabil, eindeutig und wiederholbar ist, lässt sich in der Sozialen Arbeit nicht herstellen. Alle Komponenten einer Situation wandeln sich aufgrund der strukturellen Komplexität sozialer Prozesse und sind folglich prinzipiell nicht vorhersehbar. (...) Darum ist es auch nicht möglich, pädagogische Prozesse in Gänze zu steuern, zu kontrollieren und Wirkungen exakt vorherzusagen« (von Spiegel 2013a, S. 255).

Planen und Handeln in der Sozialen Arbeit muss deshalb situativ flexibel und revidierbar gestaltet werden, um immer wieder eine ›Passung‹ von Situation und Handeln zu erreichen.

Spätestens seit sich Soziale Arbeit als wissenschaftliche Disziplin zu profilieren sucht, gibt es Versuche, soziale Prozesse und Phänomene wissenschaftlich erklärbar und voraussagbar zu machen sowie Methoden zu entwickeln, mit denen solche Prozesse gezielt beeinflusst werden können. Dabei gibt es auch Bemühungen ähnlich wie in den Naturwissenschaften, eindeutige, d. h. kausale, Zusammenhänge zwischen Ursachen und Wirkungen sozialer Probleme zu identifizieren und auf dieser Grundlage ›Technologien‹ zu formulieren, mit denen Fachkräfte zuverlässig und wiederholbar zu bestimmten Ergebnissen gelangen können. In den sozial- und fachpolitischen Debatten werden solche Forderungen bzw. Bemühungen in zwei Richtungen thematisiert, die in einem Spannungsverhältnis zum Ko-Produktions-Prinzip in Hilfeprozessen stehen.

Unter dem Begriff der ›*Evidenzbasierung*‹ gibt es in den letzten Jahren zahlreiche Versuche, die Wirksamkeit von Interventionen in der Sozialen Arbeit zu verbessern. Dabei werden standardisierte Programme entwickelt (z. B. zur Gewaltprävention), die in der Praxis – gemäß einer Technologie – unverändert umgesetzt werden müssen. Die Fachkräfte werden für die Umsetzung trainiert, mit schriftlichen Manualen ausgestattet, mit dem Ziel, den ›persönlichen Faktor‹ bei der Umsetzung weitestgehend zu minimieren. Solche Verfahren sind fachlich umstritten, aber für Auftrag- und Geldgeber Sozialer Arbeit sehr attraktiv: Sie sind klar strukturiert, versprechen Wirksamkeit, sind zeitlich und von den Kosten her gut planbar.

Mit dem Ziel einer verbesserten ›*Wirkungsorientierung*‹ sozialer Dienstleistungen wird außerdem versucht, die Finanzierung von Leistungen mit dem Nachweis erwünschter Wirkungen zu verknüpfen (z. B. über Bonus-Malus-Regelungen, wenn im Voraus vereinbarte Ziele oder Kennzahlen nicht erreicht werden). Problematisch ist hier erstens, dass die Verantwortung für das Erreichen von Wirkungen lediglich einem Akteur, dem Leistungserbringer, zugeschrieben wird. Der Anteil der Adressat*innen an der Leistung bzw. der lebensweltlichen Rahmenbedingungen wird dabei vernachlässigt. Zweitens berücksichtigen solche Finanzierungsmodelle die Komplexität von Hilfeprozessen nicht. Denn Situationen und Konstellationen können sich im Verlauf der Fallbearbeitung verändern, Ziele und Handlungsstrategien müssen entsprechend angepasst werden können.

2.1.3 Widersprüchliche Aufträge als Bezugspunkt professionellen Handelns

Soziale Arbeit ist Teil des Sozialstaats und handelt in einem komplexen, sich kontinuierlich verändernden rechtlichen Rahmen. Professionelle Unterstützung kann i. d. R. nur in Kenntnis und mit Bezug auf diese rechtlichen Regelungen gewährt werden. Außerdem kann nur dort professionelle Hilfe angeboten werden, wo diese durch Bund, Länder bzw. Kommunen (re)finanziert wird. Diese Abhängigkeit von staatlichen Strukturen und Regelungen hat für die Praxis Sozialer Arbeit nicht selten zur Konsequenz, dass nicht auf alle im Alltag erkannten Hilfebedarfe angemessen reagiert werden kann. Zum einen, weil für bestimmte Hilfen nicht ausreichend Geld zur Verfügung gestellt wird, zum anderen, weil geltende rechtliche Regelungen manchmal fachlich sinnvolles Handeln behindern.

Die grundlegende rechtliche Bindung der Sozialen Arbeit führt zu einem Kernproblem, das in der Fachdiskussion seit langem unter dem Begriff des »doppelten Mandats« Sozialer Arbeit (Böhnisch/Lösch 1973) im Spannungsfeld von Hilfeleistung und Kontrolle verhandelt wird. Besonders deutlich wird diese Ambivalenz z. B. im Bereich des Schutzauftrags bei Kindeswohlgefährdung des Jugendamts (§ 8a SBG VIII) oder im Feld der Straffälligenhilfe. Aber auch in anderen Arbeitsfeldern ist das Spannungsfeld von Hilfe und Kontrolle strukturell präsent, wenn auch in unterschiedlicher Ausprägung und Intensität.

> **Beispiele**
>
> Eine Fachkraft im Sozialpsychiatrischen Dienst, die ihrer psychisch kranken Klientin gegenüber auf die Einnahme von Medikamenten besteht, erlebt Widerspruch und Ablehnung, wenn diese Person lieber ein Leben ohne Medikamente führen würde. Auch ein Schulsozialarbeiter kann sich nicht auf seine Beratungs- und Unterstützungsrolle zurückziehen, wenn er bei einer Schülerin körperliche Misshandlungen in ihrer Familie vermutet.

Das Problem unterschiedlicher Mandate für das professionelle Handeln stellt sich in der Praxis noch vielschichtiger dar. Denn Soziale Arbeit hat sehr viel mit dem Alltag der Menschen und ihren täglichen Anforderungen, Problemen und Nöten zu tun: Haushaltsmanagement, Schul- und Erziehungsprobleme, Armut, Verschuldung, fehlender Wohnraum, Freizeitgestaltung, Kinderbetreuung, Sinnfragen etc. – all dies (und noch anderes) *kann* zum Gegenstand professionellen Handelns in der Sozialen Arbeit werden. Was im konkreten Fall tatsächlich zum Gegenstand *wird*, entscheidet sich erst im situativen und institutionellen Kontext der Fallbearbeitung. Denn der tatsächliche Auftrag der Fachkraft für ihr Handeln wird von unterschiedlichen Aspekten beeinflusst.

- Was möchte die Adressat*in von mir?
- Welche rechtlichen Aufträge/Ansprüche/Zuständigkeiten sind im konkreten Fall zu beachten?
- Gibt es Erwartungen, Aufträge anderer relevanter Personen/Institutionen?
- Zu welcher Einschätzung der Situation komme ich als Fachkraft selbst (aufgrund meiner Erfahrung und Expertise) und was halte ich für sinnvoll?

Hier wird erkennbar, dass bereits die Frage des Auftrags als Ausgangspunkt des Handelns in einer Fallsituation komplex und widersprüchlich sein kann und nicht selten zuerst eine Auftragsklärung vor Beginn der eigentlichen Arbeit erforderlich ist. Außerdem ist es in bestimmten Arbeitsfeldern (wie z. B. in der Straffälligenhilfe, Suchthilfe) durchaus üblich, dass Klient*innen nicht (oder nur begrenzt) freiwillig auf die Fachkräfte zukommen und zuerst einmal eine gemeinsame Arbeitsgrundlage gefunden werden muss.

2.2 Die Fachkräfte: Professionalität und professionelles Handeln

Wer klären will, wie in der Sozialen Arbeit sinnvoll Qualität bestimmt und weiterentwickelt werden kann, muss auch einen Blick auf die Seite der Fachkräfte werfen. Da in vielen Arbeitsfeldern neben ausgebildeten Fachkräften, die für ihre Tätigkeit entlohnt werden, auch Ehrenamtliche tätig sind, stellt sich nicht nur für Laien die Frage, wo hier die Unterschiede liegen, was professionelles Handeln ausmacht und welche Kompetenzen dafür erforderlich sind.

2.2.1 Das strukturbezogene Professionalisierungsmodell

Soziale Arbeit hat sich ohne Frage in den letzten 100 Jahren als *Beruf* etabliert und deckt mittlerweile ein breites Tätigkeitsspektrum in verschiedensten Arbeitsfeldern ab. Umstritten ist allerdings, ob sie dabei auch eine *Profession* geworden ist. Professionen sind in unserer Gesellschaft »gehobene Berufe, die in der Lage sind, wissenschaftliche Erkenntnisse für die Bearbeitung von Problemen zu nutzen, um wertebezogen Ziele zu begründen und diese aufgrund ihres besonderen Könnens auch zu erreichen« (Heiner 2010, S. 160). Professionen in diesem Sinne bearbeiten Themen und Probleme, die zentrale Bereiche menschlichen Lebens betreffen, den Privat- oder sogar Intimbereich von Personen berühren und dabei mit teilweise existenziellen Risiken und Entscheidungen zu tun haben.

Vor allem in drei Lebensbereichen haben sich seit der frühen Neuzeit Professionen in diesem Sinne herausgebildet.

»Für alles, was mit dem menschlichen Körper, seiner Gesundheit und ihrer Gefährdung zusammenhängt, haben Ärzte Mandat und Lizenz; alles, was mit den Rechten von Menschen und ihrer Verletzbarkeit zusammenhängt, liegt im Zuständigkeitsbereich von Richtern, allgemein Juristen und Rechtsanwältinnen; alles, was mit der menschlichen Seele und ihren Gefährdungen zusammenhängt, ist oder war Angelegenheit der geistlichen Profession« (Müller 2010, S. 957).

Anhand dieser Beispiele können wir die zentralen Merkmale von klassischen Professionen erkennen.

»Ihre Angehörigen müssen in ganz besonderer Weise kompetent sein, um die Gefahr, dass sie in dem jeweiligen sensiblen Lebensbereich Schaden anrichten, möglichst gering zu halten. Und sie müssen, zweitens, in besonderer Weise unabhängig sein, sowohl von staatlichen oder anderen Instanzen, die andere Interessen verfolgen als die Klienten, als auch von diesen selbst. (…) Gleichzeitig muss das Eigeninteresse der Professionellen so kontrolliert werden, dass es ebenfalls als Grund des Missbrauchs unwahrscheinlich wird« (ebd.).

Um solche Charakteristika von Professionen zu gewährleisten, haben sich im historischen Prozess in ihren Tätigkeitsfeldern folgende Regelungen etabliert:

- eine jeweils spezifische, wissenschaftlich fundierte Wissensbasis als Grundlage des Handelns,
- anspruchsvolle Ausbildungen (Studium) mit besonderen Zulassungsverfahren (z. B. die Approbation bei Ärzt*innen),
- ein staatlich gesichertes Monopol der Zuständigkeit im jeweiligen Tätigkeitsbereich, in dem andere Berufe nur begrenzt tätig werden dürfen.
- Die inhaltlichen Standards der Profession werden nicht durch den Staat, sondern von eigenen berufsständischen Organisationen und einer wissenschaftlichen Fachkultur kontrolliert.
- Formen professioneller Selbstkontrolle, die durch ethische Berufsnormen (z. B. der hippokratische Eid bei Ärzt*innen) und Standesorganisationen, die bei Verstößen tätig werden, gesichert sind.
- Die Unabhängigkeit von Weisungen bei fachlichen Fragen und ein besonderer Vertrauensschutz der Arbeitsbeziehung zu Klient*innen vor staatlichem Zugriff (z. B. durch das Zeugnisverweigerungsrecht).

Um den Status von Professionen zu erwerben, werden an Berufe von gesellschaftlicher und berufsständischer Seite hohe Anforderungen gesetzt.

Betrachtet man die genannten Merkmale und Strukturelemente näher, wird erkennbar, dass Soziale Arbeit einzelne davon erfüllt: Auch Fachkräfte Sozialer Arbeit haben oft mit existenziellen Fragen und Problemen von Menschen zu tun und greifen teilweise gravierend in deren Lebenskontexte ein. Außerdem bestimmen Fachkräfte durch ihre Tätigkeit oft über Ressourcen, Gesundheit und Lebensperspektiven ihrer Adressat*innen entscheidend mit.

Dennoch überwiegen die Unterschiede deutlich. Einige davon sollen hier kurz skizziert werden (vgl. z. B. Galuske 2011, S. 38ff):

- Es gibt keine spezielle Domäne, in der Soziale Arbeit autonom und ›monopolartig‹ ihre Tätigkeit ausüben kann. Sie findet meist in multiprofessionellen Kontexten statt, in denen Fachkräfte je nach Arbeitsfeld und Aufgabe mit Leh-

rer*innen, Ärzt*innen, Jurist*innen, Verwaltungskräften etc. kooperieren müssen. In diesen Kooperationen existiert oft ein Statusgefälle, das sich z. B. in ungleicher Bezahlung und begrenzten Einflussmöglichkeiten auf die Fallbearbeitung ausdrücken kann. Die Fallverantwortung liegt in solchen Kooperationen meist bei Vertreter*innen der klassischen Professionen.
- Alltag und Lebenswelt der Menschen sind zentrale Bezugspunkte Sozialer Arbeit. Die Diffusität dieser Felder verhindert klare Zuständigkeiten und behindert Spezialisierungen. Außerdem ist es schwierig – auch angesichts der vielen Laien in den Arbeitsfeldern – der Öffentlichkeit zu verdeutlichen, welche besonderen Fähigkeiten, Methoden, welche spezifischen Expertisen für diese Tätigkeiten gebraucht werden.
- Soziale Arbeit hat keine spezielle Bezugswissenschaft wie Mediziner*innen oder Jurist*innen, sondern bezieht sich auf Wissen aus dem gesamten Feld der Human- und Sozialwissenschaften. Auf diese Weise ist ein spezifischer Wissensbestand, auf den sich eine professionelle Identität stützen könnte, kaum denkbar.
- Fachkräfte Sozialer Arbeit arbeiten nicht autonom, sondern überwiegend im Auftrag des Staats und als Teil des Sozialstaats. Sie sind auf diese Weise sowohl dem Gemeinwohl wie auch dem Wohl der Adressat*innen verpflichtet. Daraus ergeben sich häufig widersprüchliche Anforderungen und Aufträge für ihr Handeln.
- Die berufsständische Organisierung von Fachkräften ist gering, der DBSH hat momentan nur wenige Tausend Mitglieder. Die hier entwickelten Ansätze zur Sicherung fachlicher Standards (Ethikcodex, Berufsbild, Berufsregister) finden in der Praxis bisher nur geringe Resonanz.

Nimmt man angesichts dieser Merkmale das beschriebene *strukturbezogene Professionalisierungsmodell klassischer Professionen* als Bezugspunkt, dann hat Soziale Arbeit, ähnlich wie Pflege- und Bildungsberufe, im Grunde nahezu keine Möglichkeit, zu einer ›richtigen‹ Profession zu werden.

2.2.2 Handlungsorientierte Professionalität

In der Fachdiskussion zu Fragen der Professionalisierung hat sich aber noch ein anderer Diskursstrang entwickelt, in dem die typischen Rahmenbedingungen und Spezifika Sozialer Arbeit als Ausgangspunkt genommen werden, um Modelle in Richtung einer »alternativen Professionalität« (Olk 1986) zu formulieren: Vorschläge aus diesem Diskurs sind z. B. Fritz Schützes Modell (1992) »Sozialarbeit als bescheidene Profession« oder die »reflexive Professionalität« von Bernd Dewe und Hans-Uwe Otto (2010).

In diesen *handlungsorientierten und kompetenzbezogenen Professionsmodellen* ist das berufliche Handeln und die Problemlösungskompetenz der Professionsmitglieder entscheidend und nicht der gesellschaftliche Status oder strukturelle Aspekte wie die Autonomie des Berufsstands oder eine spezifische Leitwissenschaft (vgl. Heiner 2004, S. 20ff). Auf diese Weise wird es möglich, eine *andere Art wis-*

senschaftlicher Grundlage und ein fachlich passenderes Professionalitätsverständnis zu entwickeln. Denn die Profession Soziale Arbeit unterscheidet sich von anderen Professionen durch einen besonderen Blick auf Adressat*innen und spezifische Handlungsformen:

- Soziale Probleme werden primär »als Resultat ungünstiger bzw. benachteiligender Lebenssituationen betrachtet und weniger als Ausdruck individueller Defizite.
- Die Beurteilung zwischenmenschlicher Konflikte, abweichenden Verhaltens, materieller Not oder sozialer Ausgrenzung wird an Kriterien sozialer Gerechtigkeit und sozialer Integration gemessen.
- Statt einer einseitigen Verhaltensänderung der Betroffenen steht die Wechselwirkung zwischen individuellen und gesellschaftlichen Prozessen im Zentrum.
- Der Fokus richtet sich sowohl auf die psychosoziale Unterstützung der Adressaten als auch auf die politische Arbeit an der Verbesserung ihrer sozialen Lebensbedingungen.
- Als gesellschaftlich organisierte Hilfe bezieht sich Soziale Arbeit sowohl auf den lebensweltlichen Kontext der Adressaten als auch auf den administrativen Handlungskontext (...).
- Ursachenerklärung, Zielentwicklung und Handlungsschritte erfolgen in Koproduktion mit den Adressaten« (von Spiegel 2013a, S. 39).

Hubbertz (2002) hat die Spezifika und besonderen Herausforderungen professionellen Handelns in der Sozialen Arbeit treffend zugespitzt: Fallbezogene Arbeit muss im Spannungsfeld zwischen zwei unterschiedlichen Logiken umgesetzt werden, die während der Fallbearbeitung immer wieder neu aufeinander bezogen werden müssen: Der Logik *methodisch-planvollen Vorgehens* bei der Lösung der Aufgaben und Probleme des Falles (diesen Handlungsmodus nennt Hubbertz »Problemlösen«), das aber eingebettet werden muss in einen Prozess *kommunikativer Verständigung* mit den Adressat*innen (diesen Handlungsmodus nennt er »Verstehen«).

Professionelle Handlungskompetenz besteht darin,

> »zwischen den beiden Handlungsrationalitäten flexibel wechseln zu können und notwendige Übersetzungsleistungen zu erbringen. Es geht darum, arbeitsfeldspezifisch planvoll zu handeln, Verstehen und Verständigung zu üben, Spannungen zwischen beiden Handlungsformen aushalten und sich und andere vor manipulativen Verzerrungen schützen zu können« (ebd., S. 104).

Quantitativ betrachtet ist die Arbeit mit den subjektiven Erlebniswelten und den hier lokalisierten Problemen

> »oft viel umfangreicher als ein vernünftig geplantes Problemlösen auf der Verhaltensebene. Sozialarbeiterisches Handeln hat es nur zu häufig mit sogenannten ›geschlossenen‹ oder ›verstellten‹ Situationen zu tun, in denen durch Verstehen subjektiven Erlebens und hierauf bezogene Aushandlungsprozesse Chancen für einen Neuanfang zu generieren sind. Ist der Durchbruch (...) geschaffen, hat die Sozialarbeiterin fast schon das ihrige getan (...)« (ebd., S. 105).

2.2 Die Fachkräfte: Professionalität und professionelles Handeln

Qualitativ betrachtet

»folgt das kommunikative Handeln einer völlig anderen Erkenntnislogik als ein strategisches Problemlösevorgehen. Geht es letzterem in der Bearbeitung sozialer Probleme um die Feststellung objektiver Tatbestände und ihre Rückführung auf allgemeine *erklärungs*kräftige Gesetzesaussagen, so ist eine Verstehensarbeit umgekehrt auf eine methodische Sicherung der Geltung jenes Besonderen, Subjektiven eines sozialarbeiterischen Falles bedacht, welches sich erst aus der Beziehung der Adressaten zu sich selbst und zum handelnden Sozialarbeiter erschließt« (ebd.).

Die Merkmale der beiden Handlungsmodi von Hubbertz können in folgender Tabelle zusammengefasst werden (▶ Tab. 2).

Tab. 2: Handlungsmodi in der Sozialen Arbeit

Handlungsmodus	»Problemlösen«	»Verstehen«
Bezug	Objektive Realität	Subjektive Erlebniswelt
Methodologie	Zweckrational-planvolles Handeln	Sinnverstehen
Handlungslogik	Linear ziel- und erfolgsorientiert	Zirkulär prozess- und beziehungsorientiert
Problem- und Situationsanalyse	1. Beschreiben 2. Analysieren 3. Erklären unter Bezugnahme auf wissenschaftliche Theorien	Suche nach subjektiven Deutungsmustern und dem subjektiven Sinn des Handelns von Adressat*innen

Eigene Darstellung

Mittlerweile gibt es eine Reihe von Vorschlägen, wie eine ›handlungsorientierte Professionalität‹ in diesem Sinne ihren Weg in die Ausbildung und Praxis finden kann.

Exemplarisch sollen hier die Modelle »Multiperspektivische Fallarbeit« (Burkhard Müller 2009, zuerst erschienen 1993), »Professionalität als wissenschaftlich und ethisch fundiertes Handeln« (Heiner 2007, S. 169ff) und »Methodisches Handeln in der Sozialen Arbeit« (Hiltrud von Spiegel, zuerst erschienen 2004) genannt werden, die mittlerweile in Wissenschaft, Ausbildung und Praxis anerkannt und weit verbreitet sind.

Die drei Autor*innen belassen es nicht bei theoretischen Entwürfen von Professionalität, sondern gehen einen Schritt weiter und konkretisieren diese in zwei Richtungen:

- Einerseits werden Modelle *methodischen Handelns* entwickelt, die es ermöglichen, Probleme und Aufgaben in der Sozialen Arbeit zielorientiert, strukturiert und gleichzeitig flexibel bearbeiten zu können.
- Andererseits werden Vorschläge formuliert, wie *professionelle Handlungskompetenz* in der Sozialen Arbeit gefasst werden kann und die professionelle Wis-

sensbasis, das methodische Können und die erforderlichen beruflichen Haltungen bestimmt werden können.

Zur Veranschaulichung sollen die Grundideen der drei Konzepte kurz skizziert werden.

Professionalität im Kontext multiperspektivischer Fallarbeit

»*Unter multiperspektivischem Vorgehen verstehe ich demnach, dass sozialpädagogisches Handeln bewusste Perspektivenwechsel zwischen unterschiedlichen Bezugsrahmen erfordert.* Multiperspektivisches Vorgehen heißt zum Beispiel, die leistungs- und verfahrensrechtlichen, die pädagogischen, die therapeutischen oder gegebenenfalls auch medizinischen sowie die fiskalischen Bezugsrahmen eines Jugendhilfefalles nicht miteinander zu vermengen, aber sie dennoch als wechselseitig füreinander relevante Größen zu behandeln und in gekonnter Kooperation mit anderen Fachleuten zu bearbeiten« (Müller 2009, S. 21; Herv. i. O.).

Diese unterschiedlichen Perspektiven fasst Müller unter die drei Begriffe »Fall von«, »Fall für« und »Fall mit« (ebd., S. 43 ff). Zur Strukturierung des methodischen Handelns im Fall verwendet er die (aus der Medizin) bekannte Schrittfolge Anamnese, Diagnose, Intervention, Evaluation, die er aber aus der Perspektive Sozialer Arbeit ausfüllt und an bestimmten »Arbeitsregeln« konkretisiert (z. B. »Anamnese heißt, einen Fall wie einen unbekannten Menschen kennen zu lernen«; ebd., S. 109; oder: »Sozialpädagogische Diagnose heißt zu klären, was für welche Beteiligten in einer Fallsituation das Problem ist«; ebd., S. 124).

Diese Arbeitsregeln sind aber nicht als Anweisungen oder »Rezepte, ›wie man's macht‹« (ebd., S. 109), zu verstehen, sondern als Reflexionshilfen bzw. »Hilfsregeln der Selbstüberprüfung« (ebd.): »Denn es geht dabei um Aufmerksamkeit für das Unerwartete, leicht Übersehene« und darum, »aus eigenen Versuchen lernen zu können« (ebd.).

Müller favorisiert eine ›*offene Form*‹ *von Professionalität*, die er folgendermaßen konkretisiert:

- »Sie ist nicht durch eine spezielle Leitwissenschaft vordefiniert, sondern versteht sich als der Versuch, die Fähigkeit zum Perspektivenwechsel zwischen unterschiedlichen Arten von Wissen als professionelle Haltung auszubilden;
- sie basiert in nur eingeschränktem Sinne auf einem Spezialwissen (das sich vom Spezialwissen anderer Professionen unterscheidet), in der Hauptsache aber auf Wissen und Handlungsregeln, die helfen, je nach Situation benötigtes Handlungswissen selbst zu erschließen;
- sie ist nicht auf ein spezielles Handlungsfeld begrenzt (...);
- sie ist zieloffen, sofern sie keine im Voraus festgelegten Handlungsziele unterstellt, sondern ihre Ziele eher im Sinne allgemeiner Maximen versteht, die nur gemeinsam mit Betroffenen ausgehandelt werden müssen« (ebd., S. 192).

Professionalität als wissenschaftlich und ethisch fundiertes Handeln

»Professionelles Handeln verlangt eine kontinuierliche Reflexion der Ziele, Werte und Konsequenzen beruflichen Handelns auf der Basis wissenschaftlichen Wissens, eigener Erfahrungen und kodifizierter beruflicher Standards, die im Diskurs mit Kollegen und

2.2 Die Fachkräfte: Professionalität und professionelles Handeln

außenstehenden Beratern konkretisiert und dabei ständig überprüft werden müssen. Im Umgang mit den KlientInnen ist sowohl eine achtungsvolle Grundhaltung notwendig als auch eine kommunikative Kompetenz, um die Prinzipien einer advokatorischen Ethik und eines verständigungsorientierten Handelns zu realisieren. In der Auseinandersetzung mit KlientInnen, KollegInnen, Vorgesetzten oder VertreterInnen anderer Organisationen um soziale Gerechtigkeit ist die Fähigkeit zum Umgang mit Konflikten auf der Grundlage einer Haltung streitbarer Toleranz zentral. Wissenschaftliches Wissen, kommunikative Kompetenz und eine wertebezogene, biografisch verankerte, reflexive Grundhaltung stellen die Voraussetzungen einer ethisch fundierten Expertise professioneller Sozialer Arbeit dar« (Heiner 2007, S. 185).

Heiner konkretisiert dieses Verständnis in ihrem Buch »Soziale Arbeit als Beruf« (2007) in überzeugender Weise und erweitert ihr Modell etwas später in einer Buchreihe zum Thema »Handlungskompetenzen in der Sozialen Arbeit« (2010).

Der Begriff Handlungskompetenz bezeichnet für sie »Potenziale, über die eine Person verfügt und die notwendig sind, um komplexe und bedeutende Aufgaben zu bewältigen« (Heiner 2010, S. 12). Sie geht aber auch davon aus, dass professionelles Handeln in der Sozialen Arbeit immer eine Kombination von persönlicher und organisationaler Leistung ist (▶ Kap. 2.3). Eine Fachkraft kann deshalb nur so professionell handeln, wie ihr organisatorischer Kontext es zulässt.

In ihrem Kompetenzmodell unterscheidet Heiner bereichsbezogene und prozessbezogene Kompetenzmuster: Das Aufgabenspektrum Sozialer Arbeit kann in zwei große Bereiche unterteilt werden: Die Arbeit mit den Adressat*innen (in ihrem lebensweltlichen Umfeld) sowie die Arbeit mit dem Leistungssystem (z. B. Bildungssystem, Justiz, Gesundheitswesen, Politik), um so die Lebensweisen der Menschen und ihre Lebensbedingungen zu verändern und zu verbessern. Zusammen mit der Person der Fachkraft ergeben sich aus diesem Aufgabenspektrum drei grundlegende *bereichsbezogene Kompetenzmuster*:

- *Fallkompetenz*, die sich auf die Gestaltung der Arbeit mit Adressat*innen und ihrem lebensweltlichen Umfeld bezieht,
- *Systemkompetenz*, die sich auf die Organisation, in der die Fachkraft tätig ist, und das Leistungssystem, mit dem kooperiert wird, bezieht und die
- *Selbstkompetenz*, die sich auf die Person der Fachkraft bezieht (Qualifikation, Einstellung zum Beruf, Motivation, etc.).

Die drei *prozessbezogenen Kompetenzmuster* beziehen sich auf typische Handlungsschritte im Kontext problembezogenen methodischen Handelns:

- Kompetenzen zur Analyse und Planung von Situationen (z. B. Fall- bzw. Sozialraumanalysen, Konzeptionsentwicklung, Hilfeplanung)
- Interaktions- und Kommunikationskompetenz (z. B. in der Beratung, Alltagsbegleitung, Gruppenleitung, Moderation, Verhandlung)
- Reflexions- und Evaluationskompetenz (z. B. in der Fall- und Selbstreflexion, Begutachtung, Dokumentation)

Wenn Fachkräfte in der Praxis eine Handlungsstrategie zur Bearbeitung eines Problems oder einer Situation entwickeln und umsetzen wollen, ist jeweils eine spezifische Kombination von bereichsbezogenen und prozessbezogenen Kompetenzmustern erforderlich. Je nach Handlungssituation sind dabei unterschiedliche Wissensbestände, Methoden, Techniken, professionelle Haltungen etc. erforderlich.

Professionalität als reflexives methodisches Handeln

»Berufliches Handeln in der Sozialen Arbeit wird durch den Einsatz der eigenen ›Person als Werkzeug‹ verwirklicht. Methodisch zu handeln bedeutet, die spezifischen Aufgaben und Probleme der Sozialen Arbeit zielorientiert, kontextbezogen, kriteriengeleitet sowie strukturiert und gleichzeitig offen zu bearbeiten, wobei man sich an Charakteristika des beruflichen Handlungsfeldes sowie an der wissenschaftlichen Arbeitsweise orientieren sollte. Der Begriff beschreibt eine besondere Art und Weise der Analyse, Planung und Auswertung beruflichen Handelns, die sich vom laienhaften Alltagshandeln unterscheidet. Professionelle müssen ihre Situations- und Problemanalysen, die Entwicklung von Zielen und die Planung ihrer Interventionen verständigungsorientiert, mehrperspektivisch und revidierbar gestalten. Es wird von ihnen erwartet, dass sie ihre Handlungen transparent und intersubjektiv überprüfbar halten, diese berufsethisch rechtfertigen und unter Zuhilfenahme wissenschaftlicher und erfahrungsbezogener Wissensbestände begründen können« (von Spiegel 2013a, S. 252).

Methodisches Handeln ist also eine strukturierte, flexible Herangehensweise an berufliche Situationen anhand einer »Sammlung von Analyse-, Planungs- und Reflexionsfragen und -regeln, die helfen kann, ein Problem oder eine Situation nach den Regeln der professionellen Kunst zu bearbeiten und den Informationsverarbeitungs- und Planungsprozess zu strukturieren« (ebd., S. 105).

Zur praktischen Umsetzung methodischen Handelns entwickelt von Spiegel ein Modell mit *drei Handlungsebenen* (von Spiegel 2004, S. 120f):

- *Fallebene*
  Hier geht es um Situationen, Aufgaben und Probleme, die im unmittelbaren Kontakt mit Adressat*innen entstehen.
- *Managementebene*
  Hier geht es auf der Organisationsebene um koordinierende, organisatorische und administrative Tätigkeiten, die eine Arbeit auf der Fallebene rahmen und absichern (Konzeptionsentwicklung, Bedarfsermittlung für Angebote, QM, Personalentwicklung etc.).
- *Kommunale Planungsebene*
  Hier geht es um organisationsübergreifende Prozesse zur Gewährleistung einer bedarfsgerechten sozialen Infrastruktur im kommunalen Raum, die im Dialog mit Entscheidungsträger*innen aus Politik und Verwaltung und anderen Akteuren in Prozessen der Sozialplanung umgesetzt wird.

Auf diesen Handlungsebenen gibt es in der Sozialen Arbeit typische Aufgaben und Anforderungen, die sich in *fünf Handlungsbereichen methodischen Handelns* zusammenfassen lassen (ebd., S. 121).

- *Analyse der Rahmenbedingungen*, die die eigene Arbeit beeinflussen kommunalpolitische Vorgaben, sozialräumliches Umfeld, Adressat*innen, vorhandene Ressourcen etc.

- *Situations- oder Problemanalyse*
  Eine mehrperspektivische Analyse und Interpretation von Situationen bzw. Problemen bilden den Ausgangspunkt methodischen Handelns.
- *Zielentwicklung*
  Erst auf der Basis einer kompetenten Analyse können angemessene Ziele für das weitere Handeln geplant werden. Ziele können allerdings nicht einseitig von Fachkräften gesetzt werden, sondern müssen mit Betroffenen ausgehandelt werden.
- *Planung*
  Hier geht es »um eine begründete Konstruktion methodischer Arrangements im Hinblick auf die Ausgangssituation, den Bedarf und die ausgehandelten Ziele« (ebd.).
- *Evaluation*
  Das bedeutet, systematisch Daten über Prozesse oder Ergebnisse des Handelns zu sammeln, und diese bzgl. ihrer Angemessenheit, Wirksamkeit oder Wirtschaftlichkeit zu bewerten.

Dieses Modell methodischen Handelns lässt sich in folgender Tabelle zusammenfassen (ebd., S. 120; ▶ Tab. 3).

Tab. 3: Handlungsebenen und Handlungsbereiche methodischen Handelns

	Analyse der Rahmenbedingungen	Situations- oder Problemanalyse	Zielentwicklung	Planung	Evaluation
Kommunale Planungsebene/Aufgaben der Sozialplanung	Bestandserhebung und -bewertung im Sozialraum	Ermittlung des Bedarfs an Angeboten und Maßnahmen im Sozialraum	Entwicklung von Handlungsmaximen und Zielen für die Arbeit im Sozialraum	Maßnahmenplanung für alle betroffenen Arbeitsfelder	Input- bzw. Maßnahmenevaluation (Berichtswesen)
Managementebene/Aufgaben der Leitung	Analyse der Rahmenbedingungen	Ermittlung des Bedarfs an Angeboten in der Einrichtung	Erarbeitung eines Leitbildes und konzeptioneller Ziele	Operationalisierung der Ziele (Angebote und Arbeitsprinzipien)	Effektivität und Effizienz der Gesamtorganisation bzw. einzelner Projekte
Fallebene/Aufgaben der Fachkräfte	Auftrags- und Kontextanalyse	Situations- und Problemanalyse	Aushandlung von Konsenszielen	Operationalisierung der Ziele	Prozess- und Ergebnisevaluation

Quelle: Modifiziert nach von Spiegel, Hiltrud 2018: Methodisches Handeln in der Sozialen Arbeit (6., durchges. Aufl.). München/Basel: Reinhardt, S. 120

Auch Hiltrud von Spiegel hat ein dazu passendes Modell professioneller Kompetenzen einwickelt, das von Pestalozzis Unterscheidung von »Kopf« (Kognition bzw. Wissen), »Herz« (Emotion bzw. berufliche Haltungen) und »Hand« (praktische Handlungen bzw. Können) ausgeht (ebd., S. 96f.). Zur Veranschaulichung werden einige dieser Kompetenzen in den drei genannten Dimensionen kurz skizziert (vgl. von Spiegel 2013, S. 97f.):

Dimension ›Wissen‹, z. B.:

- Kenntnis von Methoden zur Erfassung der subjektiven Wirklichkeit von Adressat*innen
- Kenntnisse über arbeitsfeldspezifisch relevante Gesetze und Finanzierungsgrundlagen
- Wissen über professionelle Wertorientierungen und Handlungsmaximen

Dimension ›Können‹, z. B.:

- Kommunikative Fähigkeiten zum Aufbau von Arbeitsbeziehungen mit Adressat*innen (z. B. durch Methoden der Gesprächsführung)
- Kompetenzen zum Einsatz der eigenen Person als ›Werkzeug‹ kommunikativen Handelns (z. B. durch Empathiefähigkeit, Fähigkeit zur Selbstreflexion)
- Kompetenzen zur effektiven Gestaltung von Arbeitsprozessen
- Kompetenzen zur Teamarbeit in der eigenen Organisation und in der Kooperation mit Fachkräften anderer Organisationen

Dimension ›Berufliche Haltung‹, z. B.:

- Reflektierter Umgang mit eigenen Emotionen
- Achtung der Würde und Autonomie der Adressat*innen
- Orientierung an den Ressourcen der Adressat*innen

Zusammenfassend gesehen wird in allen drei vorgestellten Modellen handlungsorientierter Professionalität versucht, mit strukturierten, aber flexiblen Analyse-, Planungs-, Handlungs- und Reflexionsstrategien auf der Grundlage eines reflexiven Verständnisses von Professionalität den widersprüchlichen Anforderungen an berufliches Handeln zwischen »Problemlösen« und »Verstehen« in der Praxis gerecht zu werden. ›Reflexivität‹ wird in allen drei Modellen als Kernelement von Professionalität angesehen, die in zwei Richtungen zielt:

- den flexiblen Umgang mit methodischen Schritten, Werkzeugen etc., um dem Spannungsfeld unterschiedlicher Logiken des Handelns gerechtzuwerden sowie immer wieder ›Passungen‹ von Situation und Handeln zu finden,
- den aufmerksamen Umgang mit der eigenen Person im beruflichen Alltag, in der Gestaltung von Beziehungen in der Balance von Nähe und Distanz, im reflexiven Umgang mit eigenen Emotionen sowie professionellen wie persönlichen Wertestandards etc.

In diesem Sinne liefern die Autor*innen wichtige Anregungen, wie ein fachlich angemessener Zugang zum Thema Qualität und QE in der Sozialen Arbeit aussehen könnte (▶ Kap. 3).

Die *Umsetzung* solcher Modelle im Alltag Sozialer Arbeit ist anspruchsvoll. Denn das kompetente und situativ flexible Sich-Bewegen in widersprüchlichen Anforderungen und Handlungsmodi ist nicht einfach im technischen Sinne erlernbar, sondern erfordert Möglichkeiten des Erprobens im Alltag sowie die reflexive Entwicklung der ›eigenen Person als Werkzeug‹ professionellen Handelns durch die Nutzung von Supervision, Fallwerkstätten, Coaching durch Berufserfahrene, Formen kollegialer Beratung und Weiterbildung. Hier sind auch die Organisationen gefordert, solche Instrumente im Alltag der Fachkräfte bereitzustellen bzw. Berufseinsteiger*innen auf ihrem Weg zu begleiten.

2.3 Organisationen: Der Rahmen professionellen Handelns

> »We are born in organizations, educated by organizations, and most of us spend much of our lives in organizations. We spend much of our leisure time paying, playing and praying in organizations. Most of us will die in an organization, and when the time comes for burial, the largest organization of all – the state – must grant official permission«. (Amitai Etzioni 1964, S. 1)

Leistungen Sozialer Arbeit werden im Rahmen von Organisationen erbracht. Egal ob Fachkräfte in großen staatlichen Organisationen wie Jugendämtern oder bei kleinen freien Trägern in der Jugendarbeit tätig sind, die Struktur ihrer Organisationen prägt ihr Handeln so stark wie ihr fachliches Wissen und Können: Fachkräfte arbeiten mit einem gesellschaftlichen Auftrag, orientieren sich an darauf ausgerichteten Zielen, sind i. d. R. in ein Team mit bestimmten Aufgabenteilungen und eine Hierarchie von Entscheidungsstrukturen eingebunden.

Organisationen haben den Zweck, entlang bestimmter Aufgaben und Ziele Arbeitsabläufe zu strukturieren und zu koordinieren. Dabei muss festgelegt werden, wer welche Aufgaben zu erledigen hat und wer welche Entscheidungen treffen kann und muss.

Wer also Qualität in Organisationen entwickeln will, muss verstehen, wie Organisationen funktionieren und wie sie gestaltet werden können. Dazu werden im Folgenden einige Grundlagen skizziert. Zuerst wird ein Strukturmodell vorgestellt, das zeigt, wie Organisationen in die Soziale Arbeit eingebunden sind. Danach folgt ein kurzer Blick in aktuelle Trends der Forschung, in der v. a. drei Perspektiven auf Organisationen unterschieden werden: Organisationen als rationale, als soziale und als umweltabhängige Gebilde. Abschließend wird auf die Beziehung von professionellem Handeln und Organisationsgestaltung eingegangen.

2.3.1 Organisation und Soziale Arbeit – ein Strukturmodell

Die zentrale Stellung von Organisationen in der Sozialen Arbeit und ihre Bedeutung für das professionelle Handeln kann an folgendem Modell von Franz Hamburger (2012, S. 57f) verdeutlicht werden (▶ Abb. 4). Er stellt die Interaktion zwischen Fachkräften und Adressat*innen ins Zentrum seines Modells.

Abb. 4: Struktur Sozialer Arbeit und ihrer Rahmenbedingungen, Quelle: modifiziert nach Hamburger, Franz 2012: Einführung in die Sozialpädagogik. Stuttgart: Kohlhammer, S. 57

Eine Organisation gibt der *Interaktion von Fachkraft und Adressat*in* einen Ort, strukturiert die Rollen und Aufgaben vor, in denen sie sich begegnen. Wichtige Aspekte sind hier z. B.:

- *die Adressat*innen* im Tätigkeitsfeld
  Ihre sozialstrukturellen Merkmale (Alter, Geschlecht, sozialer Status), typischen Probleme, Bedürfnisse und Erwartungen etc.
- *Merkmale der Fachkräfte*
  Qualifikation, Aufträge für das berufliche Handeln, Arbeitsbelastung, berufliche Haltung und Werte etc.
- *Art der professionellen Beziehung im Feld*
  Wie hierarchisch ist sie strukturiert? Wie stark sind Aufgaben und Rollen vordefiniert? Wie freiwillig ist die Interaktion?

Wichtige *Aspekte von Organisationen* im Kontext Sozialer Arbeit sind z. B.:

- *Konzeption*
  Fachliche und normative Ausrichtung, Ziele des Handelns, Zielgruppen, Methoden der Arbeit etc.
- *Personal*
  Zahl und Qualifikation der Fachkräfte, Umgangsstil im Team, Arbeitsbelastung, Machtverteilung und Hierarchien, gemeinsame fachliche Orientierungen und Werte
- *Ressourcen*
  Räume, Ausstattung, finanzielle Mittel, Art der Finanzierung etc.
- *Sozialräumlicher Kontext*
  Lage, Zugänglichkeit und Image im Einzugsgebiet, Erwartungen der Zielgruppen, Träger, Geldgeber etc.

Organisationen werden stark von dem beeinflusst, was in ihrem *gesellschaftlichen und politischen Kontext* passiert. Der Begriff »Gesellschaft« ist in Franz Hamburgers Modell mehrdeutig und umfasst im Grunde mehrere Ebenen, angefangen vom Stadtteil, in dem die konkrete Organisation verortet ist, über die Gemeinde, Landkreis, Bundesland bis hin zur gesamten Bundesrepublik etc. Auf diesen Ebenen können unterschiedliche Aspekte verortet werden, die für die Arbeit einer Organisation von Bedeutung sind. Wichtig sind z. B.

- *gesetzliche Aufgaben und Strukturvorgaben*, die je nach Arbeitsfeld sehr unterschiedliche Spielräume für das Handeln in der Organisation eröffnen,
- *Regelungen zur Finanzierung* der Leistungen der Organisation,
- *Vorgaben der Geldgeber zur fachlichen Ausgestaltung der Leistungen*, z. B. Anforderungen in Richtung Qualität und deren Überprüfung,
- *aktuelle (sozial-)politische bzw. fachliche Trends im jeweiligen Sozialraum bzw. Arbeitsfeld*, z. B. der Trend zur Flexibilisierung von Erziehungshilfen, neue Anforderungen in der Arbeit mit Geflüchteten, der Zwang zu mehr Effektivität und Effizienz bei der Gestaltung sozialer Dienstleistungen.

Die beschriebenen Ebenen und die hier jeweils tätigen Akteure sind teil-autonom in ihrem Handeln, aber gleichzeitig voneinander abhängig. Auf jeder Ebene entfalten sich so komplexe Wirkungen durch die Verknüpfung von eigenen Handlungsstrategien der Subjekte sowie der Kräfte und Einflüsse von außen.

Beispiel aus einer Organisation der Offenen Jugendarbeit

Die *Interaktion zwischen Fachkräften und Adressat*innen* steht im Zentrum des obigen Modells Sozialer Arbeit (3. Punkt). Sie findet in unserem Beispiel zwischen den Fachkräften und den Besucher*innen eines Jugendtreffs statt, und wird von ihnen weitgehend selbst gestaltet.

Diese Personen kommen aber nicht ganz frei, sondern in bestimmten Rollen miteinander in Kontakt: z. B. als Leiter des Treffs, der auf die Einhaltung der Hausordnung achten muss, oder als Besucher, der bei einer Discoveranstaltung einen Konflikt mit einem anderen Besucher provoziert. Oder in einem anderen Beispiel als Mitarbeiterin, die eine regelmäßige Mädchengruppe anbietet und so zur Vertrauensperson wird, oder als Teilnehmer*in der Mädchengruppe, die Streit mit ihrer Mutter hat, und am Abend nicht nach Hause will.

Solche Rollen werden von der *Organisation* (Jugendtreff; 2. Punkt) auf der Basis ihrer Zuständigkeit für die Jugendarbeit in der Gemeinde sowie ihrer Konzeption und Hausordnung vorstrukturiert und dann in konkreten Situationen von den beteiligten Personen in ihrem Handeln umgesetzt.

Gleichzeitig sind diese Interaktionen aber auch vom *gesellschaftlichen und politischen Kontext* (1. Punkt) beeinflusst: z. B. den gesetzlichen Anforderungen an die Gestaltung von Jugendarbeit (bspw. von Aufgaben und Zielen nach § 11 SGB VIII, die in der Konzeption des Jugendtreffs ihren Ausdruck finden) oder auch gesellschaftlichen Bildern über die Organisation (z. B. von Vorstellungen in Stadtverwaltung und Gemeinderat, die den Jugendtreff finanzieren, über die Gestaltung der Jugendarbeit in ihrer Gemeinde).

Zusammengefasst: Auf allen drei Ebenen gibt es Spielräume und Gestaltungsmöglichkeiten für die jeweiligen Akteure, gleichzeitig wird aber jede Ebene von dem beeinflusst, was auf den anderen Ebenen passiert.

Am Strukturmodell von Franz Hamburger wird erkennbar, dass bei der Analyse von Organisationen zwei Aspekte beachtet werden müssen. Organisationen sind *Gebilde von Arbeitsteilungen, Abläufen, Strukturen*, mit denen Aufgaben zielorientiert und effektiv bearbeitet werden sollen. Diese Perspektive betont die Dimension »*Struktur*« sowie die sachorientierte Funktionsweise des Systems. Sie sind aber auch *soziale Systeme*, die von den Beteiligten gestaltet und reproduziert werden. Diese Perspektive fokussiert die Dimension »*Interaktion*«, nimmt die Handlungsstrategien, Bedürfnisse und Interessen, Konflikte etc. der Menschen in der Organisation in den Blick.

Die Betrachtung beider Aspekte – Strukturen und Interaktionen – ist erforderlich, um Organisationen angemessen zu verstehen.

2.3.2 Drei Perspektiven zum Verständnis von Organisationen

Bis vor nicht allzu langer Zeit wurden Organisationen in der Tradition von Frederick Winslow Taylor und Max Weber als (zweck-)rational geplante und zielorientiert arbeitende Gebilde verstanden. In dieser Tradition bewegt sich auch das weit verbreitete Verständnis von öffentlicher Verwaltung als bürokratischer Organisation, die durch festgelegte Zuständigkeiten, hierarchische Über- und Unterordnungen sowie ein System von Regeln und Formalisierungen gekennzeichnet ist. Mit solchen Strukturen und Regeln soll gewährleistet werden, dass Aufgaben zuverlässig und weitgehend unabhängig von *persönlichen* Vorlieben

2.3 Organisationen: Der Rahmen professionellen Handelns

und Eigenschaften der Fachkräfte bearbeitet werden. Dieses *rationale Verständnis von Organisation* orientiert sich am Bild einer Maschine, die vorgegebene Aufgaben effektiv und effizient umsetzt.

Ein Blick auf *aktuelle Tendenzen und Ergebnisse der Organisationsforschung* (vgl. z. B. Preissendörfer 2005) zeigt, dass sich dieses Verständnis heute deutlich erweitert hat.

- Organisationen sind auch ›*Lebenswelten*‹ *von Menschen* und *soziale Systeme* mit vielfältigen Beziehungen, Kulturen und Subkulturen (vgl. die o. g. Perspektive »Interaktion«, ▶ Kap. 2.3.1). Damit sind Normen, Wertvorstellungen, Gewohnheiten gemeint, die das Denken und Handeln ihrer Mitglieder stark beeinflussen. »Es geht um etwas, was man *Mentalität* einer Organisation nennen kann: kollektive Orientierungen, die das Wahrnehmen, Denken, Fühlen und Handeln der Organisationsmitglieder beeinflussen. Organisationskultur ist das Ergebnis von Lernprozessen, die die Organisationsmitglieder im Umgang mit Aufgaben und Problemen aus der Umwelt und aus dem internen Organisationsleben durchlaufen haben. Organisationskulturen werden aufrechterhalten durch Sozialisationsprozesse; sie werden in der Regel von den Mitgliedern nicht bewusst gelernt, sondern die neuen Mitglieder wachsen hinein in eine Reihe von Handlungsmustern, die ihnen verdeutlichen, wie sie sich entsprechend den organisationkulturellen Vorgaben zu verhalten haben« (Merchel 2010a, S. 90; Herv. i. O.).
- Als soziale Systeme sind Organisationen aber auch *mikropolitische Felder* mit Machtspielen und Konflikten, in denen die Beteiligten offen oder verdeckt um Anerkennung, Ressourcen, Einfluss, Erhaltung bzw. Ausdehnung ihrer Handlungsspielräume ringen. Sie verfolgen dabei offensive Strategien (Ausnutzen von Gelegenheiten zur Verbesserung ihrer Situation) und defensive (Erhaltung ihrer Handlungsfähigkeit) (vgl. Crozier/Friedberg 1993). Wer Organisationen verändern will, muss deshalb mit Widerständen rechnen. Denn selbst bei Mitgliedern, die für Reformen aufgeschlossen sind, ist es wahrscheinlich, dass sie allem, was ihre Autonomie bedroht, entgegentreten, um dem Wandel eine Richtung zu geben, bei der ihre Handlungsfreiheiten und Machtquellen bestehen bleiben.
- Systemtheoretische Organisationsmodelle richten ihren Blick v. a. auf die *Beziehungen zwischen Organisationen und ihrer Umwelt*: Organisationen stehen in einem ständigen Austausch mit Adressat*innen, Geldgebern, anderen Organisationen etc. und sind in ihrem Handeln stark beeinflusst von dem, was hier passiert: »Wenn wir verstehen wollen, was Organisationen tun, wie erfolgreich sie sind, welche Entscheidungen sie treffen, welche Organisationsstruktur gewählt wird und welche organisationalen Praktiken und Routinen sie einsetzen, dann müssen wir die Einbettung einer Organisation in ihre Umwelt berücksichtigen« (Preissendörfer 2005, S. 130).

Mit jeder der genannten Perspektiven sind unterschiedliche Vorstellungen über die *Art der Gestaltung* und die *Möglichkeiten von Steuerung* durch Leitungskräfte von Organisationen verbunden.

Bei einer *Orientierung am rationalen Organisationsmodell* kommen v. a. die Strukturen in den Blick. Leitungskräfte haben unter diesem Fokus die Aufgabe, angemessene Strukturen zu schaffen, in denen »diejenigen Verhaltensweisen und Kooperationsformen von Menschen herausgebildet werden, die mit großer Wahrscheinlichkeit zur Erreichung der für die Organisation definierten Ziele führen« (Merchel 2010a, S. 77). In diesem Modell wird – in optimistischer Weise – angenommen, dass Organisationen top-down von Leitungskräften zielorientiert gesteuert und verändert werden können.

Die *Orientierung am sozialen Organisationsmodell* lenkt den Blick auf die Beziehungen, die Werte der Mitglieder und das Innenleben. Organisationsgestaltung heißt hier insbesondere »die Motivierung von Mitarbeitern, die Personalentwicklung, die Konstruktion sinnvoller und tragfähiger Kooperationsstrukturen, die Konfliktbearbeitung sowie die Bindung der Mitarbeiter an die Organisation und an die Organisationsziele« (ebd., S. 79). Mit diesem Modell verbindet sich eine deutlich skeptischere Haltung bzgl. der Möglichkeit, Organisationen zielorientiert zu steuern. Denn Mitarbeiter*innen und Adressat*innen interpretieren und nutzen eine Organisation auf ihre eigene Weise. Sie versuchen, ihre eigenen subjektiven Interessen zu verfolgen, Ressourcen und Handlungsspielräume zu erweitern, und sie haben Möglichkeiten, Steuerungsbemühungen und Veränderungsversuche von oben zu unterlaufen.

Die *Orientierung am systemtheoretisch beeinflussten offenen Organisationsmodell* lenkt den Blick auf die Umweltbezüge. Die Beziehung von Organisation und Umwelt ist ambivalent: Eine Organisation steht in einer ständigen Austauschbeziehung mit ihrer Umwelt, bekommt Informationen, Ressourcen, die sie verarbeiten muss, sie ist aber auch ein eigenständiges Gebilde, abgegrenzt von ihrer Umwelt. Vor allem dann, wenn eine Organisation in Konkurrenz zu anderen steht, muss sie rasch relevante Informationen und Veränderungen in ihrer Umwelt wahrnehmen können und diese auch intern angemessen verarbeiten. Deshalb sind unter dieser Perspektive insbesondere die Schnittstellen von Organisation und Umwelt von Interesse. Die Vorstellung, Organisationen zielorientiert zu steuern, wird hier sehr skeptisch gesehen, da Organisationen immer versuchen werden, ihre Identität beizubehalten und (interne wie externe) Veränderungsimpulse in nicht vorhersagbarer Weise im System zu verarbeiten. Leitung hat unter dieser Perspektive primär die Aufgabe, »Organisationsgestaltung dadurch zu versuchen, dass sie – neben den alltagspraktischen Steuerungsanforderungen – Impulse zur Entwicklung der Organisation setzt, die Verarbeitung dieser Impulse innerhalb der Organisation auswertet und die einzelnen Organisationsteile im Prozess der Verarbeitung begleitet« (ebd., S. 81.)

2.3.3 Organisationslernen

Organisationen zu verändern ist nicht einfach, denn sie zeichnen sich durch einen »strukturellen Konservatismus« (Girschner 1990) aus: Der aktuelle Zustand einer Organisation ist das Ergebnis einer intensiven Auseinandersetzung zwischen den Mitgliedern im Innern und mit ihrer Umwelt. Die hier ›geronnene Erfahrung‹ in Strukturen, Beziehungen, Organisationskultur ist wichtig. Sie gibt den Beteiligten zum einen Orientierung, Stabilität und Verlässlichkeit in den Arbeitsabläufen. Zum anderen vermittelt das soziale Gefüge den Mitarbeiter*innen Sicherheit, aber auch Möglichkeiten, sich in den vorhandenen Strukturen Handlungsspielräume, Freiheiten und Ressourcen zu suchen.

In der Umwelt einer Organisation kommt es allerdings ständig zu Veränderungen, neuen Anforderungen, Irritationen, die wahrgenommen und verarbeitet werden müssen. Deshalb befinden sich Organisationen in einem kontinuierlichen Spannungsfeld von ›Stabilität‹ und ›Veränderung‹. Wenn Störungen von innen kommen, wird zunächst einmal versucht, diese mit den bestehenden Strukturen und bewährten Mitteln zu bearbeiten.

> »Dieses Muster der Ausrichtung an den eigenen, bisher funktionalen Sinnsystemen, die bisher geholfen haben, die Organisation aufzubauen und aufrechtzuerhalten, beeinflusst auch den Umgang mit Irritationen, die aus der Umwelt stammen. Es führt zu einer Form des Austausches mit der Umwelt, bei der die Neigung besteht, Gelegenheiten und Informationen aus der Umwelt selektiv wahrzunehmen, also vor allem das zuzulassen, was dem Sinnsystem der Organisation entspricht, bzw. die Entwicklungen aus der Umwelt so zu verarbeiten, dass sie mit dem eigenen Sinnsystem kompatibel werden« (Merchel 2010a, S. 84).

Bei diesem Handlungsmuster besteht aber das Risiko, wichtige Entwicklungen in der Umwelt nicht oder zu spät zu erkennen. Der ›strukturelle Konservatismus‹ wird so zum Problem.

Aus diesem Grund müssen Organisationen Strukturen und Verfahren entwickeln, mit denen innere und äußere Veränderungen, Diskrepanzen oder Störungen frühzeitig wahrgenommen und verarbeitet werden können. Organisationen sollten auf diese Weise die Fähigkeit zu lernen entwickeln.

Lernende Organisation

Der Begriff der »lernenden Organisation« stammt von Peter M. Senge (1993). Er geht davon aus, dass fünf Fertigkeiten gebraucht werden, um ›lernende Organisationen‹ zu entwickeln:

- individuelle Persönlichkeitsentwicklung bei den Mitgliedern,
- die kritische Reflexion der eigenen Denk- und Handlungsmodelle,
- eine gemeinsame Vision der Mitglieder,
- das Lernen in Teams,
- das Denken in Systemen.

Lernen in diesem Sinne kann auf zwei Ebenen geschehen:

1. *Verknüpfung von individuellen Lernvorgängen und der organisationalen Lernebene*
»Lernen und Lernergebnisse der Individuen werden in einer systematischen Weise zusammengebracht, und dabei entsteht ein Lernprozess innerhalb der Organisation, der nicht identisch ist mit der Summe der individuellen Lernprozesse« (Merchel 2010a, S. 85).

2. *Institutionalisierung von Lernsystemen in der Organisation*
Das bedeutet, »dass individuelle und kollektive Reflexionsanlässe bewusst herbeigeführt und für die Organisation genutzt werden. (...) Erzeugt werden sollen kontinuierlich oder geregelt periodisch funktionierende Systeme der Wissensaufnahme, der Wissensweitergabe und der darauf aufgebauten Reflexion von Strukturen und Handeln« (ebd.).

Konzepte und Methoden, die dazu genutzt bzw. verknüpft werden können, sind z. B. (vgl. Merchel 2010a, S. 85–88) folgende:

- *Die systematische Nutzung von beruflichen Kenntnissen, Erfahrungen und Sichtweisen von Personen, die neu in die Organisation eintreten*
  Ihr Blick ›von außen‹ ermöglicht einen kritischen Blick auf Routinen und Selbstverständlichkeiten in der Organisation.
- *Die Reflexion von Konzeptionen*
  Einrichtungen der Sozialen Arbeit halten ihre Ziele, methodischen Vorgehensweisen, Handlungsprinzipien etc. oft in Konzeptionen fest, die eine Funktion nach innen (gemeinsame Handlungsorientierung der Fachkräfte) und außen haben (Darstellung/Legitimierung der Arbeit). Es ist wichtig, die darin enthaltenen Annahmen und Erfahrungen damit regelmäßig zu überprüfen.
- *Der systematische Umgang mit Fehlern und Beschwerden*
  Fehler von Mitarbeiter*innen oder Beschwerden von Adressat*innen sind im traditionellen Verständnis von Organisationen etwas Problematisches, Lästiges und etwas, das die eingespielten Routinen stört. Unter der Perspektive des organisationalen Lernens können solche Vorkommnisse aber wichtige Erkenntnisse über Mängel in Prozessen und Strukturen liefern. Die systematische Sammlung und Analyse von Fehlern und Beschwerden ist deshalb ein wichtiges Lerninstrument.
- *Formen der QE und des QM*
  Mit unterschiedlichen Methoden werden hier systematisch Informationen über die Organisation, das Handeln ihrer Mitglieder und ihre Umweltbezüge gesammelt und vor dem Hintergrund interner bzw. externer Standards und Qualitätsmaßstäbe reflektiert.

2.3.4 Organisation und Professionalität

Maja Heiner (2007, S. 214ff) hat darauf aufmerksam gemacht, dass professionelles Handeln in der Sozialen Arbeit immer eine Kombination von persönlicher und organisationaler Leistung ist. Zugespitzt gesagt: Eine Fachkraft kann nur so professionell sein, wie ihr organisatorischer Rahmen es zulässt. Die Organisation

> »erschwert oder erleichtert die Arbeit mit KlientInnen und fördert oder verhindert den Austausch mit KollegInnen. Sie unterstützt die Fachkraft, sich beruflich weiterzuentwickeln oder überlässt die Qualifizierung ihrem (individuellen und zeitlichen) Engagement. Insofern ist Professionalität nicht nur eine Frage der individuellen Handlungskompetenz, sondern auch der Leistungsfähigkeit von Organisationen« (ebd., S. 214).

2.3 Organisationen: Der Rahmen professionellen Handelns

Viele Fachkräfte haben allerdings ein eher individuell ausgerichtetes professionelles Selbstverständnis und verstehen ihre Beziehungen zu Adressat*innen als primär persönliche. Aus dieser Perspektive sind Organisationen eher etwas Störendes oder Behinderndes, die Kreativität und Flexibilität bei der Suche nach möglichst individuellen Hilfen einschränken.

Es gibt eine lange und kontroverse Debatte in der Fachdiskussion über die Bedeutung von ›Organisation‹ und die Frage, wie eine angemessene Gestaltung von Organisationen in der Sozialen Arbeit aussehen könnte. Es bleibt aber das grundlegende *Dilemma, dass die Struktur einer Organisation zwei Seiten hat.*

> »Sie ordnet und legt fest und beschränkt insofern die Handlungsmöglichkeiten ihrer Mitglieder. Sie kann dabei mehr oder weniger reglementierend vorgehen, aber strukturierende Vorgaben sind auf jeden Fall die Voraussetzungen für ein gezieltes gemeinsames Vorgehen. Durch diese Vorgaben wirkt die Organisation – und das ist ihre andere Seite – jedoch zugleich orientierend, effektivitätssteigernd und absichernd. Für die Nutzer von Dienstleistungen ist auf diese Weise ersichtlich, was sie erwarten dürfen und was nicht, und auch die Mitarbeiterinnen wissen, was sie zu tun haben. Insofern erzeugt die Standardisierung der Arbeitsabläufe Sicherheit, begrenzt aber auch die Möglichkeiten der Mitarbeiter, auf Ungewöhnliches und Unerwartetes flexibel einzugehen. Die verschiedensten Organisationsreformen versuchen, diesem grundlegenden Dilemma zu begegnen, indem sie ein bestimmtes Mischungsverhältnis von Offenheit und Festlegung suchen und dafür unterschiedlichste aufbau- und ablaufbezogene Steuerungsmechanismen einsetzen« (ebd., S. 205f).

Dass dieses Spannungsfeld nicht auflösbar ist, wird daran erkennbar, dass arbeitsfeld- und organisationsübergreifend immer wieder ähnliche Probleme auftreten, die sich auf dreierlei Weise manifestieren:

- *Selektivität von Hilfen*
  Indem Organisationen Angebote gestalten und institutionalisieren, Routinen etablieren und eine spezifische Expertise entwickeln, werden sie immer auch selektiv: Jede Adressat*in muss bestimmte Voraussetzungen erfüllen, um diese Angebote nutzen zu können (z. B. im Rahmen der fachlichen bzw. örtlichen Zuständigkeit). »Generell besteht bei allen Organisationen eine Tendenz, die zu ihrer Expertise und ihren Routinen ›passenden‹ KlientInnen zu bevorzugen« (ebd., S. 209).
- *Flexibilität versus Effizienz von Leistungen*
  Soziale Dienstleistungen sollen einerseits möglichst bedarfsgerecht und passgenau auf die Situation der Adressat*innen zugeschnitten werden. Andererseits sollen sie gleichzeitig kostengünstig und effizient erbracht werden. Dies geht aber nur auf der Basis von Standardisierungen bestimmter Leistungen, die aber die Wahlfreiheit auf Adressat*innenseite sowie die Gestaltungsspielräume der Fachkräfte einschränken.
- *Mangelnde Abstimmung von Hilfeangeboten*
  Dieses Problem stellt sich zum einen bei der *fallbezogenen Koordination der Hilfen verschiedener Organisationen bzw. Professionen.* Denn bei der Bearbeitung komplexerer Problemkonstellationen, die ein Zusammenwirken mehrerer Fachkräfte bzw. Institutionen erfordern, stellt sich immer auch die Frage, wer hier wann mit welchen Methoden tätig wird und wer das Ganze koordiniert

und steuert. In einzelnen Feldern (z. B. den erzieherischen Hilfen in der Kinder- und Jugendhilfe) gibt es dazu klare rechtliche Zuständigkeits- und Verfahrensregelungen: Hier übernimmt das Jugendamt die Steuerung der Hilfe mit dem Instrument der Hilfeplanung (§ 36 SGB VIII). In vielen anderen Feldern fehlen allerdings solche Regelungen und werden den Akteuren vor Ort überlassen: Hier kann es leicht zu Konflikten kommen, wer wem was zu sagen hat und die Fallverantwortung trägt. Zum anderen steht das Abstimmungsproblem im Kontext der

- *Koordination, Gestaltung und Weiterentwicklung des regionalen Hilfesystems*
Hier stellen sich z. B. Fragen nach Bedarfslücken, der Überprüfung der Qualität des Angebots, der Koordination von Anbietern. Das zentrale Instrument für solche übergreifenden Aufgaben ist die kommunale Sozialplanung, die aber bisher nur in der Kinder- und Jugendhilfe als Pflichtaufgabe der öffentlichen Träger verankert ist (§ 80 SGB VIII).

Literatur zur Vertiefung

Heiner, Maja 2007: Soziale Arbeit als Beruf. München/Basel: Reinhardt
Heiner, Maja 2010: Kompetent handeln in der Sozialen Arbeit. München/Basel: Reinhardt
Müller, Burkhard 2009: Sozialpädagogisches Können. Ein Lehrbuch zur multiperspektivischen Fallarbeit (6. Aufl.). Freiburg i. Br.: Lambertus
Von Spiegel, Hiltrud 2013a: Methodisches Handeln in der Sozialen Arbeit (5. Aufl.). München/Basel: Reinhardt

3 Qualitätsentwicklung (QE) als Praxisforschung und reflexives methodisches Handeln – das methodische Modell

Was Sie in diesem Kapitel lernen können

Der Qualitätsdiskurs ist gleichzeitig Chance und Zumutung für die Profession, und die Frage ist v. a. wie die Perspektive der ›Chance‹, die in diesem Thema steckt, gestärkt werden kann und Fachkräfte diese Seite methodisch und strategisch besser zur Geltung bringen können. Im folgenden Kapitel beschreiben wir dazu ein methodisches Modell von QE als Orientierungspunkt mit folgenden Elementen (▶ Kap. 3.1),

- einem handlungsorientierten Verständnis von Professionalität in der Sozialen Arbeit,
- einem Verständnis von QE als Weiterentwicklung fachlicher Arbeit und als Instrument organisationalen Lernens sowie
- Methoden, die dem professionellen Handeln und den Spezifika Sozialer Arbeit angemessen sind

Unser Modell von QE zielt insbesondere auf kleinere Organisationen, die wenig Ressourcen für QM-/QE-Prozesse haben sowie auf Felder der Sozialen Arbeit, in denen mit ›offenen‹, wenig standardisierten Handlungsformen gearbeitet wird (z. B. Formen der Jugendarbeit, Schulsozialarbeit) (▶ Kap. 3.2). Im vorgeschlagenen Modell geht es nicht darum, die Strukturen und Prozesse einer Organisation *vollständig* in den Blick zu nehmen (wie bei den Verfahren nach DIN EN ISO 9000ff oder EFQM) bzw. Zertifizierungen vorzubereiten, sondern um eine flexible und begrenzte Gestaltung von QE-/QM-Verfahren entlang aktueller Anforderungen und fachlicher Fragen vor Ort, die mit Fachkräften, Trägern, Geldgebern etc. auf der Basis vorhandener Ressourcen abgestimmt werden (was sich gut mit dem Begriff des ›Local Quality Managements‹ (LQM, Vogel 2002) erfassen lässt – im Gegensatz zum Anspruch des TQM).

Insofern lässt sich unser Modell nicht als Gegensatz, sondern als Ergänzung bzw. Alternative zu anderen QM-/QE-Modellen verstehen, die in Wissenschaft und Praxis diskutiert werden.

Folgende Elemente kennzeichnen dieses Modell:

- Ein *handlungsorientiertes Verständnis von Professionalität*, d. h. der Handlungsfigur einer ›reflexionsfähigen Fachkraft‹, die in der Lage ist, ihre Ar-

beit wissenschaftlich und ethisch zu fundieren (▶ Kap. 2.2). Dabei ist zu berücksichtigen, dass professionelles Handeln ist immer eine Kombination von persönlicher und institutioneller Leistung (Heiner 2010, S. 202ff) ist, d. h., eine Umsetzung professioneller Kompetenz ist nur möglich, wenn die Rahmenbedingungen in der Organisation förderlich sind (*Organisationsgebundenheit Sozialer Arbeit*).
- Ein *Verständnis von QM und QE als Überprüfung und Weiterentwicklung fachlicher Arbeit und Organisationsgestaltung sowie als Instrument organisationalen Lernens* (▶ Kap. 2.3). Unter QM wird hier die Gesamtheit von Aktivitäten in einer Organisation verstanden, »mit denen die ›Güte der Arbeit‹ zum Gegenstand der Reflexion und Weiterentwicklung gemacht wird. QM hat als Kern die organisierte und gemeinsam zwischen Organisationsmitgliedern stattfindende Suche nach der Antwort auf die Fragen ›Wann ist unsere Arbeit gut?‹ und ›Was können wir tun, um die Wahrscheinlichkeit einer guten Leistungserbringung zu gewährleisten und kontinuierlich weiterzuentwickeln?‹« (Merchel 2013, S. 222; Grunwald 2015).
- Methoden und Techniken im Kontext von QM/QE, die dem professionellen Handeln und den Spezifika Sozialer Arbeit angemessen sind. Unserer Auffassung nach eignen sich hier besonders Modelle *methodischen Handelns* (▶ Kap. 2.2.2) sowie ein Modell von *Praxisforschung*, das die Rolle von Fachkräften als Forscher*innen in eigener Sache betont (van der Donk et al. 2014). Diese methodische Dimension wird in Folgenden grundlegend dargestellt (▶ Kap. 3.2) und in Kapitel 4 anhand ausgewählter Methoden und Werkzeuge konkretisiert.

3.1 Methodische Bezugspunkte

3.1.1 Praxisforschung und Qualitätsentwicklung (QE)

Praxisforschung ist eine wissenschaftliche Tätigkeit, durch die neue Erkenntnisse mit Hilfe einer systematischen Erhebung und Analyse von Daten gewonnen werden können. Die Erkenntnisse werden zur Bearbeitung von Problemen und Fragen aus der Praxis verwendet (vgl. z. B. König 2016). Im deutschsprachigen Raum ist allerdings umstritten, ob Praxisforschung in diesem Sinne überhaupt sozialwissenschaftliche Forschung oder eher eine Form der Praxisreflexion ist.

»Die Kontroverse dreht sich darum,
- ob unter realen Praxisbedingungen wissenschaftliche Kriterien der Datenerhebung und -auswertung eingehalten werden können oder
- ob eine ausreichende Distanz zum Gegenstand der Forschung eingenommen werden kann, um eine kritische Betrachtung zu ermöglichen, vor allem, wenn Fachkräfte in

der Praxis die Untersuchung maßgeblich gestalten« (van der Donk et al. 2014, S. 27f).

Deshalb gibt es auch Positionen in dieser Debatte, die für eine Aufrechterhaltung einer Trennung zwischen Wissenschaft und Praxis plädieren.

In anderen Ländern (z. B. im angloamerikanischen Raum, den Niederlanden und Skandinavien) hat sich dagegen Praxisforschung »als Zweig der Anwendungsforschung längst etabliert« (ebd., S. 27). Moser (1995) führt dies auf grundlegende Unterschiede in den wissenschaftlichen Kulturen zurück: In der angloamerikanischen Tradition z. B. werden Fachkräfte schon seit langem in der Ausbildung als Forschende gefördert und den Praxiseinrichtungen eine eigene Verantwortung in der Forschung zugestanden.

Van der Donk et al. (2014, S. 27) unterscheiden zwei wesentliche Gründe, Forschung zu betreiben:

1. »Theorien sollen entwickelt oder überprüft werden. Die Untersuchung liefert Erkenntnisse, die verallgemeinert werden können und nicht ausschließlich für eine spezifische Berufssituation gelten.
2. Fragen sollen beantwortet werden, um eine bestimmte Situation zu verbessern. Die Untersuchung führt zu Erkenntnissen, die zunächst nur in dem untersuchten Kontext angewendet werden können«.

Anhand dieser Ziele können drei Grundtypen von Forschung unterschieden werden:

»Wenn der Schwerpunkt auf der Entwicklung und Überprüfung einer Theorie liegt, wird häufig von *Grundlagenforschung* gesprochen. Die Grundlagenforschung will einen Beitrag zum wissenschaftlichen Diskurs liefern und ist oft auf grundlegende soziale oder gesundheitliche Fragen gerichtet. Wenn der Schwerpunkt auf Ergebnissen liegt, die zur Lösung gesundheitlicher oder sozialer Probleme beitragen sollen, handelt es sich um *Anwendungsforschung*. Diese Forschung soll neue Erkenntnisse liefern, damit effektiver gehandelt werden kann. Liegt die Betonung auf einer Verbesserung der Praxis, ist von *Praxisforschung* die Rede« (ebd.; Herv. i. O.).

Die drei unterschiedlichen Grundtypen der Forschung können als *Kontinuum* dargestellt werden. An folgendem Beispiel wird deutlich, wie sich diese drei Formen ergänzen können (▶ Abb. 5).

Der Fokus unseres Buches ist das Thema QE. Der Grundtypus von Forschung nach dem obigen Modell, an dem wir uns deshalb orientieren wollen, ist die Praxisforschung mit folgender *Definition*.

Definition Praxisforschung

»Praxisforschung im Sozial- und Gesundheitswesen bezeichnet empirische Untersuchungen von Fachkräften, um Fragen zu beantworten, die sich aus ihrer Berufspraxis ergeben. Die Untersuchungen finden in Interaktion mit dem Arbeitsumfeld statt und verfolgen in erster Linie das Ziel, die eigene Berufspraxis zu verbessern« (ebd., S. 26).

3 Qualitätsentwicklung (QE) als Praxisforschung und reflexives methodisches Handeln

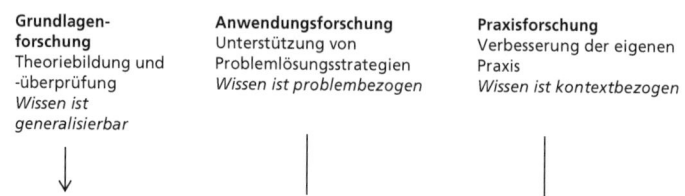

Beispiel: Beschreibende Untersuchung in diversen psychiatrischen Einrichtungen zu der Frage: Welche Probleme haben Klient*innen mit einer posttraumatischen Belastungsstörung, wenn sie neue Beziehungen eingehen?

Beispiel: Welche Form von Hilfe brauchen Klient*innen mit einer posttraumatischen Belastungsstörung, damit sie neue Beziehungen aufbauen können?

Beispiel: Wie können wir Klient*innen mit einer posttraumatischen Belastungsstörung den Aufbau von Beziehungen zu anderen Klient*innen erleichtern?

Abb. 5: Beispiele für die Ausrichtung von Forschung im Sozial- und Gesundheitswesen, Quelle: van der Donk, Cyrilla/van Lanen, Bas/Wright, Michael T. 2014: Praxisforschung im Sozial- und Gesundheitswesen, Bern: Huber, S. 28 © 2014 by Verlag Hans Huber, Hogrefe AG, Bern

Mit diesem lern- und entwicklungsorientierten Zugang grenzen sich van der Donk et al. von Konzepten Evidenzbasierter Praxis (EbP) ab und formulieren stattdessen ihr Modell Praxisbasierter Evidenz (PbE). Diese geht davon aus, »dass Wissen über praktisches Handeln im spezifischen Kontext des Berufsalltags entsteht. (…) PbE orientiert sich an der realen Praxis und fordert die Handelnden auf, ihre Praxis und die wahrgenommenen Auswirkungen explizit darzulegen und zu überprüfen« (ebd., S. 32). Der Unterschied zwischen evidenzbasierter Praxis und praxisbasierter Evidenz »besteht darin, dass die Untersuchungsergebnisse (Evidenz) bei EbP unter wissenschaftlichen Bedingungen erzeugt und dann in die Praxis übertragen werden, während bei PbE die Untersuchungsergebnisse unter realen Praxisbedingungen erzeugt und dann in einem nächsten Schritt verallgemeinert werden« (ebd., S. 33).

Praxisforschung nach diesem Modell umfasst *sechs Handlungsschritte*, die von Forschenden umgesetzt werden müssen, um Antworten auf ihre Fragen zu bekommen. Diese Schrittfolge (ebd., S. 38ff) unterscheidet sich in ihrer Grundlogik nicht von anderen Modellen der Planung empirischer Untersuchungen.

- *Orientieren*
  In dieser ersten Phase geht es darum, sich einen Überblick über aktuelle Fragen und Probleme in der Einrichtung zu verschaffen, mit dem Ziel, am Ende dieses Schritts eine klar formulierte Beschreibung des Praxisproblems zu haben, das im Folgenden genauer untersucht wird. Die Sondierung geschieht im Dialog mit anderen und in der Nutzung von Fachliteratur.

- *Ausrichten*
  Ziel ist es, die Problembeschreibung aus Phase 1 (Orientierung) in Richtung einer klaren Untersuchungsfrage (ggf. mit Unterfragen) weiterzuentwickeln.
- *Planen*
  Hier geht es um die Planung des Untersuchungsprozesses mit seinen einzelnen Schritten.
- *Erheben*
  Daten, die zur Beantwortung der Untersuchungsfragen erforderlich sind, werden mit angemessenen Methoden erhoben oder anderweitig beschafft.
- *Analysieren und Schlussfolgerungen ziehen*
  Die Daten werden analysiert und auf der Basis der Ergebnisse Schlussfolgerungen bezogen auf die Untersuchungsfragen gezogen.
- *Berichten und Präsentieren*
  Mit diesem Handlungsschritt wird die Untersuchung abgeschlossen.

Soll mit der Untersuchung auch eine *Innovation* in die Praxis eingeführt werden, so wird ergänzend zum Praxisforschungs-Zyklus (▶ Abb. 6) noch ein »Innovationszyklus« durchlaufen: Die erste Arbeitsphase ist hier eine beschreibende Untersuchung, bei der wie oben ein konkretes Problem bzw. eine Frage aus der Praxis den Ausgangspunkt bildet. Die ersten fünf der beschriebenen Handlungsschritte werden dann durchlaufen, um die Anforderungen und Eckpunkte zu ermitteln, die das neue Konzept erfüllen muss. In der zweiten Phase wird auf dieser Grundlage ein neues, innovatives Konzept entworfen, das dann erprobt und evaluiert wird.

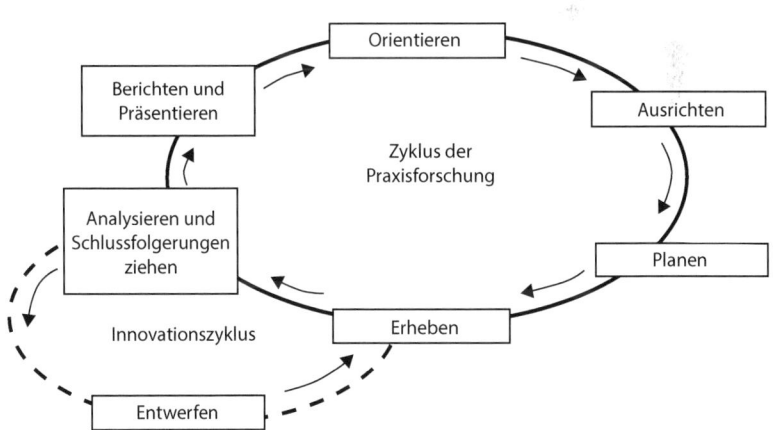

Abb. 6: Zyklus der Praxisforschung, Quelle: van der Donk, Cyrilla/van Lanen, Bas/Wright, Michael T. 2014: Praxisforschung im Sozial- und Gesundheitswesen, Bern: Huber, S. 39 © 2014 by Verlag Hans Huber, Hogrefe AG, Bern

Eine ›Innovation‹ kann nach diesem Handlungsmodell drei Formen annehmen:
- ein kleiner Eingriff in die bisherige berufliche Praxis (z. B. eine höhere Frequenz von Beratungsgesprächen, neues Werbematerial),

- die Weiterentwicklung eines bereits vorhandenen Konzepts oder
- die Entwicklung eines neuen Handlungskonzepts für die Praxis.

Praxisforschung nach diesem Modell

> »fördert eine Qualitätssicherung, die in den Strukturen der Praxis verankert ist und die Haltungen und Einstellungen nicht nur der Praktiker/innen, sondern auch der Adressat/inn/en ihrer Arbeit berücksichtigt. Im Zuge eines Praxisforschungsprojektes wird der Zyklus der Qualitätssicherung durchlaufen, bei dem es im Wesentlichen darum geht, den Arbeitsalltag kritisch zu reflektieren. Die Fachkräfte im Sozial- und Gesundheitswesen werden dabei unterstützt, ein professionelles Selbstverständnis zu entwickeln, das ihnen erlaubt, das eigene Handeln stärker zu reflektieren« (ebd., S. 13f).

3.1.2 Methodisches Handeln und Qualitätsentwicklung (QE)

In Kapitel 2.2.2 zur handlungsorientierten Professionalität wurde bereits ausführlich auf die Bedeutung methodischen Handelns im Kontext handlungsorientierter Professionalität eingegangen und verschiedene Modelle aus der Fachdiskussion vorgestellt (▶ Kap. 2.2.2). Methodisches Handeln ist eine

> »besondere Art und Weise der Analyse, der Planung und der Auswertung beruflichen Handelns. Das berufliche Handeln in der Sozialen Arbeit realisiert sich im Einsatz der eigenen ›Person als Werkzeug‹. Methodisch zu handeln heißt, die spezifischen Aufgaben und Probleme der Sozialen Arbeit situativ und kontextbezogen, eklektisch und strukturiert, vorläufig und kriteriengeleitet zu bearbeiten, wobei man sich an Charakteristika des beruflichen Handlungsfeldes sowie am wissenschaftlichen Vorgehen orientieren sollte« (von Spiegel 2013a, S. 609).

Methodisches Handeln ist also eine strukturierte, flexible Herangehensweise an berufliche Situationen anhand einer »Sammlung von Analyse-, Planungs- und Reflexionsfragen und -regeln, die helfen kann, ein Problem oder eine Situation nach den Regeln der professionellen Kunst zu bearbeiten und den Informationsverarbeitungs- und Planungsprozess zu strukturieren« (von Spiegel 2004, S. 105).

Zur praktischen Umsetzung methodischen Handelns formuliert Hiltrud von Spiegel ein Modell mit *drei Handlungsebenen* (ebd., S. 120f).

- *Fallebene*
  Hier geht es um Situationen, Aufgaben und Probleme, die im unmittelbaren Kontakt mit Adressat*innen entstehen.
- *Managementebene*
  Hier geht es auf der Organisationsebene um koordinierende, organisatorische und administrative Tätigkeiten, welche die Arbeit auf der Fallebene rahmen und absichern (Konzeptionsentwicklung, Bedarfsermittlung für Angebote, QM, Personalentwicklung etc.).
- *Kommunale Planungsebene*
  Hier geht es um organisationsübergreifende Prozesse zur Gewährleistung einer bedarfsgerechten sozialen Infrastruktur im kommunalen Raum, die im

Dialog mit Entscheidungsträger*innen aus Politik und Verwaltung sowie anderen Akteuren im Kontext von Sozialplanungsprozessen umgesetzt wird.

Auf diesen Handlungsebenen gibt es in der Sozialen Arbeit typische Aufgaben und Anforderungen, die sich in *fünf Handlungsbereichen methodischen Handelns* zusammenfassen lassen (ebd., S. 121):

- *Analyse der Rahmenbedingungen*
  Dazu gehören kommunalpolitische Vorgaben, das sozialräumliche Umfeld, vorhandene Ressourcen etc., welche die eigene Arbeit beeinflussen.
- *Situations- oder Problemanalyse*
  Eine mehrperspektivische Analyse und Interpretation von Situationen bzw. Problemen bilden den Ausgangspunkt methodischen Handelns.
- *Zielentwicklung*
  Erst auf der Basis einer kompetenten Analyse können angemessene Ziele für das weitere Handeln geplant werden. Ziele können allerdings nicht einseitig von Fachkräften gesetzt werden, sondern müssen mit Betroffenen ausgehandelt werden.
- *Planung*
  Hier geht es »um eine begründete Konstruktion methodischer Arrangements im Hinblick auf die Ausgangssituation, den Bedarf und die ausgehandelten Ziele« (ebd.).
- *Evaluation*
  Das bedeutet, systematisch Daten über Prozesse oder Ergebnisse des Handelns zu sammeln, und diese bzgl. ihrer Angemessenheit, Wirksamkeit oder Wirtschaftlichkeit zu bewerten.

Dieses Modell methodischen Handelns entspricht dem von Hiltrud von Spiegel entworfenen Modell der Handlungsebenen und Handlungsbereiche methodischen Handelns (ebd., S. 120; ▶ Tab. 3). Der Fokus im Modell Hiltrud von Spiegels ist *die Perspektive der Fachkräfte*, welche bestimmte Aufgaben in ihrem beruflichen Alltag – v. a. auf der Fallebene – strukturiert bearbeiten müssen.

Im Unterschied dazu stehen bei der Gestaltung von QM-/QE-Verfahren die *Perspektive der Leitung* sowie die *Aufgaben, Prozesse und Strukturen in der Organisation* im Zentrum der Betrachtung. Dimensionen der Steuerung von Organisationen sind (Merchel 2010a, S. 23ff):

- *Fachliche Steuerung*
  gute Angebote und Leistungen entwickeln und umsetzen (Qualität im Spannungsfeld von ›Fachlichkeit‹ und ›Wirtschaftlichkeit‹)
- *Ökonomische Steuerung*
  sachorientierte und wirtschaftliche Verwendung finanzieller Ressourcen
- *Organisationsbezogene Steuerung*
  Gestaltung sinnvoller innerorganisatorischer Strukturen und Abläufe; reflexive Handhabung der informellen Prozesse in der Organisation

- *Mitarbeiter*innenbezogene Steuerung*
  Gestaltung der personellen Ressourcen und interaktiven Elemente bei der Erbringung sozialer Dienstleistungen
- *Reflexion und Gestaltung der Außenbezüge*
  bewusste Wahrnehmung und Bewertung der für die Einrichtung relevanten sozialpolitischen Entwicklungen, Ausrichtung der Leistungserstellung an den Anforderungen der Stakeholder (Politik, Verwaltung, Adressat*innen etc.)

QM und QE sind zentraler Bestandteil der *fachlichen Steuerung*. Leitungskräfte haben hier die Aufgabe, ein zu den Aufgaben, Rahmenbedingungen und Ressourcen der Einrichtung passendes Verfahren für QM/QE zu entwickeln, die Fachkräfte bei der Umsetzung der erforderlichen Schritte zu unterstützen sowie die Prozesse im Kontext von QM/QE zu moderieren und auftretende Störungen rasch zu bearbeiten (ebd., S. 60).

Wir möchten im Folgenden das Modell von Hiltrud von Spiegel als Grundlage für die Konzipierung von QM-/QE-Prozessen nutzen. Dazu muss es allerdings in einzelnen Punkten modifiziert werden: Die Unterscheidung von drei Ebenen des Handelns ist auch bei Formen von QM/QE sinnvoll, sie sollten dann nur anders bezeichnet werden:

- Gestaltung der Arbeit mit Adressat*innen
- Gestaltung der Organisation
- Gestaltung der organisationsübergreifenden Bezugspunkte

Für QM/QE sind außerdem nicht nur fünf Bereiche methodischen Handelns relevant, sondern sechs: Hinzu kommt der Handlungsbereich der *Umsetzung des geplanten Handelns*. Zu unterscheiden sind also die Handlungsbereiche

- *bei der Bearbeitung konkreter Probleme und Situationen*
  Analyse der Situation, Zielentwicklung, Planung des Handelns, Umsetzung der Planung, Evaluation und zusätzlich
- *situationsübergreifend*
  allgemeine Analyse der Rahmenbedingungen für das Handeln in der Organisation, die von Zeit zu Zeit durchgeführt werden sollte

Daraus ergeben sich 18 Felder als grundsätzliche Handlungsbereiche bei der Gestaltung von QM-/QE-Verfahren in der Sozialen Arbeit, in denen mit unterschiedlichen Analyse- und Gestaltungsinstrumenten gearbeitet werden kann. In der nachfolgenden Tabelle werden solche Instrumente in den 18 Feldern exemplarisch genannt. Die meisten davon werden in Kapitel 4 genauer erläutert und teilweise auch an Praxisbeispielen konkretisiert (▶ Tab. 4; ▶ Kap. 4).

3.1 Methodische Bezugspunkte

Tab. 4: Modifiziertes Modell methodischen Handelns als Bezugspunkt für QE in der Sozialen Arbeit

	Situationsübergreifende Analyse der Rahmenbedingungen des Handelns	Analyse konkreter Situationen bzw. Probleme im beruflichen Alltag	Zielentwicklung	Planung des Handelns	Umsetzung der Planung (Intervention, Interaktion)	Evaluation
Gestaltung der organisationsübergreifenden Bezüge (Perspektive: Organisations-Umwelt)	Analyse des Sozialraums, Erhebung und Bewertung vorhandener Angebote im Sozialraum, Analyse der Beziehungen zu Kommunalverwaltung und -politik (▲ Kap. 4.4.2)	Ermittlung des Bedarfs an Angeboten und Maßnahmen im Sozialraum (▲ Kap. 4.5.4)	Entwicklung von Handlungsprinzipien und Zielen für die Arbeit im Sozialraum bzw. in Kooperationen (▲ Kap. 4.1.2)	Aufbereitung der erhobenen Daten, Formulierung von Ergebnissen und Koordinierung des weiteren Vorgehens (intern und extern, z. B. mit kommunalen Entscheidungsträger*innen)	Gestaltung von Schlüsselprozessen im Kontext der Kooperation und Vernetzung mit externen Akteuren (▲ Kap. 4.5.4)	Verfahren zum Vergleich der Angebote unterschiedlicher Organisationen
Gestaltung der Organisation (Binnenperspektive: organisatorische und administrative Tätigkeiten)	Analysen zur Qualität von Strukturen und Prozessen innerhalb der Organisation (z. B. bei der Kooperation unterschiedlicher Abteilungen) (▲ Kap. 4.3)	Analyse von kritischen Ereignissen in der Organisation (z. B. bei gravierenden Fehlern in der Arbeit, Beschwerden, wiederkehrenden Konfliktkonstellationen) (▲ Kap. 4.3)	Entwicklung eines Leitbildes bzw. konzeptioneller Ziele (▲ Kap. 4.5.2)	Operationalisierung von Zielen (bei Angeboten und Leistungen); Programmentwicklung (bei neuen Angeboten bzw. der Modifikation vorhandener Angebote) (▲ Kap. 4.1.2)	Gestaltung sekundärer Schlüsselprozesse (z. B. Umgang mit Beschwerden von Adressat*innen; Verwaltungsvorgänge); Art der Umsetzung von Programmen (▲ Kap. 4.5.4)	Überprüfung der Effektivität und Effizienz der Gesamtorganisation bzw. einzelner Arbeitsbereiche, Projekte oder Angebote (▲ Kap. 4.5.4)

Tab. 4: Modifiziertes Modell methodischen Handelns als Bezugspunkt für QE in der Sozialen Arbeit – Fortsetzung

	Situationsübergreifende Analyse der Rahmenbedingungen des Handelns	Analyse konkreter Situationen bzw. Probleme im beruflichen Alltag	Zielentwicklung	Planung des Handelns	Umsetzung der Planung (Intervention, Interaktion)	Evaluation
Gestaltung der Arbeit mit Adressat*innen (Situationen, Probleme und Aufgaben, die im Kontakt mit Adressat*innen entstehen)	Fallübergreifende Analysen der Aufträge und Handlungskontexte von Fachkräften (Erwartungen von Stakeholdern, gesetzliche Aufträge, Vorstellungen der Fachkräfte von guter Arbeit, vorhandene Ressourcen etc. werden in Beziehung gesetzt)	Analyse konkreter Situationen bzw. Problemanalysen bei Adressat*innen durch die Fachkräfte (z. B. Entwicklung von Instrumenten zur Sammlung relevanter Informationen in Fällen, Diagnoseverfahren)	Zielentwicklung für das professionelle Handeln (Verfahren; Einbeziehung von Adressat*innen in den Prozess etc.) (▶ Kap. 4.1.2)	Operationalisierung von Zielen (z. B. Gestaltung von Verfahren zur Konkretisierung von Zielen bei der Hilfeplanung) (▶ Kap. 4.1.2)	Umsetzung von Interventionen: Entwicklung fachlicher Handlungsprinzipien, Gestaltung primärer Schlüsselsituationen und -prozesse in der Arbeit mit Adressat*innen (z. B. Partizipation bei der Gestaltung von Interventionen) (▶ Kap. 4.5.4)	Formen der Prozess- und Ergebnisevaluation bei der Arbeit mit Adressat*innen (▶ Kap. 4.2), Gestaltung von Verfahren kollegialer Beratung bzw. Supervision

Eigene Darstellung

Um Missverständnissen vorzubeugen: Es geht nicht darum, in QE-/QM-Prozessen alle Handlungsbereiche der obigen Tabelle abzuarbeiten. Vielmehr soll diese Übersicht

1. eine Orientierung geben, welche Bereiche für eine Organisation aus der Sozialen Arbeit grundsätzlich relevant sein können, wenn diese sich mit QE/QM beschäftigen möchte,
2. ein vorläufiges Ordnungsschema (Heuristik) formulieren, mit dem die Vielfalt möglicher Handlungsfelder und methodischer Zugänge im Kontext QE/QM strukturiert werden kann und
3. dazu dienen, sich anhand aktueller Anforderungen bzw. Probleme in einer Organisation erste Gedanken machen zu können, welche relevanten Bereiche von QM/QE tangiert sein könnten sowie welche Verfahren bzw. Werkzeuge grundsätzlich dazu passen könnten.

3.2 Nutzung des Modells in der Praxis

Vor allem in kleineren Einrichtungen, die wenig Ressourcen für QM-/QE-Prozesse haben sowie in Feldern der Sozialen Arbeit, in denen mit ›offenen‹, wenig standardisierten Handlungsformen gearbeitet wird, werden flexible, im Aufwand begrenzbare Methoden und Verfahren gebraucht. Es geht hier um eine flexible Gestaltung von Verfahren entlang aktueller Anforderungen und fachlicher Fragen vor Ort, die mit Fachkräften, Trägern, Geldgebern etc. auf der Basis vorhandener Ressourcen abgestimmt werden.

Bei der *Themen- und Methodenbestimmung* sollten sowohl fachliche wie auch strategische Aspekte beachtet werden: Angesichts des Doppelcharakters von QM geht es nicht nur um eine Legitimation der pädagogischen Arbeit nach außen, sondern auch um die Bearbeitung eigener fachlicher Themen und Weiterentwicklungsperspektiven.

Am Anfang eines QE-/QM-Prozesses steht eine *Situationsanalyse* für die jeweilige Organisation: Welche Probleme bzw. Fragen zur Qualität unserer Arbeit haben wir im Moment? Welche Anforderungen von außen müssen wir beachten? Geht es primär um eine Überprüfung des Bestehenden oder die Entwicklung von etwas Neuem? Welche Ressourcen können wir dabei nutzen (zeitlich, personell, finanziell, internes Know-how)?

Auf dieser Basis können dann genauere Fragen bzw. Ziele formuliert werden, denen Instrumente und Verfahren aus dem Repertoire methodischen Handelns bzw. der Praxisforschung zugeordnet werden.

Im Kontext von QE/QM gibt es nach unserer Erfahrung *fünf grundlegende Anforderungen und Handlungsmuster*, denen bestimmte Instrumente und Methoden zugeordnet werden können:

- *strukturiert erfassen, was bereits man tut bzw. künftig tun will* (passende Methoden sind dazu z. B. Konzeptionsentwicklung, Gestaltung von Schlüsselprozessen; Formulierung von pädagogischen Zielen, strukturierte Rekonstruktion des bisherigen Handelns in der Praxis)
- *Rahmenbedingungen der beruflichen Tätigkeit bzw. Organisation untersuchen* (passende Methoden sind z. B. Sozialraumanalyse, Bedarfsanalyse für neue Angebote, Stakeholder-Analyse)
- *ausgewählte Probleme in der Arbeit der Organisation genauer untersuchen (und dazu ggf. Lösungsmöglichkeiten entwickeln)* (passende Methoden sind z. B. Praxisforschung nach dem Modell van der Donk et al., Analyse von Schlüsselsituationen und -prozessen)
- *Überprüfen und Bewerten, was man bereits tut* (passende Methoden sind hier z. B. unterschiedliche Formen der Evaluation)
- *etwas Neues entwickeln und erproben* (passende Methoden sind z. B. Arbeit mit dem Innovationszyklus van der Donk et al., Formen wissenschaftlicher Begleitung, formative Evaluation, Projektmanagement)

Im Austausch zwischen Leitung und Fachkräften der Organisation (und ggf. externen Prozessbegleiter*innen) können nach und nach Fragen und Anforderungen konkretisiert werden, dazu passende Methoden und Instrumente ausgewählt und angepasst werden, Umsetzungsschritte und Verantwortlichkeiten formuliert, notwendige interne Qualifizierungsmaßnahmen durchgeführt sowie die vereinbarten Arbeitsschritte umgesetzt werden.

In den Kapiteln 4 und 5 werden wir ausführlich auf die Anwendung dieser Instrumente und Methoden eingehen und diese an Praxisbeispielen veranschaulichen.

Literatur zur Vertiefung

König, Joachim (Hrsg.) 2016: Praxisforschung in der Sozialen Arbeit. Stuttgart: Kohlhammer

Van der Donk, Cyrilla/van Lanen, Bas/Wright, Michael T. 2014: Praxisforschung im Sozial- und Gesundheitswesen. Bern: Huber

Von Spiegel, Hiltrud 2004: Methodisches Handeln in der Sozialen Arbeit. München/Basel: Reinhardt

4 Methoden und Werkzeuge zur Qualitätsentwicklung (QE) in der Sozialen Arbeit

Was Sie in diesem Kapitel lernen können

Die theoretischen und methodischen Grundlagen aus den Kapiteln 2 und 3 werden jetzt auf die Praxis bezogen. Sie lernen fünf grundlegende Handlungsmuster im Kontext der QE (z. B. etwas Neues entwickeln und erproben) und dazu passende Methoden und Werkzeuge (z. B. formative Evaluation) kennen. Zur Veranschaulichung werden Praxisbeispiele aus der Schulsozialarbeit, Familienhilfe, Jugendarbeit, Qualifizierung von Langzeitarbeitslosen etc. vorgestellt. Wir orientieren uns dabei an einem übergreifenden Fallbeispiel – einer Organisation, die im Moment ihre Arbeit in mehreren Bereichen überprüft und weiterentwickelt (▶ Kap. 4.1.3).

4.1 Einführung

In Kapitel 3.2.2 haben wir eine Tabelle zu unserem Modell methodischen Handelns als Bezugspunkt für QM/QE in der Sozialen Arbeit vorgestellt (▶ Tab. 4). Dort sind in 18 Feldern unterschiedliche Methoden und Werkzeuge genannt, die bei der Gestaltung und Weiterentwicklung

- der Arbeit mit Adressat*innen,
- der eigenen Organisation sowie
- der organisationsübergreifenden Bezüge (Organisation – Umwelt) genutzt werden können.

Betrachtet man die dort genannten Methoden und Werkzeuge genauer, wird erkennbar, dass es Gemeinsamkeiten gibt, die zu fünf grundlegenden und übergreifenden Handlungsmustern zusammengefasst werden können.

4.1.1 Übergreifende Handlungsmuster im Kontext der Qualitätsentwicklung (QE)

In der folgenden Tabelle haben wir diese Handlungsmuster zusammengestellt (▶ Tab. 5) und dazu passende Methoden und Werkzeuge aus der Tabelle in Kapitel 3.2.2 zugeordnet (▶ Tab. 4).

Tab. 5: Handlungsmuster im Kontext der QE

Übergreifende Handlungsmuster im Kontext von QM und QE:	Dazu passende Methoden bzw. Werkzeuge zur QE sind z. B.
1. überprüfen was man tut	Programmevaluation Wirkungsevaluation Kriteriengeleitete Evaluation (Merchel)
2. Probleme in der Organisation systematisch untersuchen und Lösungen entwickeln	(problemorientierte) Praxisforschung (van der Donk et al.) Analyse von Schlüsselsituationen und -prozessen
3. Rahmenbedingungen der eigenen Arbeit untersuchen	Sozialraumanalyse Risikoanalyse Umweltanalyse Auftrags- und Kontextanalyse Bedarfserhebung Stakeholderanalyse
4. konzeptionell erfassen, was man tut bzw. tun will	Rekonstruktion von Praxis mit dem Programmbaum Konzeptionsentwicklung Gestaltung von Schlüsselsituationen bzw. -prozessen Programmentwicklung Entwicklung und Operationalisierung von Zielen pädagogischen Handelns
5. etwas Neues entwickeln und erproben	Innovationszyklus (nach van der Donk et al.) Projektmanagement begleitende (formative) Evaluation/Wissenschaftliche Begleitung bewertende (summative) Evaluation

Eigene Darstellung

Unter dem Begriff der *Methode* verstehen wir hier:

»(d)as planmäßige Vorgehen zur Erreichung eines Zieles; (...) Methoden sind erprobte, überlegte und übertragbare Vorgehensweisen zur Erledigung bestimmter Aufgaben und Zielvorgaben« (Schilling 1995, S. 65f).

4.1.2 Zwei Werkzeuge zur strukturierten Erfassung professionellen Handelns

Wer die Qualität pädagogischen Handelns weiterentwickeln will, muss zuerst Transparenz und Klarheit über das bisherige Handeln in der Organisation her-

4.1 Einführung

stellen. Deshalb stellen wir bereits in diesem Einführungskapitel zwei Werkzeuge zur systematischen Erfassung pädagogischen Handelns vor, auf die in den folgenden Kapiteln mehrfach zurückgegriffen wird: Den ›Programmbaum‹ und die ›Zielpyramide‹.

Denn wer z. B. ›das eigene Handeln überprüfen‹ will (Handlungsmuster 1, ▶ Kap. 4.2), ›Konzeptionen entwickeln‹ (Handlungsmuster 4, ▶ Kap. 4.5) oder ›Neues entwickeln‹ möchte (Handlungsmuster 5, ▶ Kap. 4.6), muss dazu zuerst das bisherige Handeln in der Organisation sowie die bisherigen Ziele und Rahmenbedingungen systematisch erfassen. Dazu werden Werkzeuge gebraucht, die bei dieser vorbereitenden Arbeit als Strukturierungshilfe genutzt werden können.

Der Programmbaum

Ein *Programm* ist ein schriftlicher Plan bzw. Entwurf pädagogischen Handelns und dessen Umsetzung in die Praxis. In diesem Plan werden die Ziele und dazu passenden Handlungsformen in der Praxis vorweggenommen.

Programme können sehr unterschiedlich in Umfang und Komplexität sein. Ein kleines Programm ist z. B. die Gestaltung einer Gruppenstunde im Rahmen der Freizeitbetreuung einer Ganztagsschule am Nachmittag. Beispiele für komplexere Programme sind die Gestaltung einer Spielstadt im Rahmen des Sommerferienprogramms einer Kommune, in der mehrere hundert Kinder über Wochen in unterschiedlichen Rollen städtisches Leben gestalten und ausprobieren, oder ein neues stationäres Angebot für unbegleitete minderjährige Flüchtlinge bei einem Träger der Jugendhilfe.

Jedes Programm besteht aus drei Grundelementen (▶ Abb. 7):

- der *Ausgangssituation* mit einer Zielgruppe, einem lebensweltlichen bzw. institutionellen Setting sowie einer Aufgabe, die zu bearbeiten ist;
- *Aktivitäten*, die dazu umgesetzt werden sollen (z. B. Beratung, Freizeitgestaltung, Seminare);
- *Resultate*, die erreicht werden sollen (z. B. neues Wissen, Lösung von Problemen oder verändertes Handeln bei der ausgewählten Zielgruppe).

Ausgangssituation ⟶ Aktivitäten ⟶ Resultate

Abb. 7: Einfaches Programm-Modell, eigene Darstellung

Wissenschaftlicher ausgedrückt sind Programme

> »definierte und durchgeführte, intentional aufeinander bezogene Bündel von Aktivitäten, Interventionen, Maßnahmen, Projekten oder Teilprogrammen. Ein Programm besteht aus meist mehreren Interventionen. Es wird auf der Basis verfügbarer Ressourcen (Inputs) sowie beeinflusst durch weitere Bedingungsfaktoren durchgeführt und ist darauf ausgerichtet, mittels bereitgestellter Leistungen (Outputs) bestimmte Veränderungen/Stabilisierungen bei bezeichneten Zielgruppen (Outcomes) oder in Organisationen bzw. sozialen Systemen auszulösen« (Univation 2019).

4 Methoden und Werkzeuge zur Qualitätsentwicklung (QE) in der Sozialen Arbeit

Wolfgang Beywl hat zusammen mit anderen Forscher*innen 2006 ein komplexeres Programm-Modell entwickelt, den Programmbaum (▶ Abb. 8), den wir als nützliches Werkzeug zur Planung und Evaluation pädagogischen Handelns erachten und deshalb ausführlicher vorstellen wollen.

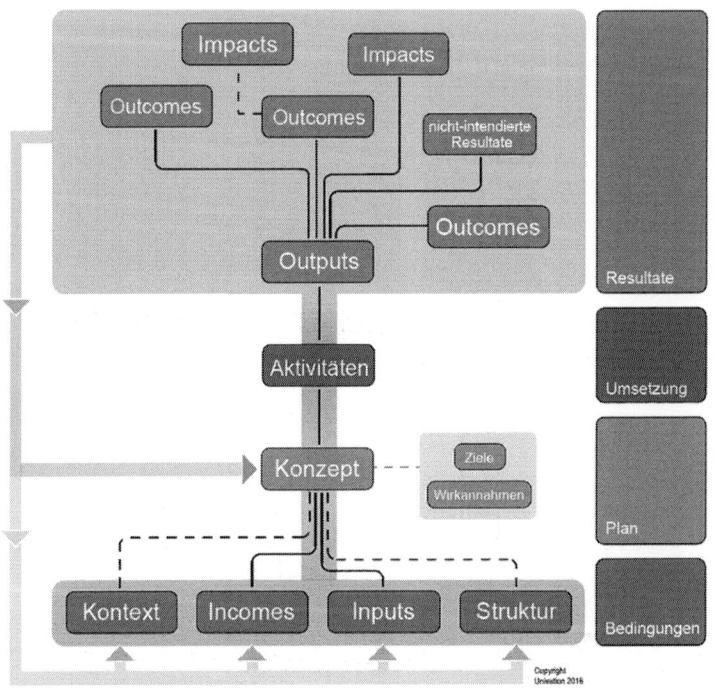

Abb. 8: Der Programmbaum, Quelle: Univation 2019: Der Programmbaum (im Internet unter: http://www.univation.org/programmbaum; Abruf am 06.05.2019)

Die Beispiele in der jeweils folgenden Zeile stammen aus dem Bereich der Beschäftigungsförderung (▶ Tab. 6).

Tab. 6: Erläuterung der Elemente des Programmbaums

Kontext	Systemumwelt eines Programms auf lokaler bis internationaler Ebene, inkl. rechtlicher, politischer, sozialer, kultureller u. a. Aspekte, die sich langfristig und unabhängig vom Programm selbst ändern
Beispiele	Gesetze wie das SGB II, Anteil von Arbeit suchenden Personen an der Bevölkerung einer Region, gesellschaftliches Klima gegenüber Arbeitslosigkeit
Incomes	Ressourcen, die Mitglieder der Zielgruppen in das Programm einbringen (z. B. Wissen, Motivation, Verhaltensweisen, Bedürfnisse, Werte, Gesundheitszustand)

4.1 Einführung

Tab. 6: Erläuterung der Elemente des Programmbaums – Fortsetzung

Beispiele	Lerneingangsbedingungen der Teilnehmenden von Qualifizierungsmaßnahmen (Vorwissen, Motivation etc.)
Inputs	Finanzielle, personale oder andere Ressourcen, die in ein Programm investiert werden, teils als monetäre Kosten erfassbar
Beispiele	Personal- und Sachaufwendungen, Anzahl und Qualifikation der im Programm Tätigen
Struktur	Bedingungen, die beim Träger des Programms (oder im Kooperationsverbund) vorliegen
Beispiele	Rechtsform, Kapitalausstattung, Organisationsform, Leitbild der Organisation
Konzept	Gedanklicher Entwurf, welche Resultate bis wann/wo/bei wem ausgelöst werden sollen (vgl. Zielsystem) und welche Aktivitäten/Interventionen zur Zielerreichung eingesetzt werden sollen
Beispiele	Projekt-/Förderantrag für eine Qualifizierungsmaßnahme, Curricula für Weiterbildungsangebote etc.
Ziele	Gesamtheit schriftlich dargelegter Ziele für ein Programm, ggf. in Form eines Zielsystems auf unterschiedlichen Konkretionsstufen (bspw. Leitziele, Mittlerziele, Detailziele). Ziele niedriger Konkretionsstufe sind logisch darauf geprüft, dass ihre Erreichung zur Verwirklichung der Ziele auf einer höheren Stufe beiträgt.
Beispiele	Für ein Mittlerziel: Eltern, die Kinder betreuen, werden durch Beratungs- und Vermittlungsangebote darin unterstützt, Kinderbetreuung auf ihre individuellen Bedarfe zuzuschneiden.
Wirkannahmen	Vermutungen zu Einflussbeziehungen im Programm, welche die Zielerreichung des Programms ermöglichen, begünstigen oder hemmen, insbesondere Beziehungen zwischen Interventionen und erwünschten Resultaten.
Beispiele	Es wird angenommen, dass die Simulation eines Bewerbungsgesprächs in einem Rollenspiel dazu beiträgt, dass Arbeitsuchende sich in realen Bewerbungssituationen angemessen präsentieren können.
Aktivitäten	Handlungen der im Programm beruflich oder ehrenamtlich Tätigen: (a) Interventionen zur Zielerreichung, (b) Hilfsaktivitäten, die Interventionen unterstützen und (c) Zielgruppenaktivitäten, die eine aktive Beteiligung der Adressat*innen erfordern
Beispiele	Interventionen: Beratung etc. Hilfsaktivitäten: Teamaufbau, Einarbeiten neuer Mitarbeitender etc. Zielgruppenaktivitäten: Lernen, Bewerben etc.
Outputs	Durch die Interventionen erzeugte Resultate, wie (zählbare) Leistungen/Produkte, Teilnahme-/Nutzungsmengen, Zufriedenheit der Zielgruppenmitglieder mit den Interventionen
Beispiele	Anzahl der Teilnehmer*innenstunden, verteilte Informationsbroschüren, Klicks auf der Webseite der Organisation, Anzahl der Beratungsgespräche

Tab. 6: Erläuterung der Elemente des Programmbaums – Fortsetzung

Outcomes	Intendierte Resultate von Aktivitäten/Interventionen des Programms bei Mitgliedern der Zielgruppe (auf den Ebenen Wissen/Einstellungen; Handeln/Können; Lebenslage/Status)
Beispiele	Erweitertes Wissen, erhöhte Motivation zur Bewerbung, verstärkte Bewerbungstätigkeit, Integration in Arbeitsmarkt
Impacts	Resultate eines Programms, die über die Outcomes bei den Zielgruppen hinausgehen, z. B. in Form von Merkmalen bei Organisationen, Sozialräumen (Nachbarschaften, Kommunen, Regionen ...)
Beispiele	Verbesserte Zusammenarbeit der Arbeitsverwaltung mit Weiterbildungsanbietern, Ausbau eines bedarfsgerechten Angebots an Qualifizierungsmaßnahmen, bedarfsgerechter öffentlicher Nahverkehr für Berufspendler*innen
nicht-intendierte Resultate	Resultate eines Programms außerhalb der im Konzept festgehaltenen Ziele (auf verschiedenen möglichen Ebenen)
Beispiele	Die Wohn-Attraktivität eines Stadtteils, in dem intensive Maßnahmen zur Beschäftigungsförderung betrieben werden, steigt an. Dadurch werden auch Wohnungsmarkt und Mieten beeinflusst.

Quelle: Univation 2019: Der Programmbaum (im Internet unter: http://www.univation.org/programmbaum; Abruf am 06.05.2019)

Der Programmbaum ist auf den ersten Blick linear aufgebaut: Von den Wurzeln des Baumes (Bedingungen) über den Stamm (Plan, Umsetzung) zu den Ästen (Resultate). Pädagogisches Handeln lässt sich allerdings nur selten so rational und linear gestalten, sondern muss in Kooperation mit Adressat*innen geplant und umgesetzt werden. Darauf wurde bereits ausführlich in Kapitel 2.1 (Ko-Produktion sozialer Dienstleistungen) und Kapitel 2.2 (Modell professionellen Handelns als widersprüchliche Kombination von rationalem ›Problemlösen‹ und beziehungsorientiertem ›Verstehen‹) eingegangen. Deshalb muss das Element ›Flexibilität‹ bei der Gestaltung professionellen Handelns strukturell verankert werden. Im Programmbaum finden sich daher auch zwei Rückkoppelungsschleifen auf der linken Seite des Modells:

- von den ›Resultaten‹ zum ›Konzept‹ und
- von den ›Resultaten‹ zu ›den Bedingungen‹.

Das heißt: Bei der Umsetzung von Programmen ist es wichtig, anhand der Ergebnisse und Erfahrungen immer wieder zu reflektieren, ob das vorhandene Konzept, die Zielsetzungen und die Rahmenbedingungen stimmig sind oder verändert werden müssen. Zu beachten ist außerdem folgendes:

Im Fokus des Programmbaums stehen *Ergebnisse* professionellen Handelns sowie die Bedingungen und Aktivitäten, die dazu erforderlich sind. Wie der *Prozess* dazu gestaltet werden sollte, ist zwar in den Begriffen ›Konzept‹, ›Zielsystem‹ und ›Aktivitäten‹ implizit enthalten, aber nicht explizit formuliert. Bei der Gestaltung und Umsetzung von Programmen ist die *Prozessdimension* (mit ihren Anforderungen in Richtung Partizipation und Ko-Produktion) allerdings genauso wichtig und muss entsprechend beachtet werden. Sonst wird ein Programm leicht zu einem technokratischen Werkzeug, mit dem von den Fachkräften einseitig versucht wird, erwünschte Wirkungen zu erzeugen.

Aus den Untersuchungen von Hubbertz (2002) wissen wir, dass eine zu starke Fokussierung der Fachkräfte in Hilfeprozessen auf die Problembearbeitung und die zu erreichenden Ziele die Kooperation mit Adressat*innen gefährden und so den Hilfeprozess behindern oder sogar scheitern lassen kann. Deshalb ist eine zu starke Ergebnisorientierung ein fachlich wie berufsethisch problematischer Weg!

Trotz dieser Risiken ist der Programmbaum ein in mehrfacher Hinsicht nützliches Werkzeug im Kontext professionellen Handelns. Bei der *Entwicklung und Steuerung von Programmen*

- ermöglicht er eine strukturierte Erfassung und Rekonstruktion professionellen Handelns;
- unterstützt er Fachkräfte dabei, auf die relevanten Aspekte und Rahmenbedingungen ihres Handelns zu achten und diese in einen Zusammenhang zu bringen. Ändern sich Programm-Bedingungen, können die Auswirkungen mit dem Programmbaum strukturiert überprüft werden;
- kann er die Kommunikation zwischen Fachkräften, Entscheidungsträgern in Politik und Verwaltungen, Geldgebern etc. über Konzepte, Ziele, Strategien und notwendige Ressourcen für das Handeln erleichtern.
- Außerdem kann er in vereinfachter Form für die Öffentlichkeitsarbeit verwendet werden.

Im Rahmen von *Evaluationen* kann er dabei helfen,

- »den Evaluationsgegenstand systematisch zu beschreiben und dabei zentrale Elemente und Verknüpfungen zu identifizieren (…)
- die Evaluierbarkeit des Programms abzuschätzen
- mit Programmverantwortlichen und Auftraggebenden zu kommunizieren und mit ihnen eine gemeinsame Sprache zu finden
- Daten, Informationen, Schlußfolgerungen (!) etc. zuzuordnen und sie zu verbinden (Beywl/Niestroj 2016, S. 140).

Die Zielpyramide

Teil des Programmbaums ist auch das Zielsystem des Konzepts. Angemessen formulierte Ziele sind hier die Voraussetzung für die Gestaltung sinnvoller Aktivitäten sowie die Überprüfung der Ergebnisse eines Programms.

»Ziele fokussieren einen in die Zukunft gerichteten erwünschten Zustand oder erweiterte Handlungskompetenzen in der Lebenssituation von Adressatinnen, die in einer überschaubaren Zeit zu erreichen sind« (von Spiegel 2013a, S. 257).

In dieser Definition von Hiltrud von Spiegel werden einige Kriterien für eine *gute Formulierung von Zielen* erkennbar:

- Sie beschreiben einen erwünschten Zustand in der Zukunft.
- Im Ziel wird benannt, wie der erwünschte Zustand aussehen soll bzw. welche Veränderung bei der Zielgruppe erreicht werden soll.
- Es ist wichtig, den Zeitpunkt für die Erreichung eines Zieles anzugeben oder einzugrenzen.
- In der Zielformulierung ist erkennbar, auf wen sich das Ziel bezieht.

Wichtig ist auch noch:

- Das Ziel soll positiv formuliert werden.
- Die Erreichung des Ziels ist eine Herausforderung, die nicht ohne geplantes Handeln erreicht werden kann.

Von den *Zielen* zu unterscheiden sind *Maßnahmen, Interventionen* etc., die zur Umsetzung der ausgewählten Ziele dienen sollen (Aktivitäten).

Bei der Formulierung von Zielen sind verschiedene Stufen der Konkretisierung zu beachten. In der Fachliteratur werden dafür ganz unterschiedliche Bezeichnungen verwendet. Wir stellen im Folgenden zwei Modelle vor, die in der Sozialen Arbeit besonders verbreitet sind:

- die Unterscheidung von Wirkungszielen, Teilzielen und Handlungszielen, die Hiltrud von Spiegel (2013a) im Kontext methodischen Handelns verwendet, sowie
- die Unterscheidung von Leitzielen, Mittlerzielen und Detailzielen, die z. B. Beywl/Niestroj (2017) in ihrem Programmbaum verwenden.

Wir beginnen unsere Darstellung mit dem Modell von Beywl und Niestroj:

- Ein *Leitziel* ist hier ein »weit gestecktes, abstraktes Ziel, das durch ein Programm erreicht werden soll. Ein solches Leitziel bleibt über lange Zeit, oft mehrere Jahre stabil; es ist selten möglich, es in vollem Umfang zu erreichen« (ebd., S. 143).
- *Mittlerziele* »verbinden Leitziele mit den Detailzielen eines Programms und gliedern/konkretisieren die Schwerpunkte im Bereich des Leitziels. Mittlerziele sind mittelfristig gültig und können in diesem Zeitraum erreicht werden« (ebd.)
- *Detailziele* sind »konkretisierte Mittlerziele, die im Idealfall spezifisch, messbar, akzeptabel, realistisch und terminiert (s.m.a.r.t.) sind« (ebd.).

Ein *Beispiel* zu dieser Untergliederung aus dem Bereich der Beschäftigungsförderung bei Jugendlichen (ebd.) ist in folgender Tabelle zusammengefasst (▶ Tab. 7).

4.1 Einführung

Tab. 7: Beispiel für eine Zielhierarchie

Ziel	Beispiel
Leitziel	»Die Beschäftigungsfähigkeit von Jugendlichen nach dem Hauptschulabschluss ist erhöht und die Lehrstellensuche ist erfolgreich«.
Mögliches Mittlerziel	»Jugendliche nach dem Hauptschulabschluss meistern die für eine Bewerbung erforderlichen Schritte und verfügen über die erforderlichen Instrumente«.
Mögliches Detailziel	»Alle Jugendlichen der Klasse haben vor Erhalt des Abschlusszeugnisses der Hauptschule eine aktuelle, die individuellen Stärken klar benennende Bewerbungsmappe erstellt«.

Quelle: Beywl, Wolfgang/Niestroj, Melanie 2016: Der Programmbaum. In: Univation (Hrsg.): Das ABC der wirkungsorientierten Evaluation (2. Aufl.). Köln, S. 143

- Im *Leitziel* sind zwei Orientierungspunkte für Aktivitäten im Programm benannt: »Erhöhte Beschäftigungsfähigkeit« (ein sehr allgemeiner Begriff) und konkreter »Erfolgreiche Lehrstellensuche«.
- In den *Mittler- und Detailzielen* müssen diese auf das Programm und seine Aktivitäten hin konkretisiert werden. D. h. hier im *Mittlerziel*: »Das Meistern der für eine Bewerbung erforderlichen Schritte« und »Das Verfügen über die erforderlichen Instrumente«. Hier findet zwar eine gewisse Eingrenzung der Orientierungspunkte aus dem Leitziel statt, es bleibt aber noch Klärungsbedarf in Bezug auf die »erforderlichen Schritte« und »Instrumente«.
- Im *Detailziel* sind diese nun inhaltlich und zeitlich konkretisiert: Eine »aktuelle, die individuellen Stärken benennende Bewerbungsmappe«, die »vor Erhalt des Abschlusszeugnisses« erstellt ist. Mit dieser Konkretisierung sind auch die notwendigen Aktivitäten und Unterstützungsleistungen der Fachkräfte für die Jugendlichen im Programm genauer bestimmbar.

Ein verbreitetes Instrument zur Visualisierung von Zielsystemen ist die Zielpyramide (▶ Abb. 9).

Im obigen Beispiel wurde jeweils nur ein Leit-, Mittler- und Detailziel eines Programmes dargestellt. In der Praxis haben Programme oft mehrere Leitziele, die dann auch jeweils mehrere Mittler- und Detailziele haben können. In folgendem Beispiel wird ein Leitziel mit zwei Mittler- und zwei Detailzielen konkretisiert.

Beispiel

Es geht um ein Projekt in einem Jugendzentrum, das mit der Zielgruppe ›junge Frauen mit Behinderung‹ arbeiten möchte. Hierzu sollen Gesprächsgruppen und ein Selbstverteidigungskurs durchgeführt werden. Den Angeboten liegt folgendes *Zielsystem* zugrunde (Beywl/Schepp-Winter 1999, S. 43; ▶ Tab. 8).

4 Methoden und Werkzeuge zur Qualitätsentwicklung (QE) in der Sozialen Arbeit

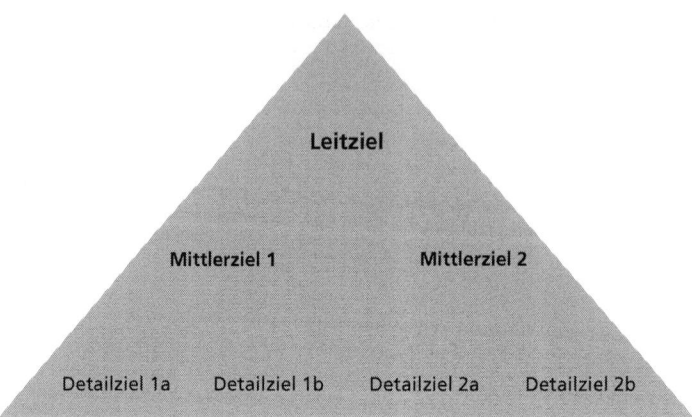

Abb. 9: Zielpyramide, eigene Darstellung

Tab. 8: Beispiel für ein Zielsystem

Ziel	Beispiel	
Leitziel	Junge Frauen mit Behinderung haben ein starkes Selbstbewusstsein.	
Mitterziele	Junge Frauen mit Behinderung sprechen darüber, wie sie ihre Körperlichkeit erleben.	Junge Frauen mit Behinderung sind selbstbewusst, weil sie wissen, wie sie sich gegen Angriffe zur Wehr setzen können.
Detailziele	In den Gesprächsgruppen beschreiben die Teilnehmerinnen, welche Gefühle sie bei der Auswahl ihrer Kleidungsstücke haben und wie sie damit umgehen.	Nach dem Selbstverteidigungskurs können die Teilnehmerinnen im Rollenspiel verbalen Provokationen abgrenzende und entschiedene Äußerungen entgegensetzen.

Eigene Darstellung

Im *Leitzie*l wird ein relativ vager Begriff als Orientierungspunkt für das Programm genannt: »starkes Selbstbewusstsein«. Dieser Begriff wird in den beiden *Mittlerzielen* in zwei Richtungen konkretisiert: Das ›Thematisieren der eigenen Körperlichkeit‹ und die ›Fähigkeit, sich gegen Angriffe wehren‹ zu können. Diese werden in den Detailzielen weiter konkretisiert.

In einem Projekt mit der gleichen Zielgruppe, aber anderen inhaltlichen Schwerpunkten könnte das gleiche Leitziel in ganz anderen Mittler- und Detailzielen konkretisiert werden.

Ein zweites, in der Sozialen Arbeit verbreitetes Modell der Differenzierung von Zielen, ist – wie am Anfang dieses Abschnitts erwähnt – die *Unterscheidung von Wirkungszielen, Teilzielen und Handlungszielen*, die Hiltrud von Spiegel (2013a) als Bezugspunkt methodischen Handelns verwendet.

- »*Wirkungsziele* bezeichnen Vorstellungen über wünschenswerte Zustände für oder erweiterte Handlungskompetenzen von Adressatinnen. Wirkungsziele geben die Rich-

tung des Unterfangens an und haben diesbezüglich eine Orientierungsfunktion. Da sich die Begleitung und Unterstützung von Adressatinnen mitunter über Jahre hinzieht, muss man für absehbare Zeiträume
- *Teilziele* bilden. Diese sind konkret formulierte und erreichbare ›Etappen‹ auf dem Weg zu den Wirkungszielen. Teilziele sind – wie Wirkungsziele – Ziele der Adressatinnen, somit sind diese auch für deren Realisierung verantwortlich.
- *Handlungsziele* beschreiben Ideen darüber, welche Bedingungen bzw. Arrangements das Erreichen von Wirkungszielen fördern. Es sind Ideen, die durch Erfahrungen und fachliche Konzepte gestützt werden. Handlungsziele können sich auf (…) zielförderliche Arbeitsbeziehungen oder methodische Vorgehensweisen der Fachkräfte und anderer Personen des Aktionssystems innerhalb und außerhalb der Einrichtung beziehen. Handlungsziele sind folglich ›Arbeitsziele‹ der Fachkräfte und liegen in deren Zuständigkeit und Verantwortung. Ihre Begründung und Rechtfertigung erfolgt im Team« (ebd., S. 257; Herv. i. O.).

Von Spiegel veranschaulicht diese Unterscheidung von Wirkungs- und Handlungszielen an folgendem *Beispiel* aus der Arbeit in einem Jugendzentrum (von Spiegel 2004, S. 214). Dabei werden die Handlungsziele der Fachkräfte in zwei Richtungen ausdifferenziert (▶ Tab. 9).

Tab. 9: Unterscheidung von Wirkungs- und Handlungszielen

Wirkungsziel	Jugendliche sind fähig, sich und ihr Verhalten kritisch zu reflektieren und ihr Handeln danach auszurichten
Beispielhafte Handlungsziele dazu:	
Zielgruppen in der Einrichtung	Wir thematisieren die Lebensumstände der Jugendlichen (Herkunft, Schule, Geschlechterrolle, Familie. Wir sind als Menschen erfahrbar mit Stärken und Schwächen. Wir bieten uns als kritische Gesprächspartner an und mischen uns in Gruppenprozesse ein. Wir schaffen Rückzugsgruppen für einzelne Besucher*innen.
Sozialräumliches Umfeld	Wir organisieren gemeinsame Aktionen bzw. Angebote für Besucher*innen und Anwohner*innen mit dem Ziel, die gegenseitigen Erwartungen besser kennenzulernen. Wir arbeiten darauf hin, dass die Jugendlichen bei Konflikten direkt von den Anwohner*innen angesprochen werden.

Eigene Darstellung

Vergleicht man die beiden vorgestellten Zielpyramiden, dann zeigt sich folgende Gemeinsamkeit: Die ersten beiden Zielebenen werden zwar unterschiedlich bezeichnet (Leitziel vs. Wirkungsziel; Mittlerziel vs. Teilziel), meinen aber im Grunde dasselbe.

Der wesentliche Unterschied zwischen der Zielpyramide bei Beywl/Schepp-Winter (1999) und bei von Spiegel besteht darin, dass die unterste Zielebene anders verstanden wird: Die Detailziele bei Beywl/Schepp-Winter sind eine weitere Konkretisierung der Mittlerziele und beschreiben einen sehr konkret beschriebenen *Zustand*, der erreicht werden soll. Dagegen benennen die Handlungsziele bei von Spiegel konkrete *Handlungsschritte und Arrangements*, die zur Erreichung der Ziele erforderlich sind.

Bei der Arbeit mit den hier vorgestellten (bzw. anderen in der Fachliteratur verbreiteten) Zielpyramiden ist zu beachten:

- Man sollte ein Modell auswählen und – um Verwirrungen bei Begriffen und Inhalten zu vermeiden – dieses konsequent verwenden.
- Für die pädagogische Arbeit mit Zielen bzw. Zielsystemen gilt das Gleiche wie schon oben beim ›Programmbaum‹ (s. o. den Abschnitt *Der Programmbaum*): Ziele helfen Fachkräften und Adressat*innen, die Richtung des gemeinsamen Handelns zu klären und die dafür sinnvollen Schritte zu bestimmen. Sie dürfen aber in der Arbeit nicht starr gesetzt werden, sondern müssen reflexiv in Bezug auf konkrete Situationen und Menschen benutzt werden und deshalb auch veränderbar bleiben!

4.1.3 Das Fallbeispiel: Eine Organisation Sozialer Arbeit überprüft und entwickelt die Qualität ihrer Arbeit

In den Kapiteln 4.2 bis 4.6 werden die fünf übergreifenden Handlungsmuster in der QE aus Kapitel 4.1.1 sowie wichtige, dazu passende Methoden und Werkzeuge aus der Tabelle in Kapitel 3.1.2 ausführlicher vorgestellt (▶ Tab. 4). Um unsere Darstellungen anschaulich und praxisorientiert zu gestalten, konkretisieren wir die theoretischen Ausführungen zu Methoden und Werkzeugen im Folgenden an einer fiktiven Organisation.

Unser Praxisbeispiel ist ein freier Träger der Sozialen Arbeit mit ca. 100 Beschäftigten und mehreren Arbeitsschwerpunkten, die in den letzten Jahrzehnten aufgrund neuer regionaler Bedarfe sukzessive entstanden sind. Aktuelle Schwerpunkte der Angebote sind:

- *Bereich Kinder- und Jugendhilfe*
  Sozialpädagogische Familienhilfe (SPFH), Offene und Mobile Jugendarbeit, stationäre Wohngruppen für minderjährige Flüchtlinge, Schulsozialarbeit/Jugendhilfe an Schulen
- *Bereich Ausbildungs- und Beschäftigungshilfe*
  Qualifizierungsmaßnahmen für benachteiligte Jugendliche sowie ein Projekt zur Qualifizierung und Beschäftigung von Langzeitarbeitslosen

Im Moment gibt es in mehreren der Arbeitsfelder Probleme und neue Anforderungen, die Aktivitäten der Bereich der QE erfordern:

- Das örtliche Jugendamt ist vor kurzem auf den Geschäftsführer des Trägers zugekommen. Im Auftrag des Jugendhilfeausschusses soll im Landkreis eine Evaluation der SPFH zur Überprüfung und Weiterentwicklung der bisherigen Angebote durchgeführt werden. Die bisherigen Anbieter sollen diese Evaluationen selbst durchführen (QE-Methode Evaluation, ▶ Kap. 4.2).
- Außerdem erprobt der Träger im Moment exemplarisch die Methode der Praxisforschung, die künftig im Rahmen der QE breiter eingesetzt werden soll.

Anlass dafür sind gravierende Probleme einer Schulsozialarbeiterin, die an einer Berufsschule mit arbeitslosen Jugendlichen im Berufsvorbereitungsjahr (BVJ) arbeitet. Das Arbeitsfeld ist fachlich anspruchsvoll, weil hier viele Schüler*innen mit schwierigen biografischen und schulischen Erfahrungen zusammenkommen. Die Ausrichtung der bisherigen Angebote soll deshalb grundlegend überprüft werden (QE-Methode Praxisforschung, ▶ Kap. 4.3).

- Im Beschäftigungs- und Qualifizierungsprojekt für Langzeitarbeitslose ist erkennbar geworden, dass die bisherigen Angebote nicht mehr ausreichen und neue entwickelt werden müssen (QE-Methode zur Untersuchung der Rahmenbedingungen, ▶ Kap. 4.4; QE-Methode der Konzeptionsentwicklung, ▶ Kap. 4.5).
- Die Angebote für Langzeitarbeitslose beinhalten auch Qualifizierungsanteile. Die Gestaltung dieser Qualifizierungen, die i.d.R. als Unterricht in Gruppen abläuft, ist immer wieder eine große Herausforderung für die Lehrkräfte. Deshalb soll untersucht werden, wie das professionelle Handeln in diesen Situationen verbessert werden kann (QE-Methode Analyse und Gestaltung von Schlüsselprozessen, ▶ Kap. 4.5).
- Die Teilnahme an einer Ausschreibung der Kommune zum Aufbau eines Jugendhauses war erfolgreich. Nun geht es darum, die Erwartungen vor Ort zu erkunden und daraus Schlüsse für die Gestaltung des Jugendhauses zu ziehen (QE-Methoden Stakeholder- und Kraftfeldanalyse; ▶ Kap. 4.4).

Bei den im Folgenden beschriebenen Methoden und Werkzeugen konzentrieren wir uns auf Grundlagen. Wer damit in der Praxis arbeiten möchte, braucht i.d.R. detailliertere Informationen, die wir angesichts des begrenzten Umfangs dieses Buches nicht geben können. Zu allen vorgestellten Methoden gibt es aber gute und spezialisierte Veröffentlichungen in Form von Fachbüchern und praxisbezogenen Arbeitshilfen. Interessierte finden am Ende der einzelnen Kapitel deshalb Hinweise zu vertiefender Literatur.

4.2 Handlungsmuster »Überprüfen was man tut« – Die Methode Evaluation

Wir haben den Begriff der Evaluation bereits in den Kapiteln 2.2 und 3 thematisiert – als *Bereich methodischen Handelns*, im Rahmen dessen Fachkräfte ihr berufliches Handeln regelmäßig überprüfen und reflektieren, um eine möglichst gute ›Passung‹ zwischen ihren Handlungsanforderungen und -strategien zu erreichen (▶ Kap. 2.2.2, ▶ Kap. 3). Im folgenden Kapitel gehen wir ausführlich auf die Evaluation als *Methode der empirischen Sozialforschung* ein, unterscheiden dabei mehrere Formen und Arrangements zwischen Praxisorientierung und wissenschaftlicher Forschung und erläutern typische Handlungsschritte und Qualitätskriterien von Evaluationen. Danach stellen wir exemplarisch die sogenannte Programmevaluation ausführlich vor, die unseres Erachtens auch die im QE-Kontext am besten geeignete Form von Evaluation ist, um Ergebnisse bzw. Wirkungen von Angeboten und Maßnahmen Sozialer Arbeit zu überprüfen. Am Ende des Kapitels veranschaulichen wir die theoretischen Ausführungen an einer Evaluation aus der SPFH.

Beginnen wollen wir mit zwei in der Fachdiskussion verbreiteten Definitionen von Evaluation: In einer Definition von Wolfgang Beywl und Ellen Schepp-Winter (2000, S. 17), wird Evaluation gefasst als

»eine systematische, auf vorliegenden oder neu erhobenen Daten beruhende Beschreibung und Bewertung von Gegenständen der sozialen Wirklichkeit«.

Etwas komplexer bestimmt Joachim Merchel (2010, S. 19) unseren Gegenstand. Er definiert Evaluation

»als ein – in der Regel organisational verankertes – systematisiertes und transparentes Vorgehen der Datensammlung zu einem bestimmten Gegenstandsbereich/Sachverhalt mittels intersubjektiver und gültiger Erhebungsverfahren, das auf der Basis vorher formulierter Kriterien eine Bewertung des Gegenstands/Sachverhalts ermöglichen und in der Praxis verwertbare Diskussions- und Entscheidungshilfen zur Verbesserung bzw. Weiterentwicklung des untersuchten Gegenstands/Sachverhalts liefern soll«.

Evaluation in der Sozialen Arbeit

Kurz gesagt geht es bei einer Evaluation in der Sozialen Arbeit also darum,

- systematisch Informationen über Interventionen bzw. Angebote im beruflichen Alltag zu erheben,
- diese Informationen anhand ausgewählter Fragen bzw. Kriterien zu analysieren und zu bewerten und auf dieser Grundlage
- Entscheidungen zu treffen (z. B. in Richtung einer notwendigen Veränderung von Angeboten, Maßnahmen etc.).

4.2.1 Formen von Evaluation

In der praktischen Umsetzung können mehrere Formen von Evaluation unterschieden werden. Auf drei wichtige Unterscheidungen soll kurz eingegangen werden.

Interne und externe Evaluation

Bei einer internen Evaluation bleibt die Steuerung und Durchführung der Untersuchung in der Verantwortung der Einrichtung selbst. Bei einer *externen Evaluation* wird diese durch Personen bzw. Organisationen von außen gesteuert und durchgeführt (z. B. von Hochschulen oder Forschungsinstituten).

Selbstevaluation und Fremdevaluation

Wenn Fachkräfte einer Einrichtung ihre Arbeit selbst, in eigener Verantwortung, untersuchen, spricht man von *Selbstevaluation*. Wenn Fachkräfte bzw. Forscher*innen das Handeln anderer Personen untersuchen, wird dies als *Fremdevaluation* bezeichnet. Es gibt allerdings auch eine Mischform, wenn z. B. Fachkräfte aus der gleichen Einrichtung die Maßnahme einer anderen Abteilung untersuchen. Dies wird als (kollegiale) *interne Fremdevaluation* bezeichnet (▶ Abb. 10).

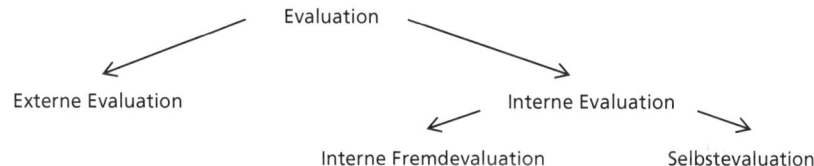

Abb. 10: Formen von Evaluation, eigene Darstellung

Neben diesen ›Idealtypen‹ gibt es in der Praxis auch Mischformen: Kleinere Einrichtungen verfügen z. B. manchmal nicht über das nötige Wissen zur Durchführung von Selbstevaluationen und engagieren dazu externe Begleiter*innen *(begleitete Selbstevaluation)* oder vergeben bestimmte Verfahrensschritte wie z. B. die Erhebung und Auswertung erforderlicher Daten nach außen.

Formative und summative Evaluation

Bei *summativer (d. h. bilanzierender) Evaluation* geht es um die Bewertung der Prozesse bzw. Ergebnisse von Interventionen und Programmen. Solche Evaluationen werden insbesondere am Ende von Projekten eingesetzt, um Erkenntnisse und Entscheidungshilfen bzgl. ihrer Fortsetzung, Veränderung oder Beendigung zu erhalten.

Formative (d. h. gestaltende) Evaluation wird prozessbegleitend eingesetzt und soll die Beteiligten dabei unterstützen, Probleme und Veränderungsbedarf im Verlauf von Projekten frühzeitig zu erkennen. So können Strukturen oder das Handeln der Akteure ggf. rasch angepasst werden. Diese Art von Evaluation ist insbesondere bei Modellprojekten bzw. der Erprobung neuer Programme sinnvoll.

> **Formativ und Summativ**
>
> Der Evaluationsforscher M. Scriven (1991) hat den Unterschied zwischen beiden Ausrichtungen mit folgendem Bild beschrieben: »When the cook tastes the soup that's formative, when the guests taste the soup that's summative«.

Auch hier gibt es *Mischformen oder Kombinationen in der Praxis*. Ein *Beispiel* dazu: In einem Modellprojekt, in dem eine neue Beratungsform für Familien erprobt wird, wird eine begleitende (formative) Evaluation als Unterstützung für die durchführenden Fachkräfte eingesetzt. Hier kann es z. B. nach der Hälfte der Laufzeit sinnvoll sein, die bisherigen Erfahrungen der Eltern und Berater*innen mit dem Angebot zu erheben. Mit dieser summativ angelegten Zwischenbilanz kann geklärt werden, ob die bisherige methodische Ausrichtung des Projekts stimmt oder ob in der zweiten Hälfte Modifikationen im Programm vorgenommen werden müssen.

4.2.2 Methodische Arrangements von Evaluation zwischen Praxisbezug und Forschung

›Evaluation‹ ist – wie zu Beginn des Kapitels bereits angedeutet – ein vieldeutiger, schillernder Begriff und wird in der Fachliteratur für unterschiedliche Dinge benutzt:

- zur Beschreibung eines Bereichs methodischen Handelns von Fachkräften im beruflichen Alltag, mit dem berufliches Handeln reflektiert wird,
- als Erhebungen von Praktiker*innen in ihrem Handlungsfeld, die dazu dienen, diese Praxis weiterzuentwickeln, oder
- für komplexe empirische Untersuchungen, die entlang klassischer wissenschaftlicher Kriterien (Validität, Reliabilität, Objektivität) versuchen, verallgemeinerbares Wissen z. B. über Wirkfaktoren von Interventionen zu ermitteln.

Je nach Intention und Kontext sind damit sehr unterschiedliche Vorstellungen über methodische Arrangements sowie Anforderungen bzgl. der Gestaltung dieser Arrangements verbunden. Während in den ersten beiden Fällen die Fachkräfte selbst ihre Arbeit untersuchen (evtl. mit Unterstützung von außen), ist im dritten Fall die personelle Trennung von Handelnden und Forschenden i. d. R. die Voraussetzung, um eine größere ›Objektivität‹ der Ergebnisse zu gewährleisten.

Der Kontext unseres Buches ist das Thema QE. D. h., hier geht es nicht um komplexe wissenschaftliche Evaluationsdesigns mit dem Ziel verallgemeinerbarer Erkenntnisse, sondern um eine einfachere und *pragmatischere Form von Praxisforschung*, die in Kapitel 3.2.1 konzeptionell eingeführt wurde.

> »Empirische Untersuchungen von Fachkräften, um Fragen zu beantworten, die sich aus ihrer Berufspraxis ergeben. Die Untersuchungen finden in Interaktion mit dem Arbeitsumfeld statt und verfolgen in erster Linie das Ziel, die eigene Berufspraxis zu verbessern« (van der Donk et al. 2014, S. 26; ▶ Kap. 3.2.1).

Damit keine Missverständnisse entstehen: Auch in diesem Setting wird bei Evaluationen wissenschaftlich gearbeitet, denn es geht auch hier um »eine systematische, nach methodischen Regeln erfolgende, ergebnisoffen angelegte Erhebung und Auswertung von Daten, die nach transparenten Gütekriterien überprüfbar sein müssen und damit als Grundlage für einen Bewertungsprozess herangezogen werden können« (Merchel 2010b, S. 22). Der relevante Bezugspunkt dafür ist aber die alltägliche Praxis mit ihren konkreten Problemen, Anforderungen und Rahmenbedingungen und nicht die wissenschaftliche Community und ihre Erkenntnisinteressen.

Diese Art von Evaluation wird i. d. R. als *interne Evaluation* (Selbstevaluation oder interne Fremdevaluation) in Verantwortung der betroffenen Einrichtungen durchgeführt. Nicht selten werden solche Projekte *extern begleitet und unterstützt*, z. T. weil Einrichtungen häufig nicht über die Erfahrung und das Wissen für diese Art von Untersuchungen verfügen. Das Einbeziehen externer Personen (und Perspektiven) macht aber auch deshalb Sinn, weil interne Evaluationen in der Gefahr stehen, heiklen oder kritischen Fragen aus dem Weg zu gehen, ›blinde Flecken‹ in der Wahrnehmung von Problemen zu entwickeln sowie durch die fehlende Distanz zum untersuchten Gegenstand die Erkenntnismöglichkeiten der Akteure einzuschränken.

Wenn Evaluationen (auch) zur Legitimation nach außen verwendet werden sollen, müssen interne Formen von Untersuchungen außerdem mit Zweifeln an der Unabhängigkeit und Glaubwürdigkeit ihrer Ergebnisse rechnen (▶ Abb. 11).

Differenzierung zwischen methodischen Arrangements in der Evaluation

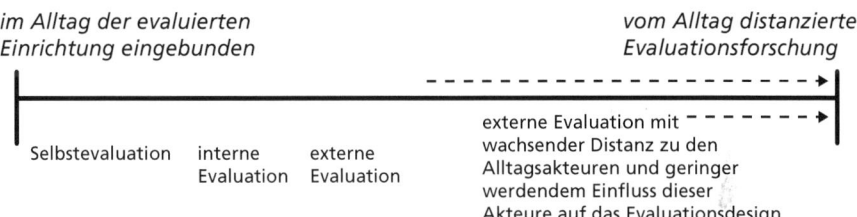

Abb. 11: Methodische Arrangements in Evaluationen, Quelle: Merchel, Joachim 2010: Evaluation in der Sozialen Arbeit, München/Basel: Reinhardt, S. 23

4.2.3 Handlungsschritte bei (Selbst-)Evaluationen

Es gibt mittlerweile eine Vielzahl von Fachbüchern, Arbeitshilfen, Praxisleitfäden zum Thema (Selbst-)Evaluation, die Interessierten ermöglichen, sich fundiert in die Thematik einzuarbeiten sowie Anregungen und Tipps für die Gestaltung eigener Evaluationsprojekte einzuholen. Am Ende des Kapitels geben wir dazu einige Literaturempfehlungen.

In diesem Buch können wir lediglich eine knappe Übersicht über typische Handlungsschritte bei der Durchführung solcher Evaluationen geben. Dazu orientieren wir uns an einem Modell von Joachim König (2006) bzw. Bührmann/König (2012) mit neun Handlungsschritten.

Schritt 1: Ziele der Evaluation unter den Beteiligten klären und festlegen

Zu Beginn eines Projekts dieser Art ist es wichtig, sich über die Gründe und Ziele einer Evaluation zu verständigen. Typische Ziele können sein:

- die *Kontrolle* des Erfolges bzw. der Wirkungen von Maßnahmen,
- die Darstellung und *Legitimierung* der eigenen Arbeit nach außen,
- die *Qualifizierung* von Mitarbeiter*innen durch eine systematische Überprüfung und Reflexion des eigenen Handelns,
- die Weiterentwicklung der Einrichtung durch die Entwicklung und Erprobung neuer Handlungsansätze (*Innovation*).

Die genannten Ziele können auch kombiniert werden.

Wichtig ist in diesem ersten Schritt v. a., dass sich die Beteiligten auf die wesentlichen Ziele einigen und den beabsichtigten Nutzen des Projekts konkret benennen können.

Schritt 2: Bedingungen und Ressourcen für die Evaluation klären

Evaluationen sind meist aufwändige und komplexe Vorhaben. Vor Beginn muss deshalb überprüft werden, ob die erforderlichen zeitlichen, personellen und finanziellen Ressourcen sowie die Akzeptanz in der Einrichtung vorhanden sind. Wichtige Fragen dazu sind z. B.:

- Besteht ein Konsens über die Notwendigkeit des Projekts unter den Mitarbeiter*innen und wird das Projekt durch die Leitungsebene unterstützt?
- Gibt es die Möglichkeit einer fachlichen Begleitung von außen?
- Erhalten die Fachkräfte Entlastungen in ihrer Arbeitszeit für die Beteiligung am Projekt?
- Gibt es Perspektiven, dass sich der Aufwand für das Projekt lohnt und zu positiven Veränderungen in der Einrichtung führt?

Schritt 3: Gegenstand und Fragestellungen der Evaluation bestimmen

Hier muss zum einen geklärt werden, welche Bereiche aus dem beruflichen Alltag untersucht werden sollen (*Gegenstand der Evaluation*). Eine Eingrenzung ist hier wichtig, um das Vorhaben nicht zu komplex werden zu lassen. Kriterien für eine Auswahl können z. B. sein:

- Was sind zentrale Schlüsselprozesse in der Arbeit, die für das Profil bzw. die Qualität unserer Arbeit maßgeblich sind?
- Wo gibt es im Moment gravierende Probleme bei Maßnahmen, die genauer untersucht werden sollten?
- Gibt es Erwartungen bzw. kritische Anfragen wichtiger Akteure von außen (z. B. vom Geldgeber einer Maßnahme), die wir beachten müssen?

Auf der Basis solcher Fragen können relevante Themenbereiche für Untersuchungen identifiziert werden. Ein nützliches Werkzeug bei der Strukturierung und Klärung von Evaluationsgegenständen und *Forschungsfragen* kann der in Kapitel 4.1 vorgestellte *Programmbaum* mit seinen Unterscheidungen in Richtung Rahmenbedingungen, Konzept, Aktivitäten und Wirkungen von Maßnahmen oder Projekten sein (▶ Kap. 4.1.2): Geht es um die Ergebnisse bzw. Wirkungen von Programmen? Oder sollten wir uns eher um die Analyse und Bewertung bestimmter Prozesse kümmern (z. B. bei der Ermittlung von Unterstützungsbedarf oder der Hilfeplanung)?

Neben der Auswahl ist eine zentrale Aufgabe bei diesem Arbeitsschritt auch die *Operationalisierung des Gegenstandes* der Evaluation.

»Operationalisierung bedeutet Konkretisierung und soll die Begriffe, mit denen wir unseren Gegenstand beschreiben und definiert haben, auf konkret ›Beobachtbares‹ (der Erfahrung und damit der Erfassung Zugängliches) zurückführen. Sie ist sozusagen die ›Messanleitung‹ an der Schnittstelle zwischen sozialer Wirklichkeit in unserem Berufsalltag einerseits und den allgemeinen, theoretischen Begriffen, die wir zu seiner Beschreibung verwenden, andererseits. Die Operationalisierung eines Gegenstandes besteht also aus der Zuordnung von empirisch erfassbaren (beobachtbaren, erfragbaren) Indikatoren zu den allgemeinen, theoretischen Begriffen, mit denen der Gegenstand beschrieben wurde. (...) Operationalisierung schafft die Voraussetzungen für die systematische Sammlung und Auswertung von Informationen über einen Gegenstand« (Bührmann/König 2012, S. 36).

Beispiel

Unser freier Träger (▶ Kap. 4.1.3) führt seit einigen Jahren Angebote der SPFH durch. In Absprache mit dem Jugendamt entscheiden sich die Geschäftsführerin und die Fachkräfte in dieser Maßnahme dazu, in einem Projekt zur Selbstevaluation die Ergebnisse und Wirkungen ihrer Interventionen genauer zu untersuchen. Bei der Klärung des Untersuchungsgegenstands stellt sich die Frage, in welchen Bereichen durch die Angebote und Interventionen der Fachkräfte überhaupt Veränderungen in den Familien erreicht werden sollen. In der Konzeption des Angebots werden dazu vier Handlungsbereiche der Fachkräfte genannt. Angesichts der begrenzten Ressourcen kann in der Evaluation aber nur ein Bereich genauer untersucht werden: Die ›Alltagsbewältigung‹ in den Familien und die Aktivitäten, die Fachkräfte zur Förderung und Verbesserung dieser Fähigkeit einsetzen.

Im Rahmen der Operationalisierung muss dieser Begriff nun definiert und beobachtbar gemacht werden. In den Diskussionen der Fachkräfte kristallisieren sich drei Dimensionen heraus, die sie bei der ›Alltagsbewältigung‹ als besonders wichtig einschätzen (▶ Kap. 4.2.6).

Die Logik des Vorgehens bei der Operationalisierung kann in folgender Grafik veranschaulicht werden (▶ Abb. 12).

4 Methoden und Werkzeuge zur Qualitätsentwicklung (QE) in der Sozialen Arbeit

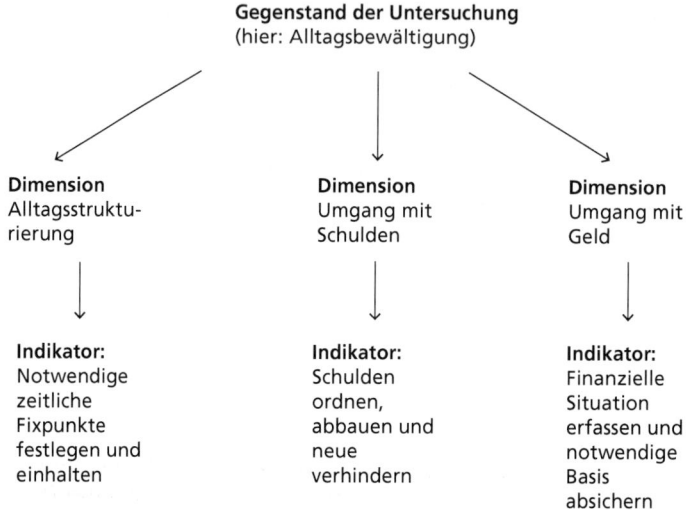

Abb. 12: Beispiel für die Operationalisierung eines pädagogischen Handlungsziels, eigene Darstellung

Zu jeder ›Dimension‹ des Untersuchungsgegenstands können natürlich auch mehrere Indikatoren formuliert werden.

An diesem Beispiel wird zudem erkennbar, dass die Operationalisierung geläufiger pädagogischer Begriffe (wie ›Alltagsbewältigung‹, ›Lebensweltorientierung‹ etc.), die häufig in Konzeptionen genannt werden, eine anspruchsvolle fachliche Aufgabe ist. Sie zwingt Fachkräfte zu einer

- Konkretisierung ihrer Ziele und der darauf bezogenen Tätigkeiten,
- Eingrenzung von Zielen und Aktivitäten auf das Leistbare,
- Einigung auf das, was untersucht werden soll,
- Reduktion von Komplexität in Bezug auf das, was durch Indikatoren überhaupt erfassbar und überprüfbar ist,
- Eingrenzung des Umfangs einer Evaluation, die im Kontext des beruflichen Alltags umsetzbar ist.

Schritt 4: Entwicklung von Bewertungskriterien

Evaluieren bedeutet auch Bewertungen vorzunehmen. Aber woher kommen die Bewertungskriterien in Evaluationen beruflicher Praxis? Dafür gibt es unterschiedlichste Quellen, z. B.:

- Konzeption einer Maßnahme oder Einrichtung
- Ziele oder Vorgaben des Trägers bzw. des Geldgebers einer Maßnahme
- Anerkannte fachliche oder wissenschaftliche Standards

- Rechtliche Anforderungen an Angebote (z. B. SGB VIII)
- Bedürfnisse der Adressat*innen
- eigene Ziele und Ideen zu ›guter Arbeit‹ der Personen, die diese Untersuchung durchführen

Wichtig ist, sich darüber bewusst zu sein, dass hier eine *begründete Auswahl* getroffen werden muss und mit *Werturteilen* gearbeitet wird. Denn objektive, wertfreie Evaluationen gibt es nicht. Wichtig ist deshalb, mögliche Kriterien vor einer Entscheidung zur Diskussion unter den Beteiligten zu stellen, danach eine bewusste Entscheidung vorzunehmen und diese auch zu begründen.

Schritt 5: Informationsquellen auswählen

Hier stellt sich die Frage, was möglichst ergiebige Quellen für die Beantwortung der jeweiligen Forschungsfragen sind und wie es um die Zugänglichkeit dieser Quellen bestellt ist. Es gibt grundsätzlich eine Vielzahl von Möglichkeiten:

- die Nutzung von Dokumenten, Akten, bereits vorhandene Untersuchungen, Fachliteratur zum Thema etc.
- Daten von Adressat*innen, Angehörigen etc.
- Befragung von Fachkräften aus anderen Einrichtungen etc.

Immer dann, wenn nicht alle Personen einer ausgewählten Gruppe zur Verfügung stehen bzw. eine Gesamterhebung aus anderen Gründen unmöglich ist, stellt sich die Frage nach einer sinnvollen Auswahl von Personen. Zu beachten ist dabei, dass diese sogenannte ›Stichprobe‹ eine verkleinerte, aber in Bezug auf die Fragestellungen der Untersuchung relevante und die Zielgruppe hinreichend abbildende Auswahl darstellen muss.

Schritt 6: Passende Erhebungsmethoden entwickeln und einsetzen

In diesem Schritt müssen die Erhebungsmethoden und -instrumente ausgewählt oder selbst entwickelt werden, mit denen die erforderlichen Daten erhoben werden sollen. Grundsätzlich steht dabei das ganze Repertoire von Befragungs-, Beobachtungs- und Dokumentationsmethoden der empirischen Sozialforschung zur Verfügung, die auf den konkreten Untersuchungsgegenstand zugeschnitten, aber auch kombiniert werden können. Die Herausforderung besteht dabei v. a. darin, einfache, leicht einsetzbare, aber trotzdem aussagekräftige Instrumente zu entwickeln sowie mit der Doppelrolle als Praktiker*innen und ›Forscher*innen in eigener Sache‹ umzugehen: Nicht nur

> »die gewohnte Aufgabe, den KlientInnen Hilfe und Unterstützung im Sinne der Maßnahmenziele zu gewähren, steht im Mittelpunkt, sondern auch die eher ungewohnte Anforderung, in einer möglichst neutral-objektiven Distanz zu den KlientInnen klare und eindeutige Informationen über deren Befindlichkeit zu sammeln. Dies führt nicht selten zu Rollenkonflikten und Verwirrungen, deren Folge wiederum die Qualität, d. h. den Wahrheitsgehalt, der Ergebnisse einer Evaluation beeinflussen« (König 2006, S. 17).

Schritt 7: Passende Auswertungsmethoden auswählen und einsetzen

Nach der Sammlung von Informationen und Daten müssen diese systematisch geordnet, aufbereitet, ausgewertet und schließlich auch interpretiert werden. Bei quantitativen Daten eignen sich dafür Häufigkeits- oder Kreuztabellen, Mittelwerte bzw. die Suche nach Zusammenhängen zwischen verschiedenen Indikatoren.

Bei qualitativen Daten aus strukturierten Beobachtungen und Befragungen (Protokolle, Berichte, Interviewtranskripte) sind es v. a. inhaltsanalytische Verfahren, die genutzt werden können. Dabei geht es besonders darum, die Daten in ihrem Informationsgehalt zu bündeln, zu strukturieren und systematisch auf das Wesentliche zu reduzieren. Eine verbreitete Auswertungsmethode dieser Art ist z. B. die Qualitative Inhaltsanalyse von Mayring (2002, S. 114ff).

Schritt 8: Verwertung der Ergebnisse – Veränderungs- und Entwicklungsprozesse initiieren

Nach der Auswertung der Ergebnisse geht es darum, diese zu diskutieren und Konsequenzen aus ihnen zu ziehen.

- Wie wollen wir mit den Ergebnissen umgehen?
- Welche Konsequenzen wollen wir daraus ziehen? Welche Veränderungen wollen wir in welcher Form angehen? Wo könnten Hindernisse für notwendige Veränderungen liegen?
- In welcher Form wollen wir diese Ergebnisse und Schlussfolgerungen präsentieren und ggf. der Öffentlichkeit zugänglich machen? Wichtig ist hierbei: »Dem eigenen Bedarf an Veröffentlichung der Ergebnisse entspricht die Pflicht zur Information gegenüber all denjenigen, die an der Evaluation beteiligt oder von ihr betroffen sind. Dieses Gebot der Aufrichtigkeit und Offenheit gilt (…) für alle Phasen des Evaluationsprozesses« (Bührmann/König 2012, S. 68f).

Schritt 9: Reflexion des Evaluationsverlaufs

Eine (Selbst-)Evaluation sollte kein einmaliges Projekt einer Organisation sein, sondern als Instrument professioneller Reflexion und QE regelmäßig zur Überprüfung von fachlichen Konzepten, Strukturen und Prozessen eingesetzt werden. Deshalb ist es sinnvoll, realisierte Evaluationen ebenfalls auszuwerten und aus den gemachten Erfahrungen für weitere Prozesse zu lernen:

- Konnten die gesetzten Ziele erreicht werden?
- Wo traten Schwierigkeiten auf?
- Wie ist das Verhältnis zwischen Aufwand und Nutzen zu bewerten?
- Haben sich die eingesetzten Methoden bewährt?
- Was sollte bei künftigen Evaluationen anders gemacht werden?

4.2.4 Gütekriterien von Evaluationen: Was zeichnet eine ›gute Evaluation‹ aus?

Die Qualität von Evaluationen (als Formen der Praxisforschung mit dem Ziel der Verwertbarkeit ihrer Ergebnisse in der Praxis) kann nicht allein an den methodischen klassischen Gütekriterien empirischer Sozialforschung gemessen werden.

Die am breitesten diskutierten Gütekriterien sind die »Standards für Evaluation« der Deutschen Gesellschaft für Evaluation (DeGEval), die ins Jahr 2002 zurückreichen, und auf den seit langem etablierten Standards der amerikanischen Fachgesellschaft für Evaluation (Joint Committee on Standards for Educational Evaluation) basieren.

Für die DeGEval sollen Evaluationen vier grundlegende Eigenschaften aufweisen: Nützlichkeit, Durchführbarkeit, Fairness und Genauigkeit.

- Die *Nützlichkeitsstandards* sollen sicherstellen, dass sich eine Evaluation an den geklärten Evaluationszwecken und dem Informationsbedarf der Nutzer*innen orientiert. Dabei geht es z. B. um die Identifizierung der Betroffenen und Beteiligten sowie ihrer Interessen, die Klärung der Evaluationszwecke, die Transparenz der Bewertungsgrundlagen sowie die Vollständigkeit und Klarheit der Berichterstattung.
- Die *Durchführbarkeitsstandards* zielen auf eine realistische, gut durchdachte, diplomatische und kostenbewusste Planung und Durchführung der Evaluation: Die Belastungen für die Beteiligten sollen in einem angemessenen Verhältnis zum Nutzen stehen. Bei der Umsetzung der Evaluation und den Ergebnissen soll eine möglichst hohe Akzeptanz bei den Beteiligten und Betroffenen entstehen.
- Die *Fairnessstandards* sollen sicherstellen, dass in einer Evaluation respektvoll und fair mit den Akteuren umgegangen wird. Das bedeutet: Die Pflichten der Vertragsparteien sollen schriftlich festgehalten werden, ein Schutz der Sicherheit, Würde und Rechte der einbezogenen Personen muss sichergestellt werden, eine unparteiische Durchführung und Berichterstattung muss gewährleistet sein, der Evaluationsgegenstand soll möglichst vollständig und fair überprüft werden und außerdem muss eine möglichst umfassende Offenlegung der Ergebnisse erfolgen.
- Die *Genauigkeitsstandards* beziehen sich insbesondere auf die methodische Dimension und sollen sicherstellen, dass die Evaluation möglichst gültige Informationen zu Gegenstand und Fragestellung hervorbringt. Dazu gehört: eine genaue Beschreibung des Evaluationsgegenstandes und Analyse seines Kontexts, auch Zwecke, Fragestellungen, Methoden und Vorgehen der Evaluation sollen beschrieben werden und die Erhebung und Analyse von Daten erfolgen auf der Basis wissenschaftlicher Standards. Außerdem sollen Schlussfolgerungen aus Evaluationen ausdrücklich begründet werden.

Eine *reduzierte Version dieser Standards* mit fünf Gütekriterien für Selbstevaluationen im beruflichen Kontext haben Bührmann/König (2012, S. 64) formuliert:

- *Angemessenheit*
  Passen die ausgewählten Methoden zu den Evaluationszielen, zum Untersuchungsgegenstand und den zu befragenden Personen?
- *Realisierbarkeit*
  Sind die Rahmenbedingungen und verfügbaren Ressourcen geeignet für das Projekt? Ist das erforderliche Wissen im Team vorhanden bzw. kann dieses von außen hinzugeholt werden?
- *Regelgeleitetheit*
  Werden die Vorgehensweisen ausreichend dokumentiert und die wesentlichen Entscheidungen im Prozess nachvollziehbar begründet?
- *Gültigkeit*
  Ist der Gegenstand gut operationalisiert, passen die Indikatoren und sind sie ausreichend konkret?
- *Verwertbarkeit*
  Sind die Ergebnisse in der Praxis umsetzbar und anschlussfähig? Kann eine passende Umsetzungsstrategie entwickelt werden?

4.2.5 Wichtige Typen und Gegenstände der (Selbst-) Evaluation im Kontext der Qualitätsentwicklung (QE)

Evaluationen in der Sozialen Arbeit können sich auf unterschiedlichste Bereiche und Gegenstände beziehen. Merchel (2010, S. 24ff) nennt und beschreibt hierzu als mögliche Gegenstände die Politik-, Programm-, Personal-, Organisations- und Produktevaluation.

Im Kontext der QE sind v. a. drei Gegenstände und Typen von Bedeutung:

- *Programmevaluation*
  Hier geht es um die Untersuchung und Bewertung von Maßnahmen, Angeboten oder Interventionen einer Organisation, mit denen bestimmte Ziele erreicht werden sollen. Der forschende Blick kann dabei auf die Rahmenbedingungen des Handelns, das Konzept, die Aktivitäten, Ergebnisse bzw. Wirkungen des Programms gerichtet werden. Zur Veranschaulichung der Möglichkeiten und Zusammenhänge wurden dazu bereits in Kapitel 4.1 der Programmbegriff sowie der Programmbaum ausführlicher vorgestellt (▶ Kap. 4.1.2).
- *Ergebnis- bzw. Wirkungsevaluation*
  Wie bereits in Kapitel 1 angesprochen hat sich die fach- und sozialpolitische Debatte um die Verbesserung der Qualität in der Sozialen Arbeit in jüngerer Zeit stark in Richtung einer ›Wirkungsorientierung‹ bzw. Evidenzbasierung professionellen Handelns entwickelt. Dieser Trend führt in der Praxis verstärkt zu Anfragen aus Politik und öffentlicher Verwaltung nach der Wirksamkeit von Maßnahmen und teilweise zu Versuchen, die Finanzierung von Leis-

tungen mit Wirkungsnachweisen zu verknüpfen. Wirkungen Sozialer Arbeit zu messen und plausibel mit den Interventionen von Fachkräften in Beziehung zu setzen, ist allerdings ein komplexer Vorgang, mit dem sich vorrangig die Evaluations*forschung* beschäftigt. Im Kontext von praxisnaher QE sind hier nur begrenzte Möglichkeiten realisierbar. Am besten geeignet sind unserer Ansicht nach dazu Formen der Programmevaluation.

- *Kriteriengeleitete Evaluation*
  Joachim Merchel hat in seinem Buch zum QM ein spezifisches Evaluationsverfahren mit fünf Arbeitsschritten formuliert (2013, S. 147–173), das sich ausdrücklich auf die QE von Organisationen bezieht.

Im Folgenden werden diese drei Gegenstände und Typen von Evaluation ausführlicher vorgestellt.

Programmevaluation

Diese Form der Evaluation ist die wohl am weitesten verbreitete in der Sozialen Arbeit. Es geht hier um die Untersuchung und Bewertung von Maßnahmen, Angeboten oder Interventionen einer Organisation, mit denen bestimmte Ziele erreicht werden sollen. Mit diesem Fokus ist eine starke Verbindung zu Aufgaben und zu Zielen der QE angelegt. *Voraussetzung* einer Evaluation dieses Typus ist ein verschriftlichtes Handlungsprogramm, das Aussagen zu Rahmenbedingungen des Handelns, Zielen, Aktivitäten, intendierten Ergebnissen bzw. Wirkungen des Programms enthält. Grundlage dazu kann z. B. der Programmbaum sein (▶ Kap. 4.1.2).

Untersucht und bewertet werden können bei dieser Evaluationsform (vgl. Merchel 2010b, S. 26f) folgende Punkte:

- *Der zugrundeliegende Bedarf*
  Welche Art von Problemen, welchen Bedarf hat die Zielgruppe des Programms? Welche Art von Maßnahmen wird benötigt und wie passt das untersuchte Programm dazu?
- *Die Rahmenbedingungen*
  Sind die personellen und sachlichen Ressourcen bzw. die Ausgangsbedingungen der Zielgruppe angemessen für eine Umsetzung des Programms?
- *Die Programmtheorie*
  Sind die Angebote und Interventionen angemessen theoretisch bzw. empirisch begründet? Passen die formulierten Ziele dazu? Sind diese so formuliert, dass sie auch evaluierbar sind?
- *Der Programmprozess*
  Stimmen Planung und Durchführung des Programms überein? Gibt es Beeinträchtigungen bei der Umsetzung? Warum? Wie funktionieren z. B. Partizipationsverfahren von Adressat*innen oder Kooperationen mit anderen Organisationen?

- *Die Effizienz des Programms*
  Wie ist das Verhältnis von Aufwand und Nutzen des Programms zu bewerten? Um diese Frage beantworten zu können, ist zuvor unter den Beteiligten zu klären, mit welchen Kriterien der ›Aufwand‹ und ›Nutzen‹ gemessen werden soll.
- *Die Ergebnisse bzw. Wirkungen des Programms*
  Mit dem Programmbaum können dazu mehrere Ergebnisbereiche unterschieden werden: *Outputs* (zählbare Resultate wie z. B. Anwesenheit bzw. Zufriedenheit der Zielgruppe), *Outcomes* (Intendierte Resultate bei den Zielgruppen wie z. B. Veränderungen in Einstellungen bzw. Verhalten), *Impacts* (Resultate, die über die Zielgruppe hinausgehen) und *nicht-intendierte Resultate* (die außerhalb der formulierten Ziele liegen) (▶ Kap. 4.1).

Ergebnis- und Wirkungsevaluation

Bei der Untersuchung von Ergebnissen und Wirkungen Sozialer Arbeit ist eine Differenzierung erforderlich. Eine Messung der *Outputs* von Programmen ist meist ohne größere Probleme realisierbar, indem z. B. folgende Fragen untersucht werden:

- Wird die Zielgruppe erreicht? Wie hoch sind die Teilnehmer*innenzahlen?
- Wie bewerten die Nutzer*innen das Angebot?
- Wie viele Angebote konnten mit dem vorhandenen Personal durchgeführt werden?

Die Untersuchung der *Outcomes*, also der beabsichtigten Wirkungen von Interventionen, ist in der Sozialen Arbeit eine deutlich komplexere Angelegenheit. Denn es gibt einige *strukturelle Hindernisse*, die hier Untersuchungen erschweren bzw. aufwändig machen.

- Das Prinzip der *Ko-Produktion* in Hilfe- und Unterstützungsprozessen
  Solche Prozesse können nur gelingen, wenn Fachkraft und Adressat*in bei der Erbringung der Leistung kooperieren. Ein bestimmtes Ziel, eine erwünschte Verhaltensänderung ist nur zu erreichen, wenn sich auch die Adressat*in auf den Weg macht.
- Die begrenzte Bedeutung pädagogischer Interventionen im Kontext anderer Einflüsse (Familie, Peer Group etc.)
  In Unterstützungsprozessen Sozialer Arbeit werden Wirkungen von Interventionen wie in einem Mobile weitergegeben, mit Einflüssen und Kräften anderer Akteure vermischt und modifiziert.

Aus diesen Gründen ist es nahezu unmöglich, eindeutige Ursache-Wirkungs-Zusammenhänge bei Interventionen Sozialer Arbeit nachzuweisen und Wirkungen im Einzelfall eindeutig zuzurechnen. Weitere Hindernisse sind:

4.2 Handlungsmuster »Überprüfen was man tut« – Die Methode Evaluation

- Wirkungen von Interventionen können nicht direkt beobachtet werden. Wie in Kapitel 4.2.3 dargestellt, müssen in Untersuchungen geeignete Indikatoren definiert und operationalisiert werden, anhand derer die intendierten Wirkungen überprüft werden können. Damit ist aber immer auch eine Reduktion von Komplexität verbunden.
- Die Wirkungen von Interventionen treten nicht selten erst mit Verzögerung auf. Daraus ergibt sich die Frage: Wann ist der richtige Untersuchungszeitpunkt für die erhofften Wirkungen? Denn: Messe ich zu früh, ist die Wirkung vielleicht noch nicht eingetreten (Sleeper-Effekt) und ich interpretiere das Programm vielleicht fälschlicherweise als unwirksam. Messe ich zu spät, ist eine Wirkung evtl. schon wieder verblasst (Wash-Out-Effekt).

Die Konsequenz daraus ist: Bei einer Untersuchung der Outcomes von Programmen und Interventionen Sozialer Arbeit sollten zumindest zwei Grundrichtungen von Evaluation mit unterschiedlichen methodischen Ausrichtungen unterschieden werden:

Die Generierung wissenschaftlichen Wissens über Wirkungen und Wirkungszusammenhänge mit dem Anspruch nach Verallgemeinerbarkeit (Wissenschaftliche Wirkungsforschung): Hier sind aufwändige und komplexe quantitative oder qualitative Forschungsdesigns erforderlich, die im Kontext von QE nicht realisierbar sind. Klaus Wolf (2006, S. 300) unterscheidet zwei mögliche Wege für diese Art von Wirkungsforschung:

»Der eine besteht darin, mit großen Fallzahlen relevante Korrelationen zu suchen. So kann man begründen, dass ein statistischer Zusammenhang besteht: ›Wenn man X tut, steigt die Wahrscheinlichkeit, dass Y auftritt‹. Erst durch zusätzliche Theorieanwendung deuten wir einen statistischen Zusammenhang als einen plausiblen Ursache-Wirkungs-Zusammenhang. (…) Der zweite Weg besteht darin, die in differenzierten, mit qualitativen Methoden arbeitenden Studien erhobenen Daten auch unter Theorieanwendung und mit ausgefeilten Methoden zu interpretieren. So können in den Daten gründende Annahmen über Zusammenhänge entwickelt werden und kontrollierbar auf weitere Fälle übertragen werden«.

Die andere Richtung zielt auf die Generierung von Wissen über Wirkungen der eigenen Praxis mit dem Ziel, diese Praxis weiterzuentwickeln – ohne wissenschaftlichen Verallgemeinerungsanspruch z. B. im Kontext von QE. In diesem Setting ist es nicht problematisch, wenn Wirkungen von Interventionen nicht eindeutig nachgewiesen werden können, sondern nur empirische Hinweise zu Wahrscheinlichkeiten bzw. Plausibilitäten möglich sind. Nur diese Richtung soll im Folgenden weiterverfolgt werden. Methodisch gesehen kann sie am einfachsten mit der *Methode der wirkungsorientierten Programmevaluation* umgesetzt werden.

Wirkungsorientierte Programmevaluation

Im Programmbaum (▶ Kap. 4.1) werden die Resultate eines Programms in Outputs, Outcomes, Impacts und nicht-intendierte Resultate unterteilt. Entlang dieser Unterscheidung kann eine Reihen- bzw. Stufenfolge von möglichen Ergebnissen und Wirkungen von Programmen formuliert werden, die sogenannte *Resultate-Treppe* (▶ Abb. 13).

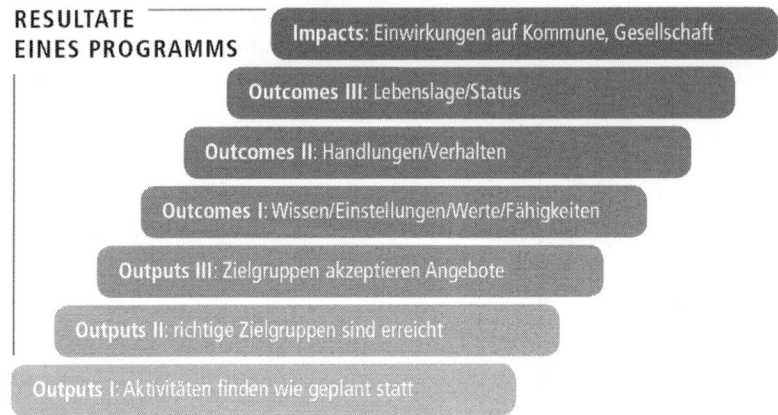

Abb. 13 Die Resultate-Treppe, Quelle: Beywl, Wolfgang/Niestroj, Melanie 2016: Der Programmbaum. In: Univation (Hrsg.): Das ABC der wirkungsorientierten Evaluation (2. Aufl.). Köln, S. 145

»Die Überlegung hinter der so genannten Resultate-Treppe ist, dass es oft eines Resultats auf einer niedrigeren Stufe bedarf, damit ein Resultat auf einer höheren Stufe eintreten kann. So ist bspw. die erweiterte Kenntnis von Recherchemöglichkeiten nach Ausbildungsplätzen (Outcome I) eine Voraussetzung dafür, dass Jugendliche eine verstärkte und gezielte Bewerbungstätigkeit entfalten können (Outcome II).

Ein Denken und Planen in diesen Abfolgen erhöht die Konsistenz eines Programmentwurfs und zeigt die verschiedenen Ansatzpunkte für Fragestellungen und Datenerhebungen in der Programmevaluation. Für die Güte und Tauglichkeit von Programm und Evaluation ist es in der Regel ein wichtiges Kriterium, dass die Kette von den Outputs I bis zu den Impacts geschlossen, jedes Glied sichtbar und beschrieben ist. (…) Dabei ist es stets abhängig vom jeweiligen Programm (…), ob das Erreichen des Output-Ziels ›Erreichung der richtigen Zielgruppen‹ bereits eine große Herausforderung darstellt (wie bei vielen Benachteiligtenprogrammen) oder ob es sich (fast) von selbst einstellt (wie z. B. für die 1. Klasse der Grundschule)« (Beywl/Niestroj 2016, S. 145).

Notwendige Grundlage einer wirkungsorientierten Programmevaluation ist v. a. die fachgerechte Beschreibung einer Maßnahme in Form eines Programms mit evaluierbaren Zielen auf der Output- und Outcome-Ebene (*Wirkungsziele*; ▶ Kap. 4.1.2, Abschnitt *Zielpyramide*). Der ebenfalls in Kapitel 4.1 vorgestellte Programmbaum ist dazu ein gutes Hilfsmittel,

- »da er Programmverantwortliche anhält, alle Aktivitäten auf die erwünschten Resultate (insbesondere Outcomes) auszurichten(,)
- da er es Evaluierenden erleichtert die Programmverantwortlichen beim Anstreben und Erzielen dieser Resultate zu unterstützen (formative Evaluation) oder das Programm mit Bezugnahme auf die gesetzten Outcome-Ziele (…) bilanzierend zu bewerten (summative Evaluation) (…).

Ein nach dieser Logik entworfenes Konzept, das auch Analysen zu den Bedingungen des Programms enthält, verspricht Wirkung. Ob und in welchem Umfang diese tatsächlich eintrifft ist nicht garantierbar, aber Erfolg kann mit diesem Planungsinstrument wahrscheinlicher gemacht werden« (ebd., S. 146).

4.2 Handlungsmuster »Überprüfen was man tut« – Die Methode Evaluation

Ist die zu evaluierende Maßnahme nach dieser Programm-Logik beschrieben und sind dazu passende Wirkungsziele formuliert worden, kann eine wirkungsorientierte Programmevaluation entlang der in Kapitel 4.2.3 genannten neun Handlungsschritte einer (Selbst-)Evaluation umgesetzt werden (▶ Kap. 4.2.3).

Kriteriengeleitete Evaluation

In Kapitel 2.4.2 wurden bereits Joachim Merchels Erkenntnisse aus dem Vergleich unterschiedlicher Verfahren des QM vorgestellt (▶ Kap.2.4.2). Aus diesem Vergleich konnte er zwei Grundrichtungen des Vorgehens in QM-Verfahren identifizieren:

- die ›Herstellung von Qualität‹ durch eine Definition bestimmter Handlungsanforderungen an die Fachkräfte sowie die Überprüfung der Einhaltung dieser Anforderungen im Alltag der Praxis (d. h. die *Standardisierung von Abläufen und Verfahren*),
- die ›Entwicklung von Qualität‹ durch eine Definition fachlich sinnvoller Qualitätskriterien sowie die Überprüfung und Weiterentwicklung der eigenen Praxis auf der Grundlage dieser Kriterien (d. h. *kriteriengeleitete Evaluation*).

Er formuliert dazu einen Verfahrensvorschlag kriteriengeleiteter Evaluation im Kontext von QE. Diese

> »richtet sich auf komplexe Prozesse der Leistungserbringung bei sozialen Dienstleistungen, stellt die Förderung von Organisationslernen in den Mittelpunkt, orientiert sich am Gedanken der ›maßvollen Irritation‹ (einer Organisation durch das Verfahren; die Verf.), ermöglicht eine auf die jeweilige Organisation ausgerichtete thematische und verfahrensmäßige Schwerpunktsetzung« (Merchel 2013, S. 149).

Merchels Evaluationsmodell umfasst fünf Handlungsschritte:

- *Definition der für das Arbeitsfeld relevanten Qualitätskriterien*
  Dabei richten die Fachkräfte den Blick zuerst auf ihr eigenes Qualitätsverständnis (Was bedeutet für uns ›gute‹ Arbeit?) und vergleichen ihr Verständnis mit dem aktuellen Stand der Fachdiskussion.
- *Auswahl der für die Qualitätsbewertung der Einrichtung zu verwendenden Qualitätskriterien und Schlüsselprozesse*
  In der Regel können aus Ressourcengründen nicht alle Qualitätskriterien angewendet und alle Bereiche der Einrichtung untersucht werden. Deshalb ist eine Auswahl erforderlich, die sich v. a. an der Frage orientieren sollte, »welche Kriterien oder Situationen eine besonders hervorgehobene Bedeutung für das Zustandekommen von Leistungsqualität einnehmen« (ebd., S. 155). Es geht hier also um die Identifizierung von Schlüsselkriterien und Schlüsselprozessen des Handelns in der Einrichtung, auf die sich bei den folgenden Schritten der Blick richtet.
- *Herstellen von Überprüfbarkeit durch die Operationalisierung von Indikatoren sowie die Entwicklung von Erhebungs- und Prüfinstrumenten*
  Leitfragen dazu sind (ebd., S. 151): »Woran erkennen wir, dass wir ein Qualitätskriterium mehr oder weniger gut realisiert haben?« und »Wie können wir

das, was wir beobachten oder messen, in einer aussagekräftigen und für die Beteiligten nachvollziehbaren Form dokumentieren?« Merchel veranschaulicht dabei mögliche Vorgehensweisen an Kriterien aus den Bereichen Struktur-, Prozess- und Ergebnisqualität.

- *Bestimmung und Umsetzung des Verfahrens zur Qualitätserhebung und -bewertung*
  Hier geht es z. B. darum, welche Verfahren gut in den Alltag der Fachkräfte integrierbar ist, wer Befragungen durchführt und auswertet, wofür die Leitung zuständig ist und wofür die Mitarbeiter*innen.
- *Strategische Überlegungen zur Weiterentwicklung von Qualität in der Einrichtung*
  Leitfrage ist hier (ebd., S. 152): »Welches sind die strategischen Ansatzpunkte, um möglichst wirkungsvoll, nachprüfbar, mit einem begrenzten zeitlichen Aufwand und in überschaubaren Zeiträumen eine Verbesserung der Leistungsqualität zu erreichen?« Dabei ist es sinnvoll, sich vor der Umsetzung über fördernde und hemmende Faktoren in der Organisation und ihrem Umfeld Gedanken zu machen sowie diese in die Planung der weiteren Schritte einzubeziehen.

Merchels Modell kann in folgender Abbildung veranschaulicht werden (▶ Abb. 14).

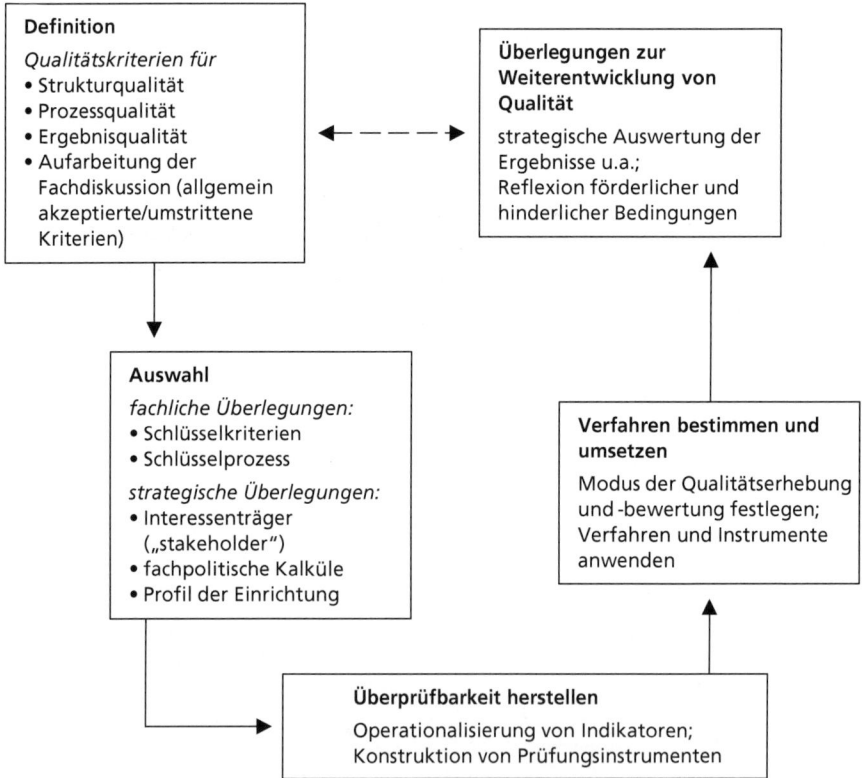

Abb. 14: Kriteriengeleitete Evaluation, Quelle: Merchel, Joachim 2013: Qualitätsmanagement in der Sozialen Arbeit, Weinheim/München (4. Aufl.), S. 151

4.2.6 Praxisbeispiel: Evaluation der Sozialpädagogischen Familienhilfe (SPFH)

Die zuvor beschriebenen Fragestellungen, Handlungsschritte etc. im Kontext von Evaluationen sollen nun praxisbezogen veranschaulicht werden. Bezugspunkte dafür sind unser Fallbeispiel aus Kapitel 4.1.3 sowie die neun Handlungsschritte bei (Selbst-)Evaluationen aus Kapitel 4.2.3. und das dort beschriebene Beispiel zur Operationalisierung des Forschungsgegenstands »Alltagsbewältigung« im Rahmen der SPFH.

Ausgangspunkt

Das örtliche Jugendamt ist vor kurzem auf den freien Träger zugegangen, mit dem es im Bereich der SPFH kooperiert. Anlass dafür sind neue rechtliche Anforderungen seit dem 01.01.2012, nach dem die Jugendämter nach den §§ 79 Abs. 2 und 79a SGB VIII gewährleisten sollen, dass in ihrem Zuständigkeitsgebiet eine kontinuierliche QE bei Leistungen und Maßnahmen erfolgt.

In den Gesprächen mit dem Jugendamtsleiter wurde abgesprochen, dass der Träger dazu innerhalb der nächsten zwei Jahre eine Evaluation der SPFH durchführen wird und darüber im Jugendhilfeausschuss berichtet.

Schritt 1: Ziele der Evaluation unter den Beteiligten klären und festlegen

In den darauffolgenden Gesprächen zwischen der Geschäftsführerin des Trägers und den Mitarbeiter*innen aus der SPFH wird deutlich, dass es neben dem externen Anlass für die Evaluation durch das Jugendamt auch fachliche Interessen der Fachkräfte gibt, diese Maßnahme zu untersuchen und weiterzuentwickeln. Da das Jugendamt keine thematische Vorgabe für die Evaluation macht, kann die Fragestellung der Evaluation und ihre Umsetzung weitgehend innerhalb des Trägers entschieden werden.

Schritt 2: Bedingungen und Ressourcen für die Evaluation klären

In den Vorgesprächen wird deutlich, dass das Jugendamt keine finanzielle Unterstützung für das Projekt gewährt, dem Träger dafür aber weitgehend freie Hand bei der Durchführung lässt. Der Geschäftsführerin des Trägers ist klar, dass diese Untersuchung der Arbeit innerhalb ihrer Organisation sicherlich nicht die letzte sein wird, und beschließt in Absprache mit den betroffenen Fachkräften, daraus eine Art ›Modellprojekt‹ zu machen und damit auch Wissen und erforderliche Strukturen für weitere Projekte der Praxisforschung innerhalb der Organisation zu generieren. So wird beschlossen, eine kompetente externe Person als Projektbegleitung einzubinden und dafür 8.000 € bereitzustellen; zwei der sieben Fachkräfte aus der SPFH werden je vier Stunden pro Woche für die koordinierenden Arbeiten am Projekt freigestellt. Außerdem wird ein kleiner Projektbeirat eingerichtet, der das Projekt begleitet und wichtige Entscheidungen trifft. Beteiligte sind die Geschäftsführerin, die beiden SPFH-Fachkräfte, die externe Begleitung sowie eine Fachkraft aus einem der anderen Geschäftsbereiche.

Schritt 3: Gegenstand und Fragestellungen der Evaluation bestimmen

In den folgenden Diskussionen entscheiden Geschäftsführerin und SPFH-Fachkräfte zusammen mit dem mittlerweile engagierten externen Begleiter die Ergebnisse und Wirkungen ihrer Handlungsstrategien und Interventionen in der SPFH genauer zu untersuchen. Bei der Klärung des Untersuchungsgegenstands stellt sich die Frage, in welchen Bereichen durch die Angebote und Interventionen der Fachkräfte überhaupt Veränderungen in den Familien erreicht werden sollen. In der Konzeption der Maßnahme (Programm) werden dazu vier Handlungsbereiche genannt, aber nur vage beschrieben: Die Alltagsbewältigung in der Familie, die Förderung der Ressourcen der Eltern, die Förderung ihrer Erziehungskompetenz sowie die Verbesserung der Beziehungen in der Familie.

Angesichts der begrenzten Ressourcen für die Evaluation soll in Absprache mit dem externen Begleiter aber nur ein Bereich genauer untersucht werden: Die ›Alltagsbewältigung‹ in den Familien und die Aktivitäten, die die Fachkräfte zur Förderung und Verbesserung dieser Fähigkeit einsetzen.

Als *Forschungsfragen* werden dazu formuliert: »Inwieweit gelingt es uns, die Alltagsbewältigung der Familien in der SPFH zu verbessern? Welche Handlungsstrategien erweisen sich dabei als besonders erfolgreich?«

Im Rahmen der *Operationalisierung* muss der zentrale Begriff ›Alltagsbewältigung‹ genauer definiert und beobachtbar gemacht werden. In den Diskussionen kristallisieren sich drei *Handlungsdimensionen* heraus, die für die SPFH-Fachkräfte bei der ›Alltagsbewältigung‹ besonders wichtig sind:

- Strukturierung des Familienalltags (d. h., die Familien sollten in der Lage sein, wichtige Alltagsstrukturen regelmäßig und verbindlich umzusetzen)
- Fähigkeit, mit Geld umgehen zu können
- Fähigkeit, mit Verschuldung umgehen zu können

Um diese Fähigkeiten auch beobachtbar und bewertbar zu machen, müssen dazu passende *Indikatoren* definiert werden:

- Die Fähigkeit zur Alltagsstrukturierung wird so definiert, dass zumindest ein Elternteil notwendige zeitliche Fixpunkte zur Gestaltung des Tages und des Jahres festlegt (Aufstehen, Zeiten für Essen, Hausaufgaben, Urlaub etc.) und auf die Einhaltung der Planung achtet. Das Ganze sollte möglichst in Absprache mit den anderen Personen in der Familie erfolgen.
- Die Fähigkeit, mit Verschuldung umgehen zu können, wird so definiert, dass zumindest ein Elternteil in der Lage ist, die Schulden überschaubar zu ordnen sowie eine Handlungsstrategie zu entwickeln, alte Schulden abzubauen und neue Schulden zu verhindern.

- Die Fähigkeit, mit Geld umzugehen, wird so definiert, dass mindestens ein Elternteil in der Lage ist, die finanzielle Situation der Familie zu erfassen und die finanzielle Grundlage der Familie abzusichern.

Nach dieser Operationalisierung tragen die Fachkräfte zusammen, welche Handlungsstrategien sie bisher in der Praxis anwenden, um diese Fähigkeiten zu fördern, und welche Erfahrungen sie damit machen. Dabei werden sowohl Gemeinsamkeiten und Unterschiede in den Vorgehensweisen der Fachkräfte erkennbar.

Schritt 4: Entwicklung von Bewertungskriterien

Die in Schritt 3 formulierten Indikatoren zur Alltagsbewältigung eignen sich auch als Ziele des Handelns und als Bewertungskriterien, mit denen sich die Wirkungen der Interventionen der Fachkräfte überprüfen und bewerten lassen.

Schritt 5: Informationsquellen auswählen

In den Diskussionen wird deutlich, dass es zur Klärung der Forschungsfragen wichtig ist, Informationen aus der Perspektive der Familien wie auch der Fachkräfte einzuholen. Außerdem sollen die Beteiligten zu mehreren Zeitpunkten befragt werden, um (positive bzw. negative) Entwicklungen bei den Kompetenzen der Adressat*innen sichtbar machen zu können, aber auch Erfahrungen mit unterschiedlichen Handlungsstrategien der Fachkräfte dokumentieren zu können.

Schritt 6: Passende Erhebungsmethoden entwickeln und einsetzen

Die Beteiligten entscheiden sich, die Untersuchung folgendermaßen durchzuführen:

- Die Erhebungen im Kontext der Untersuchung sollen neun Monate dauern.
- Alle neuen Familien, die in den nächsten zwei Monaten in die SPFH aufgenommen werden und bei denen das Thema Alltagsbewältigung Probleme macht, sollen in die Untersuchungsgruppe aufgenommen werden.
- Der externe Begleiter entwickelt mit den Fachkräften einen *Dokumentationsbogen* zum Thema Alltagsbewältigung mit den drei Indikatoren und einer zehnstufigen Einschätzungsskala.
- Drei Wochen nach Beginn der Hilfe wird der Dokumentationsbogen zum ersten Mal benutzt, um im Gespräch mit den Eltern deren Fähigkeiten in den drei untersuchten Dimensionen der Alltagsbewältigung auf der zehnstufigen Skala einzuschätzen und zu begründen. Dabei nehmen sowohl die Elternteile als auch die Fachkraft eine Bewertung und Begründung vor.
- Danach wird im Gespräch überlegt, mit welchem Ziel die Fähigkeiten der Eltern in diesen Dimensionen gefördert werden können und wer von den Beteiligten was dazu tun könnte. Die Einschätzungen aller Beteiligten werden von

der Fachkraft schriftlich festgehalten. Dann wird abgesprochen, was von der Familie und was von Seiten der verantwortlichen Fachkraft in nächster Zeit zur Verbesserung der Familiensituation getan werden sollte. Auch diese Absprache wird schriftlich festgehalten. Die Fachkräfte führen außerdem für jeden Fall einen *Reflexionsbogen*, in dem sie ihre Erfahrungen, Handlungsstrategien und Einschätzungen regelmäßig reflektieren.
- Alle sechs Wochen treffen sich Eltern und Fachkräfte, um eine Zwischenbilanz zu ziehen und weitere Schritte abzusprechen. Dazu werden wieder die Einschätzungen der Beteiligten mit dem Dokumentationsbogen vorgenommen und die Ergebnisse und abgesprochenen Handlungsschritte festgehalten.
- Am Ende der Untersuchungszeit wird ein gemeinsames Auswertungsgespräch geführt und die Erfahrungen der Beteiligten in Bezug auf den Prozess und dessen Ergebnisse in einem *Bilanzbogen* dokumentiert.

Schritt 7: Passende Auswertungsmethoden auswählen und einsetzen

Die zu erhebenden Daten werden in drei Erhebungsinstrumenten festgehalten:

- in den fallbezogenen Dokumentationsbögen, den die Fachkräfte in der Arbeit mit Adressat*innen verwenden. Am Ende der Untersuchungszeit liegen pro Fall vier bis sechs Bögen vor;
- in den fallbezogenen Reflexionsbögen für die Arbeit der Fachkräfte;
- in den fallbezogenen Bilanzbögen am Ende des Untersuchungszeitraums.

Für die Auswertung der Ergebnisse werden formative und summative Elemente verknüpft:

- Die beteiligten Fachkräfte treffen sich alle vier Wochen, um sich über den Verlauf und die Ergebnisse der Untersuchung auszutauschen. Dabei können z. B. notwendige Veränderungen in der Untersuchung oder den Handlungsstrategien der Fachkräfte diskutiert und beschlossen werden, Unterstützungsbedarf formuliert werden etc.
- Am Ende der Untersuchung werden von den Fachkräften mit Unterstützung der externen Begleitung ihre jeweiligen fallbezogenen Erhebungsbögen unter folgenden Fragestellungen ausgewertet: Ist es gelungen, die Alltagsbewältigung der Familien in der SPFH zu verbessern? Welche Handlungsstrategien haben sich dabei als produktiv erwiesen? Welche Schwierigkeiten haben sich ergeben? Welcher Veränderungsbedarf ist in Bezug auf Strukturen und Prozesse in unserer Einrichtung erkennbar geworden?

Schritt 8: Verwertung der Ergebnisse – Veränderungs- und Entwicklungsprozesse initiieren

Der externe Begleiter erstellt auf der Basis der Einzelauswertungen der Fachkräfte einen vorläufigen Bericht über die Untersuchung, ihre Ergebnisse sowie die

Schlussfolgerungen, die sich daraus für die SPFH, die Einrichtung etc. ergeben. Er gibt diesen Bericht zuerst an die Beteiligten zurück und diskutiert mit ihnen notwendige Veränderungen.

Danach erstellt er den Abschlussbericht und gibt ihn an den Geschäftsführer weiter. Das weitere Procedere – auch in der Frage, wie das Jugendamt über die Projektergebnisse informiert wird – wird danach entschieden.

Schritt 9: Reflexion des Evaluationsverlaufs

Der externe Begleiter führt abschließend mit dem Projektbeirat und den beteiligten Fachkräften einen Workshop durch, in dem die Erfahrungen der Beteiligten mit der Untersuchung thematisiert und reflektiert werden. Leitfragen dazu sind: Konnten die Ziele und Erwartungen an die Untersuchung erfüllt werden? Wo traten Schwierigkeiten auf? Wie ist das Verhältnis zwischen Aufwand und Nutzen zu bewerten? Haben sich die eingesetzten Methoden bewährt? Was sollte bei künftigen Evaluationen anders gemacht werden?

📖 **Literatur zur Vertiefung**

Beywl, Wolfgang/Niestroj, Melanie 2016: Der Programmbaum in: Univation (Hrsg.): Das ABC der wirkungsorientierten Evaluation (2. Aufl.). Köln, S. 137–149

Bührmann, Thorsten/König, Joachim 2012: Evaluation und Selbstevaluation in der Jugendsozialarbeit – eine Arbeitshilfe (= Schriftenreihe Theorie und Praxis, hrsg. v. AWO Bundesverband)

König, Joachim 2006: Ein Praxisleitfaden zur Selbstevaluation in der Jugendhilfe. In: Unsere Jugend 58, 1, S. 13–20

Merchel, Joachim 2010: Evaluation in der Sozialen Arbeit, München/Basel: Reinhardt

Merchel, Joachim 2013: Qualitätsmanagement in der Sozialen Arbeit (4. Aufl.). Weinheim/München: Beltz Juventa

4.3 Handlungsmuster »Probleme in der Organisation systematisch untersuchen und Lösungen entwickeln« – Die Methode Praxisforschung

In Kapitel 3.2.1 wurde ausführlich auf den Begriff der Praxisforschung eingegangen und ein Konzept vorgestellt, das sehr gut für den Kontext von QM/QE geeignet ist (van der Donk et al. 2014, ▶ Kap. 3.2.1). Auf dieses Konzept wollen wir im folgenden Kapitel ausführlicher eingehen und es an einem Beispiel illustrieren.

4.3.1 Formen von Praxisforschung

Praxisforschung nach dem Konzept van der Donk et al. »bezeichnet empirische Untersuchungen von Fachkräften, um Fragen zu beantworten, die sich aus ihrer Berufspraxis ergeben. Die Untersuchungen finden in Interaktion mit dem Arbeitsumfeld statt und verfolgen in erster Linie das Ziel, die eigene Berufspraxis zu verbessern« (ebd., S. 26).

Eine Form der Praxisforschung in der Sozialen Arbeit, die *Evaluation*, haben wir bereits in Kapitel 4.2 ausführlich vorgestellt: Ihr Fokus ist die *Beschreibung und Bewertung* der Konzepte, Aktivitäten, Prozesse bzw. Ergebnisse von Maßnahmen in der Sozialen Arbeit sowie deren Rahmenbedingungen (▶ Kap. 4.2).

Praxisforschung umfasst aber noch weitere Formen (ebd., S. 54ff):

- *Beschreibende Untersuchungen*
  Hier wird versucht, sich ein klareres Bild von einer Praxissituation oder einem Problem zu verschaffen, bevor man z. B. eine vertiefende Untersuchung durchführt oder ein neues Angebot entwickelt. Eine mögliche *Fragestellung* dazu könnte sein: Welche Erfahrungen machen die Mitarbeiter*innen des Jugendzentrums X mit den neuen Regeln in der Hausordnung?
- *Vergleichende Untersuchungen*
  Diese Form dient dazu, Gemeinsamkeiten und Unterschiede zwischen zwei (oder mehr) Handlungsformen in der Praxis, zwischen Bedürfnissen bzw. Aktivitäten unterschiedlicher Personengruppen etc. zu erforschen. Ziel kann z. B. sein herauszufinden, welche Art von Intervention bei einer Zielgruppe bessere Ergebnisse bringt. Eine *Fragestellung* könnte sein: Worin unterscheiden sich die Bedürfnisse der 13- bis 16-jährigen Mädchen und Jungen bezogen auf die Angebote im Jugendzentrum X?
- *Definierende Untersuchungen*
  Häufig werden in der Praxis wichtige Begriffe sehr unterschiedlich verstanden und verwendet (z. B. Lebensweltorientierung, Partizipation, Hilfe zur Selbsthilfe, Sozialraumbezug). Eine definierende Untersuchung kann hier Klarheit schaffen. Eine mögliche *Fragestellung* wäre z. B.: Wir verwenden in unserer Konzeption den Begriff der ›Adressat*innenorientierung‹ als wichtigen fachlichen Bezugspunkt unseres Handelns. Was verstehen Mitarbeiter*innen, Leitung und Besucher*innen unserer Einrichtung unter diesem Begriff?
- *Erklärende Untersuchungen*
  Diese Form dient dazu herauszufinden, ob zwischen bestimmten Aspekten oder Faktoren im beruflichen Alltag ein Zusammenhang besteht und wie ggf. dieser zu erklären ist. Eine mögliche *Fragestellung* wäre: Warum wenden sich nur wenige Bewohner*innen bei Problemen und Beschwerden an die zuständige Vertrauensperson in unserer Altenhilfeeinrichtung?
- *Innovationsuntersuchungen*
  Die systematische Planung und Umsetzung einer neuen Maßnahme ist ebenfalls eine Form der Praxisforschung. Denn hier wird ein Handlungszyklus durchlaufen, in dem Neues systematisch entwickelt, erprobt und evaluiert

wird. Eine mögliche *Fragestellung* dazu wäre: Wie sollte ein neues fachlich angemessenes stationäres Angebot für unbegleitete minderjährige Flüchtlinge in unserer Einrichtung gestaltet werden? Auf diese innovationsbezogene Form der Praxisforschung wird ausführlich in Kapitel 4.6 eingegangen (▶ Kap. 4.6).

4.3.2 Handlungsschritte im Kontext der Praxisforschung

Praxisforschung nach diesem Konzept umfasst *sechs Handlungsschritte*, die von Forschenden umgesetzt werden müssen, um Antworten auf ihre Fragen zu bekommen. Die Schrittfolge (ebd., S. 38ff) unterscheidet sich in ihrer Grundlogik nicht von anderen Modellen der Planung und Durchführung empirischer Untersuchungen (vgl. z. B. das Modell von Evaluation, (▶ Kap. 4.2.3), wird von den Autor*innen aber anders bezeichnet.

- *Handlungsschritt 1: »Orientieren«*
  In dieser ersten Phase geht es darum, sich einen Überblick über aktuelle Fragen und Probleme in der Einrichtung zu verschaffen, mit dem Ziel, am Ende dieses Schritts eine klar formulierte Beschreibung des Praxisproblems zu haben, das im Folgenden genauer untersucht wird. Die Sondierung geschieht im Dialog mit anderen und durch Recherchen in der Fachliteratur.
- *Handlungsschritt 2: »Ausrichten«*
  Ziel ist es, die Problembeschreibung aus Schritt 1 in Richtung einer klaren Untersuchungsfrage (ggf. mit Unterfragen) weiter zu entwickeln und ein Ziel der Untersuchung zu formulieren.
- *Handlungsschritt 3: »Planen«*
  Hier geht es um die Auswahl der Methoden zur Datenerhebung sowie Planung des Untersuchungsprozesses mit seinen einzelnen Schritten und Rahmenbedingungen.
- *Handlungsschritt 4: »Erheben«*
  Daten, die zur Beantwortung der Untersuchungsfragen erforderlich sind, werden mit geeigneten Methoden erhoben oder anderweitig beschafft.
- *Handlungsschritt 5: »Analysieren und Schlussfolgerungen ziehen«*
  Die erhobenen Daten werden analysiert und auf der Basis der Ergebnisse Schlussfolgerungen in Bezug auf die Untersuchungsfragen gezogen.
- *Handlungsschritt 6: »Berichten und Präsentieren«*
  Mit diesem Handlungsschritt wird die Untersuchung abgeschlossen.

Soll mit der Untersuchung auch eine *Innovation* in die Praxis eingeführt werden, so wird ergänzend zum Praxisforschungs-Zyklus (▶ Abb. 6) noch ein »Innovationszyklus« durchlaufen: Die erste Arbeitsphase ist hier eine beschreibende Untersuchung, bei der wie oben ein konkretes Problem bzw. eine Frage aus der Praxis den Ausgangspunkt bildet. Die ersten fünf der beschriebenen Handlungsschritte werden dann durchlaufen, um die Anforderungen und Eckpunkte zu ermitteln, die das neue Konzept erfüllen muss. In der zweiten Phase wird auf dieser Grundlage ein neues, innovatives Konzept entworfen, das dann erprobt und evaluiert wird.

Die in Abbildung 6 (▶ Kap. 3.1.1) nur kurz skizzierten Handlungsschritte werden im Buch von van der Donk et al. (2014) »Praxisforschung im Sozial- und Gesundheitswesen« in den Kapiteln 3 bis 9 mit vielen anschaulichen Beispielen im Detail vorgestellt.

Bei Praxisuntersuchungen dieser Art können *fünf Ebenen von Themen bzw. Fragestellungen* unterschieden werden (ebd., S. 70f):

- das *individuelle Handeln* im Berufsfeld (z. B.: Wie kann ich in meiner Beratungsarbeit noch besser auf die Bedürfnisse der Klient*innen eingehen?)
- das *Handeln als Team* oder Abteilung (z. B.: Wie können wir die Kompetenzen unserer Teammitglieder bei der Gestaltung unserer Angebote besser nutzen?)
- die *Arbeit in der Einrichtung* und ihrem direkten Umfeld (z. B.: Wie können wir Adressat*innen bei der anstehenden Umstrukturierung unserer Einrichtung beteiligen?)
- die *Kooperation mit anderen Einrichtungen* (z. B.: Wie können wir die fallbezogene Zusammenarbeit von Schulsozialarbeit und Jugendamt verbessern?)
- die *Entwicklung von Berufsgruppen und Ausbildungsgängen* (z. B.: Wie können wir den Übergang zwischen Hochschule und Beruf bei Berufseinsteiger*innen in unserer Organisation besser gestalten?)

Praxisforschungsprojekte können sehr unterschiedlich in Dauer und Komplexität gestaltet werden. Grundsätzlich sind auch Projekte realisierbar, die in einer Woche oder weniger durchgeführt werden können. Größere Projekte – wie in unseren Beispielen in Kapitel 4.2.6 und 4.3.3 – können mehrere Monate, ein Jahr oder länger dauern (▶ Kap. 4.2.6; ▶ Kap. 4.3.3).

Bei Projekten mit kurzer Laufzeit muss allerdings die Forschungsfrage stark eingegrenzt, die zu erhebende Datenmenge sowie die zu untersuchende Gruppe klein sein.

Beispiel

Ein Sozialarbeiter ist in einer Einrichtung für Menschen mit Behinderung tätig. Er bemerkt, dass die meisten Bewohner*innen mit einer leichten geistigen Behinderung sich oft für die gleichen Tagesaktivitäten entscheiden. Er befürchtet, dass sie sich dadurch zu einseitig entwickeln. In einem Gespräch mit Fachkräften einer anderen Einrichtung erfährt er, dass die Art, wie solche Aktivitäten von den Fachkräften eingeführt werden, die Entscheidungen der Klient*innen beeinflusst.

Der Sozialarbeiter bespricht dieses Thema mit einer Kollegin und sie beschließen, eine kleine Untersuchung zur Frage durchzuführen, wie sich die Einführung von Aktivitäten auf die Entscheidungen der Bewohner*innen auswirkt. In der ersten Wochenhälfte führen sie Aktivitäten wie bisher nur durch kurze mündliche Erklärungen ein. In der zweiten Wochenhälfte machen beide jede neue Aktivität selbst vor und beziehen dabei Adressat*innen gleich mit ein. Über die Woche hinweg beobachten sie, welche Aktivitäten von Bewohner*innen gewählt werden und halten ihre Beobachtungen und Erfahrungen schriftlich fest. Auf der Basis dieser Informationen entscheiden sie dann, ob es sinnvoll ist, die Angebote künftig aktiver einzuführen (in Anlehnung an ein Beispiel aus van der Donk et al. 2014, S. 81f).

4.3.3 Praxisbeispiel: Beschreibende Praxisforschung in der Schulsozialarbeit

Frau Groß ist seit drei Jahren beim Träger aus Kapitel 4.1 als Schulsozialarbeiterin beschäftigt (▶ Kap. 4.1.3). Ihr Arbeitsplatz ist eine größere berufliche Schule im ländlichen Raum, in der sie mehrere Klassen mit Jugendlichen im BVJ betreut. Darin sind Jugendliche, die nach Beendigung bzw. Abbruch der Schule weder einen Ausbildungsplatz gefunden haben noch weiterführende Schulen besuchen, aber noch schulpflichtig sind. Einige der Jugendlichen haben noch keinen Hauptschulabschluss und können diesen im BVJ erwerben. Im BVJ wird auch berufliches Grundwissen vermittelt, deshalb sind zwei mehrwöchige Praktika in Betrieben der Region Bestandteil des Schuljahres.

Frau Groß hat zwei Tätigkeitsschwerpunkte in ihrer Arbeit:

- *Jugendsozialarbeit*
  In diesem Bereich führt sie Seminare zur Förderung von Sozialkompetenz und Gewaltprävention durch, berät Jugendliche in persönlichen Konfliktsituationen und macht Elternarbeit.
- *Jugendberufshilfe*
  In diesem Feld übernimmt sie die Vermittlung und Begleitung der beiden Betriebspraktika während des Jahres, unterstützt bei der Berufsvorbereitung sowie im Übergang nach dem BVJ in Richtung Ausbildung oder weiterführender Schulen. Dabei kooperiert sie intensiv mit der Agentur für Arbeit.

Im Moment ist sie in folgender Situation: Das Schuljahr geht zu Ende, sie ist müde und unzufrieden mit ihrer Arbeit. Sie hat das Gefühl, viele der Jugendlichen mit ihren Angeboten kaum zu erreichen und fragt sich, ob sie hier überhaupt am richtigen Platz ist. Sie thematisiert diese Unzufriedenheit im monatlichen Beratungsgespräch, in dem alle Fachkräfte des Trägers, die in der Schulsozialarbeit tätig sind, unter der Leitung der pädagogischen Fachberaterin des Trägers zusammenkommen. In diesem Gespräch wird als größte Herausforderung in ihrer Arbeit deutlich, dass viele der Jugendlichen schwierige persönliche Erfahrungen in die Schule mitbringen und auch bereits demotivierende Erfahrungen in anderen Schulen gemacht haben. Möglicherweise hat ihre Arbeit jenseits der vielen Angebote, die sie macht, einen gemeinsamen Kern, der mit dem Thema ›Motivation‹ und der Förderung von Motivation unter schwierigen Rahmenbedingungen zu tun hat. Frau Groß hat den Eindruck, dass dies eine gute Idee sein könnte und verabredet sich mit der pädagogischen Fachberaterin zu einem vertiefenden Gespräch dazu. In diesem Gespräch entsteht die

Idee, zusammen ein Praxisforschungsprojekt zu beginnen, in dem diese Hypothese genauer untersucht werden soll.

Handlungsschritt 1: »Orientieren« (Das Praxisproblem auswählen, ausloten, beschreiben)

Frau Groß bemerkt im Gespräch mit der Fachberaterin, dass in ihrer aktuellen Situation mehrere Probleme und Fragen tangiert sind:

- Auslöser ist die persönliche Unzufriedenheit mit ihrer Arbeit.
- Sind die bisherigen Angebote die richtigen für diese Einrichtung und diese Zielgruppe?
- Stimmen Konzept und Ziele der Angebote?
- Was halten Adressat*innen von meinen Angeboten und Aktivitäten? Gibt es für sie ausreichende Möglichkeiten der Mitgestaltung?
- Stimmt die Hypothese, dass der gemeinsame Kern ihrer Arbeit das Thema ›Motivationsarbeit‹ ist und sie diesen Aspekt bisher zu wenig berücksichtigt hat?

Es wird beschlossen, dass Frau Groß vor einer Entscheidung über den Einstieg in ein Forschungsprojekt zwei Dinge tut: Sie recherchiert mit Hilfe der Fachberaterin in der Fachliteratur zu den Begriffen ›Motivation‹ und ›Motivationsarbeit‹. Außerdem rekonstruiert sie ihre bisherigen Tätigkeiten im BVJ unter der Fragestellung, was diese mit dem Begriff ›Motivationsarbeit‹ zu tun haben könnten und welche Erfahrungen sie damit bisher gemacht hat. Dazu benutzt sie eine Zeitleiste über ein Schuljahr, in die sie ihre Tätigkeiten einordnet, sowie den Programmbaum (▶ Kap. 4.1.2) als Strukturierungshilfe für die Beschreibung und Analyse.

Beim Zusammentragen dieser Informationen bemerkt Frau Groß, dass der Begriff der ›Motivationsarbeit‹ wirklich ein Schlüssel sein könnte, ihre Erfahrungen greifbar zu machen und ihre Arbeit zu verbessern. Denn es wird erkennbar, dass

- viele ihrer Tätigkeiten im Grunde mit der Förderung von Motivation bei den Jugendlichen zu tun haben, ihre schulische Situation und berufliche Zukunft aktiv anzugehen sowie mit den individuellen Schwierigkeiten umzugehen, die in diesem Jahr auftauchen;
- die beiden zweiwöchigen Praktika zentral für die positive bzw. negative Entwicklung der Motivation bei den Jugendlichen sein könnten. Denn nicht selten führen sie zu Ausbildungsstellen für die Jugendlichen, manchmal ergibt sich aber auch keine weitere Perspektive;
- Motivationsarbeit vermutlich eine Tätigkeit ist, die kaum standardisierbar ist, sondern auf jeden Jugendlichen individuell zugeschnitten werden muss – je nach schulischer Vorerfahrung und aktueller Lebenssituation;

4.3 Handlungsmuster »Probleme in der Organisation systematisch untersuchen«

- der Einfluss ihrer Arbeit auf die Motivation der Jugendlichen begrenzt wird durch persönliche und strukturelle Faktoren in ihrer Schule, dem regionalen Arbeitsmarkt etc.

Mit diesen ersten Erkenntnissen ist Frau Groß sehr motiviert, mit Unterstützung der Fachberaterin im kommenden Schuljahr ein Praxisforschungsprojekt parallel zu ihrer Arbeit durchzuführen.

Handlungsschritt 2: »Ausrichten« (Untersuchungsziel formulieren, Untersuchungsfrage(n) bestimmen, Literatur recherchieren)

In den folgenden Diskussionen zwischen Frau Groß und ihrer Fachberaterin kristallisiert sich als *Untersuchungsziel* heraus, die Arbeit von Frau Groß zu überprüfen und Anhaltspunkte für notwendige Veränderungen zu gewinnen.

Im Fokus soll dabei die Entwicklung der schulischen und berufsbezogenen Motivation der Jugendlichen im Verlauf des Schuljahres im Zusammenhang mit den Angeboten der Schulsozialarbeiterin stehen.

Die bewusst offen gehaltenen *Untersuchungsfragen* sind:

Wie entwickelt sich die schulische und berufsbezogene Motivation der Jugendlichen im nächsten Schuljahr? Welchen Einfluss haben dabei meine Angebote und Aktivitäten?

Zur Vorbereitung des weiteren Vorgehens recherchiert Frau Groß in der Fachliteratur, was hier über Erfahrungen mit Schulsozialarbeit an beruflichen Schulen berichtet wird und ob es (aktuelle) Untersuchungen dazu gibt.

Handlungsschritt 3: »Planen« (Methoden der Datenerhebung auswählen, Untersuchungsplan erstellen)

Da die Untersuchung parallel zur täglichen Arbeit von Frau Groß stattfinden soll, ist es wichtig, den Aufwand zu begrenzen, Methoden der Datenerhebung bzw. -auswertung gut in den Alltag der Fachkraft zu integrieren und vielleicht sogar Synergien zwischen Untersuchung und beruflicher Tätigkeit herzustellen. Unter diesen Prämissen wird folgendes Untersuchungsdesign abgestimmt:

- Die Untersuchung wird nur in einer der BVJ-Klassen durchgeführt.
- Frau Groß erhält in Absprache mit dem Geschäftsführer in Stundenkontingent von vier Stunden pro Woche für die Untersuchung.
- Die fachliche Begleitung wird weiterhin von der pädagogischen Fachberaterin übernommen.
- Die Untersuchung startet mit Beginn des nächsten Schuljahres.

In der Untersuchung werden mehrere *qualitative Erhebungsinstrumente* benutzt, die von Frau Groß mit Unterstützung der Fachberaterin entwickelt werden:

- Erstens eine ›*Motivationskurve*‹, anhand der die schulische und berufsbezogene Motivation der Jugendlichen im Zeitverlauf bestimmt wird. Die Jugendlichen tragen dazu ihre aktuelle Motivation an sechs Zeitpunkten des Jahres auf einer Skala zwischen +5 und -5 ein. Danach erfolgt ein kurzes Gespräch mit Frau Groß über die jeweilige Bewertung, die Gründe dafür und evtl. sinnvolle Unterstützungsleistungen.
- Zweitens werden *leitfadengestützte Einzelinterviews* mit den Jugendlichen an drei Zeitpunkten durchgeführt (Beginn des Schuljahres, vor dem zweiten Praktikum, sechs Wochen vor Ende des Schuljahres).
- Drittens wird gegen Ende des Schuljahres ein *Fragebogen* zur anonymen Bewertung der Angebote und Aktivitäten von Frau Groß an die Jugendlichen verteilt.

Das Besondere an diesen Instrumenten ist, dass die Schulsozialarbeiterin damit gleichzeitig Daten für die Untersuchung erhebt *und* wichtige Informationen für ihre tägliche Arbeit mit den Jugendlichen gewinnt.

Handlungsschritt 4: »Erheben« (Datenerhebung durchführen)

Vier Wochen nach Beginn des Schuljahres verbringen die Jugendlichen der BVJ-Klassen mit den Klassenlehrer*innen und Frau Groß ein Wochenende zusammen im Allgäu. Im Rahmen dieses Wochenendes führt Frau Groß ihre ersten Interviews mit zehn Schüler*innen der ausgewählten Klasse durch, in denen es um deren aktuelle Lebenssituation, Erfahrungen in Bildungseinrichtungen bzw. bei der Lehrstellensuche, die bisherigen Erfahrungen im BVJ, Wünsche und Perspektiven für die Zukunft geht. Danach stellt sie den einzelnen Jugendlichen die Motivationskurve vor und lässt diese ausfüllen. Jedes Gespräch dokumentiert Frau Groß in einem ausführlichen Protokoll.

Vor und nach den beiden Praktika der Schüler*innen lässt sie wieder die Motivationskurve ausfüllen, und spricht dazu mit ihnen über Erwartungen, Befürchtungen, positive und negative Erfahrungen sowie Wünsche an sie. Alle wichtigen Informationen werden festgehalten.

Vor dem zweiten Praktikum macht Frau Groß mit Hilfe der Fachberaterin eine grobe *Zwischenauswertung* zu den bisher erhobenen Informationen, erstellt kurze Entwicklungsprofile der Jugendlichen und gewinnt aus diesen Materialien Anhaltspunkte für die Vorbereitung und Begleitung in diesem Praktikum.

Sechs Wochen vor Ende des Schuljahres führt sie die letzten Leitfadeninterviews durch. Neben der Datenerhebung zu Motivation und aktuellen Situation der Jugendlichen steht im zweiten Teil des Gesprächs die Lebens- und Bildungsperspektive nach dem BVJ im Zentrum. Daraus entstehen To-Do-Listen für die Jugendlichen und Frau Groß für das ganze Schuljahr.

Vier Wochen vor Ende des Schuljahres erhalten die Jugendlichen abschließend einen Fragebogen, mit dem sie die wichtigsten Angebote und Aktivitäten der Schulsozialarbeiterin anonym bewerten und kommentieren können.

Während des ca. neunmonatigen Erhebungszeitraums treffen sich Frau Groß und die Fachberaterin alle sechs Wochen regelmäßig und bei Bedarf auch zusätzlich kurzfristig.

Handlungsschritt 5: »Analysieren und Schlussfolgerungen ziehen« (Daten auswerten, Ergebnisse formulieren und Konsequenzen daraus ermitteln)

Am Ende des Schuljahres wertet Frau Groß ihre Erfahrungen und die erhobenen Informationen mit der Fachberaterin aus. Dabei zeigt sich, dass der Begriff ›Motivationsarbeit‹ wirklich den Kern ihrer Tätigkeit trifft. Aus der Untersuchung werden zentrale Aspekte von Motivationsarbeit erkennbar. Frau Groß erhält so Anregungen für die Weiterentwicklung ihrer Arbeit und Konzeption.

Im Vergleich der Entwicklungsprofile der Jugendlichen werden ferner Gemeinsamkeiten bzgl. motivierender und demotivierender Faktoren erkennbar. Diese können im nächsten Schuljahr aufgegriffen werden.

Durch die Verbindung von Datenerhebung und Alltagsarbeit sind gute und intensive Beziehungen zu den meisten Jugendlichen entstanden. Die ›Motivationskurve‹ ist hierbei ein sehr gutes Instrument, um mit den Jugendlichen ins Gespräch zu kommen. Die anonyme Befragung am Ende des Schuljahres zeigt deshalb gute bis sehr gute Bewertungen ihrer Arbeit.

Handlungsschritt 6: »Berichten und Präsentieren«

Die Ergebnisse der Untersuchung werden im folgenden Jahr in mehreren Foren vorgestellt und diskutiert: zuerst den anderen Schulsozialarbeiter*innen des Trägers, danach im ›Forum Schulsozialarbeit‹, in dem alle Fachkräfte im Landkreis dreimal pro Jahr zusammenkommen. Zuletzt wird das Projekt auch im Jugendhilfeausschuss des Kreises präsentiert, der in einer Sitzung über die fachliche Weiterentwicklung dieses Arbeitsfelds diskutiert. Das Projekt von Frau Groß wird hier als Beispiel gelungener QE vorgestellt.

📖 **Literatur zur Vertiefung**

König, Joachim (Hrsg.) 2016: Praxisforschung in der Sozialen Arbeit. Stuttgart: Kohlhammer

Moser, Heinz 2012: Instrumentenkoffer für die Praxisforschung. Eine Einführung (5. Aufl.). Freiburg i. Br.: Lambertus

Van der Donk, Cyrilla/van Lanen, Bas/Wright, Michael T. 2014: Praxisforschung im Sozial- und Gesundheitswesen. Bern: Huber

4.4 Handlungsmuster »Rahmenbedingungen der eigenen Arbeit untersuchen«

Im diesem Kapitel werden verschiedene Instrumente dargestellt, die darauf ausgerichtet sind, die Rahmenbedingungen einer Einrichtung systematisch zu untersuchen. Die meisten dieser Instrumente stammen aus der Betriebswirtschaftslehre und können dem strategischen Controlling zugeordnet werden. Das bedeutet, sie dienen dazu, die Strategien von Unternehmen auf den Prüfstand zu stellen und, falls erforderlich, neu auszurichten. In Organisationen der Sozialen Arbeit sind solche Analysen insbesondere dann wichtig, wenn ermittelt werden soll, ob die Angebote (noch) mit den Anforderungen der Umwelt korrespondieren oder es notwendig ist, Ausrichtung und Umfang der Angebote zu verändern. Solche Fragestellungen sind wichtige methodische Zugänge für die QE.

Bevor diese Methoden dargestellt und theoretische Grundlagen dieser organisatorischen Analysetätigkeit thematisiert werden, ist es wichtig, das *besondere* Verhältnis zwischen Sozialer Arbeit und ihrer Umwelt zu erfassen. »Die Profession Soziale Arbeit ist Teil des gesellschaftlichen Handelns. Sie steht in einer Wechselbeziehung von aktivem Einfluss auf und Beeinflussung durch Politik, Gesellschaft und Lebenswelt« (DBSH 1998, S. 1). Diese Aussage des DBSH macht deutlich, dass Soziale Arbeit einerseits darauf ausgerichtet ist, Veränderungen in der Gesellschaft und bei ihren Adressat*innen herbeizuführen. Andererseits ist Soziale Arbeit in der Ausgestaltung ihrer Angebote abhängig von den Aufträgen und Bedingungen, die durch Politik und Gesellschaft festgelegt sind sowie von den Lebenslagen und Bedürfnissen ihrer Adressat*innen hervorgebracht werden. Dieses Abhängigkeitsverhältnis der Sozialen Arbeit manifestiert sich in für ihre Arbeitsfelder spezifischen *Rahmenbedingungen*, die permanenten Veränderungen unterliegen, weil sie bedingt sind durch gesellschaftliche Entwicklungen und Trends, durch politische Zielsetzungen und durch individuelle Bedarfslagen. Um die Soziale Arbeit also an den Erfordernissen der Gesellschaft ausrichten zu können, besteht die Notwendigkeit einer permanenten Auseinandersetzung mit ihrer Umwelt. Holdenrieder (2017) konstatiert dazu:

> »Jedes Sozialunternehmen benötigt angesichts der sich wandelnden sozialstaatlichen Rahmenbedingungen systematisch und kontinuierlich generierte Informationen, um sich zu orientieren und um seine Handlungsfähigkeit dauerhaft sicherzustellen. Dies erfordert das Beobachten anderer Systeme, das analytische Aufzeigen potenzieller Möglichkeiten und Gefahren etc.« (ebd., S. 74).

Einrichtungen der Sozialen Arbeit haben also die permanente Aufgabe, sich mit rechtlichen Regelungen, sozialpolitischen Zielsetzungen, Finanzierungsmodalitäten, Bedarfslagen und Bedürfnissen der Adressat*innen sowie mit den Bedingungen ihres sozialen Nahraums zu beschäftigen, um Wissen darüber zu erlangen, welche Bedingungen zu erfüllen sind, um erfolgreich tätig sein zu können. Dieses Management von Wissen stellt ein wichtiges Steuerungsmedium in Organisationen der Sozialen Arbeit dar (Früchtel et al. 2013, S. 152) und ist letztlich ein entscheidender Erfolgsfaktor. Um an dieses erfolgskritische Wissen zu gelangen, müssen Einrichtungen geeignete Methoden kennen und anzuwenden können. Im folgenden Abschnitt werden wichtige Analysemethoden dargestellt und entlang von Beispielen illustriert.

4.4.1 Ziele und Bezugspunkte von Untersuchungen der Rahmenbedingungen

Wie oben deutlich geworden ist, ist eine permanente und umfassende Informationsgewinnung wichtig, um der betrieblichen Aufgabe gerecht werden zu können, ein Unternehmen auf all seinen Elementen, also in seinen Strukturen, Abläufen, Leistungen, Produkten und Qualitätsbelangen, zu gestalten und (weiter) zu entwickeln. Um passende Ziele und Vorgehensweisen zu diesen Elementen zu formulieren und umzusetzen, muss eingeschätzt werden, welche Rahmenbedingungen dafür gelten und ob bereits existierende Ziele und Vorgehensweisen im Einklang mit den Rahmenbedingungen stehen. Dieses Vorgehen wird in der Betriebswirtschaftslehre dem Prozess der *Planung* zugeordnet. Die Planung ist Ausgangspunkt aller Managementprozesse in einem Unternehmen und wird deshalb auch als »Primärfunktion« des Managements bezeichnet (Steinmann et al. 2013, S. 10).

> »Es geht dabei im Wesentlichen um die Bestimmung der Zielrichtung, die Entfaltung zukünftiger Handlungsoptionen und die optimale Auswahl unter diesen. Von der langfristigen zur kurzfristigen Orientierung fortschreitend beinhalten die Pläne unter anderem die Festsetzung von Zielen, Rahmenrichtlinien, Programmen und Verfahrensweisen zur Programmrealisierung für die Gesamtunternehmung oder einzelne ihrer Teilbereiche« (ebd., S. 10f).

Die hier genannten Zielrichtungen von Planung sind wichtige Aspekte der QE und werden in diesem Buch beschrieben. So sind Ziele, die sich z. B. auf Adressat*innen beziehen, notwendig, um den angestrebten Zustand oder die veränderte Handlungskompetenz bei Adressat*innen festzulegen (▶ Kap. 4.1.2, Abschnitt *Die Zielpyramide*). Programme verbinden die Ziele mit passsenden sozialpädagogischen Methoden und Vorgehensweisen (▶ Kap. 4.1.2, Abschnitt *Der Programmbaum*). Rahmenrichtlinien geben z. B. in Leitbildern (▶ Kap. 4.5.2) vor, unter welchen ethischen Grundsätzen die Arbeit mit Adressat*innen erfolgt. Verfahren zur Programmrealisierung beschreiben z. B. den erforderlichen Methodeneinsatz (▶ Kap. 4.5.2).

Planung hat zweierlei Ausrichtungen: Zum einen zielt sie auf die Entwicklung von Gesamtstrategien ab (strategische Planung) und mündet bspw. in der Gründung eines neuen Geschäftsbereichs. Zum anderen bezieht sie sich auf alltägliche Prozesse (operative Planung) und dient z. B. der Beschreibung von Verfahrensabläufen in Schlüsselsituation. Mit letzterem werden wir uns in Kapitel 4.5 beschäftigen. In diesem Kapitel soll es in erster Linie um Untersuchungsthemen und -instrumente für strategische Planungen gehen, d. h. um Aspekte, die eher richtungsweisende Bedeutung für ein Unternehmen haben.

Grundsätzlich lassen sich die für Organisationen der Sozialen Arbeit relevanten Rahmenbedingungen in *äußere* und *innere Gegebenheiten* unterscheiden. Die äußeren Bedingungen werden auch als *Umwelt* bezeichnet, die wiederum in eine *allgemeine Umwelt* und die *Wettbewerbsumwelt* oder *organisationsspezifische Umwelt* differenziert werden kann.

Die *allgemeine Umwelt* »umfasst allgemeine gesellschaftliche Trends, politische Strömungen, makroökonomische Entwicklungen und weitere Faktoren« (Holdenrieder 2017b, S. 77). Für Organisationen der Sozialen Arbeit sind das v. a.:

- Rechtsgrundlagen der angebotenen Dienstleistungen und gesetzliche Veränderungen
- sozialpolitische Zielsetzungen und sozialpolitische Trends
- fachliche Standards und fachliche Neuerungen
- allgemein als sinnvoll erachtete Standards der Gestaltung sozialer Organisationen und aktuelle Anforderungen des Facharbeitsmarkts (Merchel 2005, S. 15f)

Die *Wettbewerbs- oder einrichtungsspezifische Umwelt* meint die Bedingungen, die die besondere Situation der Einrichtung in ihrem je spezifischen kommunalen und sozialen Setting bestimmen. Dazu gehören für Organisationen der Sozialen Arbeit insbesondere:

- kommunale Formalanforderungen und Schwerpunktsetzungen
- normative und strategische Anforderungen des Trägers bzw. der Dachorganisation und der Organisation selbst
- die eigene Position auf dem Markt konkurrierender Anbieter und Entwicklungen bei Kooperationspartnern und bei der ›Konkurrenz‹
- spezifische Bedarfe und prognostizierbare Bedarfsentwicklung der Adressat*innen
- sozialräumliche Gegebenheiten des unmittelbaren Umfelds sowie Veränderungen im Quartier

Die *inneren Bedingungen* einer Organisation bestimmen sich v. a. durch:

- die Aufbau- und Ablauforganisation
- Prozesse (als Kern-, Unterstützungs- und Managementprozesse)
- informelle Gegebenheiten wie Einrichtungskultur, Werte, Normen, Machtstrukturen
- Kommunikation
- Personalressourcen

Das in Kapitel 3.1.2 dargestellte Modell methodischen Handelns als Bezugspunkt für QM/QE in der Sozialen Arbeit benennt in der ersten Spalte drei Gestaltungsebenen, für die Informationen gewonnen werden müssen (▶ Tab. 4). Diese sind

- die Ebene der organisationsübergreifenden (Umwelt-)Bezüge,
- die Ebene der Organisation sowie
- die Ebene der Arbeit mit Adressat*innen.

4.4 Handlungsmuster »Rahmenbedingungen der eigenen Arbeit untersuchen«

In diesem Kapitel werden verschiedene Methoden dargestellt, die sich v. a. mit der Organisationsumwelt sowie mit den spezifschen organisationsinternen Bedingungen beschäftigen. Verfahren, die sich explizit auf die Bedarfsermittlung bei Adressat*innen beziehen, werden in Kapitel 4.5 näher erläutert.

Bei der Beschäftigung mit den Rahmenbedingungen ist es wichtig, sich bewusst zu machen, dass diese nicht nur objektive Gegebenheiten widerspiegeln, sondern dass sie mit den Interessen verschiedener Akteure in Zusammenhang stehen, die von individuellen Bedürfnissen geprägt sind und z. T. auch miteinander im Konflikt stehen. Darüber hinaus bestimmen auch einrichtungseigene Sichtweisen, Werte und Ziele die Art und Weise, wie Analysen vorgenommen werden. Das bedeutet, »Informationen werden auf Basis vorhandener Werte und genereller Ziele wahrgenommen und aufbereitet« (Holdenrieder 2017b, S. 76) und damit subjektiv verarbeitet.

4.4.2 Analysen des Umfeldes einer Einrichtung

Umfeldanalysen sind Instrumente der strategischen Planung und des QM. Sie zielen darauf ab, Informationen über die allgemeine bzw. *globale Umwelt* eines Unternehmens und über mutmaßliche Entwicklungen zu sammeln und zu bewerten, um daraus Schlüsse für neue Möglichkeiten, aber auch über mögliche Gefahren zu ziehen (Steinmann et al. 2013, S. 164). Gleichzeitig ist es wichtig, das *spezifische Umfeld*, die sogenannte *Wettbewerbsumwelt* oder das Geschäftsfeld, zur erkunden. Hier sind auch Informationen über den sozialen Raum wichtig (▶ Abb. 15).

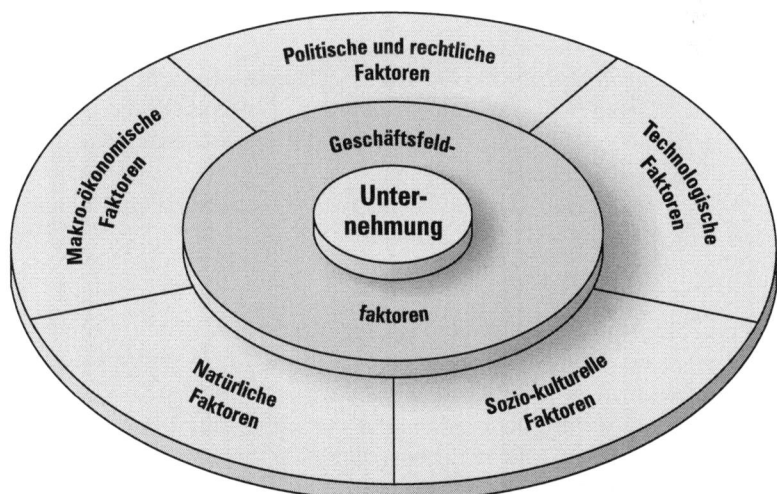

Abb. 15: Analysefelder der allgemeinen Umwelt, Quelle: Holdenrieder, Jürgen 2017: Planung. In: Holdenrieder, Jürgen (Hrsg.): Betriebswirtschaftliche Grundlagen Sozialer Arbeit (2., erw. u. überarb. Aufl.). Stuttgart: Kohlhammer, S. 75–94, hier S. 78

Umweltanalyse

Wie die Darstellung zeigt, kann die allgemeine Umwelt in fünf verschiedene Sektoren aufgeteilt werden:

- Die *makro-ökonomische Umwelt* meint »den Zustand der öffentlichen Haushalte, die Entwicklung des Bruttoinlandsprodukts, (...) das Zinsniveau, die Arbeitslosenquote, die Verfügbarkeit und Qualität der Energieversorgung, die Konjunkturprognosen« (Holdenrieder 2017b, S. 78). Für Einrichtungen der Sozialen Arbeit sind hier v. a. die Situation der öffentlichen Haushalte, aber natürlich auch Bedingungen des Wirtschaftssystems von Interesse.
- Die *technologische Umwelt* meint insbesondere die moderne Informations- und Kommunikationstechnologie und spielt für Einrichtungen der Soziale Arbeit insofern eine Rolle, als auch Soziale Arbeit in vielfältigster Weise von einer digitalisierten (Arbeits-)Welt tangiert ist. Außerdem stellt sich zunehmend die Frage, was zum »State of the Art« der Nutzung digitaler Medien für Soziale Arbeit in der Interaktion mit Adressat*innen gehört.
- Mit der *natürlichen Umwelt* sind Einrichtungen der Sozialen Arbeit v. a. im Hinblick auf die Nutzung von Energie, Wasser und anderen Ressourcen, die aus der natürlichen Umwelt stammen, verbunden. Hier geht es um das Umweltverhalten einer Einrichtung und darum, wie die Erwartungen ihrer Anspruchsgruppen diesbezüglich aussehen.
- Die *sozio-kulturelle Umwelt*, zu der soziale Trends, demografische Entwicklungen, gesellschaftliche Normen und Werte und deren Wandel gehören, ist von ganz besonderer Bedeutung für den sozialen Sektor, da sie eine Vielzahl von Aspekten betrifft, die im Hinblick auf die Lebensführungsmuster und Bedarfsentwicklung sowohl bei den Adressat*innen als auch bei den Mitarbeiter*innen eine große Rolle spielen.
- Die *politische und rechtliche Umwelt* schließlich stellt die wichtigste Bedingung für Einrichtungen der Sozialen Arbeit dar. Sie enthält die gesetzlichen Grundlagen ihrer Arbeit, also insbesondere die Sozialgesetze sowie die sozialpolitischen Ziele und Entwicklungen. Auch Politikbereiche außerhalb der Sozialpolitik sind relevant und müssen beachtet werden, wie z. B. die Wirtschafts-, Bildungspolitik (Steinmann et al. 2013, S. 168–173; Holdenrieder 2017b, S. 78f).

In folgender Tabelle werden entlang unseres Praxisbeispiels aus Kapitel 4.1.3 – dem freien Träger, der auch Angebote in der Ausbildungs- und Beschäftigungshilfe und dabei auch in der Jugendberufshilfe macht (▶ Kap. 4.1.3) – Themen und Ergebnisse einer Umweltanalyse beispielhaft aufgegriffen. Aufgrund der Fülle der Informationen, die bei einer Analyse der fünf Hauptsektoren (linke Spalte) zustande kommen könnten, ist es sinnvoll, dass die Einrichtung eine Auswahl im Hinblick auf Themen und Trends für ihre Analysen trifft (mittlere Spalte). Zu diesen werden dann Informationen bzw. Entwicklungen zusammengetragen, die in der rechten Spalte beispielhaft dargestellt sind (▶ Tab. 10).

4.4 Handlungsmuster »Rahmenbedingungen der eigenen Arbeit untersuchen«

Tab. 10: Themen und Informationen einer Umweltanalyse im Bereich der Arbeitshilfen

Sektoren der allgemeinen Umwelt	Relevante Themen und Trends als Ansatzpunkt der Analyse	Beispiele für Informationen aus der allgemeinen Umwelt
Makro-ökonomische Umwelt	Wandel der Arbeitswelt	rückläufige Zahlen der Jugendarbeitslosigkeit; Langzeitarbeitslose haben wenig Chancen auf dem Arbeitsmarkt; viele offenen Ausbildungsstellen
Technologische Umwelt	Digitalisierung	zunehmende Digitalisierung im Berufsausbildungssystem und in der Sozialen Arbeit
Natürliche Umwelt	Umweltschutz in der Arbeitswelt	Anforderung des Umweltschutzes auch in der Benachteiligtenförderung
Sozial-kulturelle Umwelt	demografische Entwicklung; fachliche Standards	Fachkräftemangel in vielen Branchen; Inklusion und Diversitätssensibilität
Politische und rechtliche Umwelt	zielgruppenspezifische Arbeitsmarktpolitik	neue Fördermöglichkeiten für schwer zu erreichende Jugendliche; geteilte Zuständigkeit für Langzeitarbeitslose der Arbeitsagenturen/Kommunen für Arbeit

Eigene Darstellung

Aus den zusammengestellten Informationen dieser Umweltanalyse lassen sich verschiedene Annahmen oder *Szenarien* für die Angebotsentwicklung der Einrichtung entwickeln. »Szenarien versuchen eine globale Zusammenschau unterschiedlicher Faktoren und Faktorenkonstellationen« (Steinmann et al. 2013, S. 177). Bei der Entwicklung von Szenarien gilt es, die verschiedenen Aspekte in einen Zusammenhang zu stellen und zu prüfen, ob und wie sie sich gegenseitig beeinflussen. Dabei entstehen häufig Alternativszenarien. Pracht und Bachert (2005) schlagen folgendes Vorgehen bei der Entwicklung von Szenarien vor.

Entwicklung von Szenarien nach Pracht und Bachert

Analysephase:

- Aufgabenstellung (z. B. Untersuchung des Marktumfelds für einen Tätigkeitsbereich)
- Beschreibung der Ausgangssituation
- Beschreibung des Systemzusammenhangs

Prognosephase:

- Auswahl der Annahmen über zukünftig absehbare Entwicklungen
- Erstellung von Präszenarien

- Entwicklung von Entscheidungskriterien
- Identifikation überraschender Ergebnisse

Synthese

- Entwicklung von Szenarien

(ebd., S. 100)

Die Entwicklung von Szenarien reduziert die Komplexität der Informationen allerdings sehr stark und ist deshalb für die Soziale Arbeit nur dann hilfreich, wenn hier »plausible Bilder der Zukunft« entstehen. Häufig lassen Umweltanalysen nur »kritische Annahmen oder Prämissen« (Steinmann et al. 2013, S. 176) oder Spekulationen zu, die Ausgangspunkte weiterer standortspezifischer Analysen sind. Im Folgenden werden mögliche Überlegungen der analysierenden Einrichtung als Grundlage für Szenarien beispielhaft aufgeführt.

Beispiel 1: Ergebnisse der Umweltanalyse als Szenario

Szenario 1: Neuer Bedarf im Bereich der Jugendberufshilfe
Der Fachkräftemangel und die verstärkte staatliche Förderung von schwer zu erreichenden Jugendlichen sprechen für ein neues Betätigungsfeld in der Jugendsozialarbeit/Jugendberufshilfe, die mit der Erschließung von Ausbildungsmöglichkeiten in Berufen mit starkem Fachkräftemangel einhergehen sowie mit gezielten Qualifizierungsbemühungen von schwer zu vermittelnden Jugendlichen in diesen Bereichen.

Szenario 2: Abnahme des Bedarfs in der Jugendberufshilfe
Die niedrige Arbeitslosenquote von jungen Menschen gepaart mit einem Überschuss an offenen Ausbildungsstellen kann dazu führen, dass mehr benachteiligte Jugendliche ohne Unterstützung in eine Berufsausbildung einmünden, und so für rückläufige Zahlen potenzieller Adressat*innen sorgt.

Szenario 3: Erhöhter Bedarf an Qualifizierungsangeboten für Langzeitarbeitslose in Mangelberufen
Dass Langzeitarbeitslose vermehrt eine prekäre Zielgruppe der Arbeitsmarkts darstellen, markiert gepaart mit dem Fachkräftemangel ebenfalls eine neue Bedarfsentwicklung.

Beispiel 2: Ergebnisse der Umweltanalyse als kritische Annahme

Die Tatsache, dass das Thema Umweltschutz verstärkt auch im Bereich der Benachteiligtenförderung Einzug hält, lässt vermuten, dass bei Fehlen dieses inhaltlichen Schwerpunkts Projektanträge keinen Erfolg haben werden. Es kann daher Sinn machen, hier ein neues inhaltliches Feld im Bereich der qualifikationsbezogenen Arbeitslosenförderung zu sehen.

Die Betonung von Diversität und Heterogenität in der Sozialen Arbeit könnte dazu führen, dass bestehende, eher auf homogene Lerngruppen abzielende, Gruppenangebote fachlich in die Kritik geraten und deswegen neu gestaltet werden sollten.

Wettbewerbs- oder Geschäftsfeldanalyse

Um konkrete organisationsbezogene und fachinhaltliche Strategien entwickeln und Entscheidungen über die Zukunft des Unternehmens treffen zu können, ist es auch wichtig, die engere Umwelt der Einrichtung zu untersuchen. Die hier angesprochene Wettbewerbs- oder Geschäftsfeldanalyse und die Analyse des Sozialraums konkretisieren die in der Umfeldanalyse gewonnenen allgemeinen Informationen und bringen neue Aspekte ein. Hier werden spezifische Parameter im Hinblick auf den regionalen bzw. lokalen Kontext, in dem sich die Einrichtung befindet, systematisch unter die Lupe genommen. Es geht also um eine differenzierte Untersuchung eines spezifischen Arbeitsfelds, in dem sich der Träger engagiert oder in Zukunft engagieren möchte.

In der Wettbewerbs- und Geschäftsfeldanalyse geht es darum, über diejenigen Einflussgrößen Wissen zu erlangen, die für die Entwicklung von (neuen) Geschäftsbereichen oder Geschäftsfeldern eines Unternehmens relevant sind, mit dem Ziel, Wettbewerbsvorteile zu entwickeln. Ein Modell, auf das in diesem Zusammenhang häufig Bezug genommen wird, stammt von Michael E. Porter. Es fokussiert fünf Wettbewerbskräfte, die auf das Unternehmen wirken: »Wettbewerber, potenzielle neue Konkurrenten, Ersatzprodukte, Lieferanten und Abnehmer« (Porter 2014, zit. n. Holdenrieder 2017b, S. 82). Holdenrieder hat dieses Modell auf die Sozialwirtschaft angepasst (2017, S. 82ff) und mit folgender Grafik veranschaulicht (▶ Abb. 16).

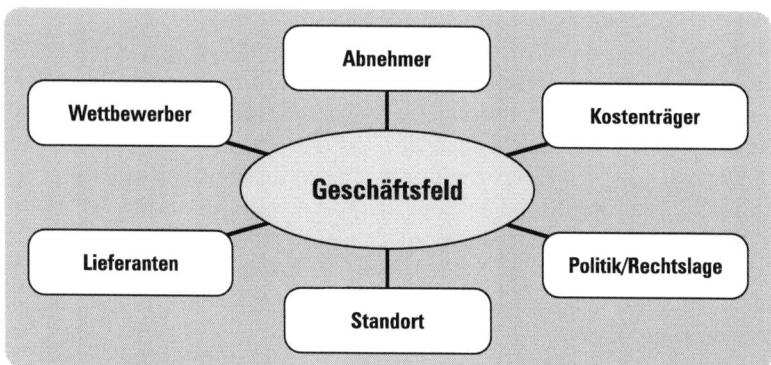

Abb. 16: Modell zur Geschäftsfeldanalyse in Sozialunternehmen, Quelle: Holdenrieder, Jürgen 2017: Planung. In: Holdenrieder, Jürgen (Hrsg.): Betriebswirtschaftliche Grundlagen Sozialer Arbeit (2., erw. u. überarb. Aufl.). Stuttgart: Kohlhammer, S. 75–94, hier S. 82

Eine wichtige Einflussgröße im Hinblick auf die Attraktivität eines Geschäftsfelds bzw. eines Angebots stellen die *Abnehmer*, also die Adressat*innen, dar. Interessierende Aspekte sind hier die *Anzahl* von Personen, die durch ein Angebot angesprochen werden könnten sowie ihre *sozialen, kulturellen, materiellen und/oder bildungsbezogenen Merkmale*. Außerdem sind ihre *Erwartungen* an die Dienstleistung von Bedeutung.

Im Hinblick auf die *Wettbewerber* interessieren v. a. *Anzahl, Größe* und *Attraktivität*. Das bedeutet, es muss danach gefragt werden, wie viele Anbieter existieren, die das gleiche Angebot im selben geographischen Raum zur Verfügung stellen, wie umfangreich deren Angebote sind und wie das Image dieser Wettbewerber eingeschätzt werden kann. Dabei ist von Interesse, wie die Konkurrenz einerseits von Adressat*innen und andererseits von Entscheidungsträger*innen aus Politik und Verwaltung beurteilt wird. Hier wäre auch über ›komplementäre‹ Dienste nachzudenken, d. h. darüber, wer für ergänzende Dienstleistungen in einem arbeitsteiligen Versorgungssystem zur Verfügung stehen könnten.

Als *Lieferanten* können in sozialen Unternehmen solche Einrichtungen verstanden werden, die Dienstleistungen für die Einrichtung erbringen, so z. B. für Reinigungs- und Wartungsdienste, die Bereitstellung von Essen oder anderen nicht-materiellen Unterstützungen. Falls die Angebote dieser Lieferanten alternativlos sind, stellen sie eine wichtige Wettbewerbsgröße dar. Aber auch der Arbeitsmarkt spielt eine zentrale Rolle, wenn es um die Ermittlung der Marktsituation am spezifischen Standort geht, denn attraktive Angebote können nur entstehen, wenn geeignetes Fachpersonal zu Verfügung steht.

Dieser Aspekt fließt in die *Standortbedingungen* ein. Hinsichtlich des Standorts geht es auch um die *Erreichbarkeit* z. B. mit öffentlichen Verkehrsmitteln sowie darum, wie das *Umfeld* dem Angebot gegenüber eingestellt ist, ob also Widerstände der Wohnbevölkerung zu erwarten sind oder eher wohlwollende Unterstützung. Schließlich gilt es, die Konditionen des Immobilienmarkts einzukalkulieren und zu ermitteln, auf welchem Level *Miet- und Grundstückpreise* liegen und welche Entwicklungen dabei zu erwarten sind.

Die Rolle von *politischen und rechtlichen Rahmenbedingungen* ist bereits in der Umfeldanalyse hervorgehoben worden. Bei der Geschäftsfeldanalyse geht es darum, zu schauen, wie diese Bedingungen sich auf ein ganz spezifisches Angebot auswirken und wie die Kommunen die jeweiligen staatlichen Vorgaben umsetzen. So ist z. B. zu fragen, wie diese ihre Verhandlungsmacht in Fragen der QE gegenüber Einrichtungen und Trägern der Sozialen Arbeit nutzen und ausgestalten. Außerdem ist es wichtig zu ermitteln, wie die Kontakte der Einrichtung oder des Trägers zu den politischen Entscheidungsträgern ausgestaltet sind und ob mit ihnen eine Einflussnahme auf Entscheidungen im kommunalen/lokalen Kontext möglich ist.

Die öffentlichen Kostenträger schließlich sind bei der Analyse der Geschäftsfeldbedingungen von großer Bedeutung. »Insbesondere in jenen Geschäftsfeldern, in denen die Zuständigkeit für die Finanzierung überwiegend bei einem kommunalen Zuschussgeber liegt, bestehen teilweise erhebliche Unterschiede zwischen einzelnen Regionen« (Holdenrieder 2017b, S. 83f). Von Interesse könnte hier v. a. sein zu ermitteln, wie die öffentlichen Zuwendungsverfahren ausgestaltet sind und unter welchen Bedingungen sich eine Bewerbung um Zuwendungen oder auch um Projektgelder lohnt. Darüber hinaus ist es wichtig, Informationen über weitere mögliche Sponsoren zu erhalten, um sie z. B. als Kofinanzierende für EU-Ausschreibungen zu gewinnen.

Entsprechend der hier aufgezeigten Vielfalt der interessierenden Aspekte sind die Informationsquellen sehr unterschiedlich: So können z. B. Statistiken aus den statistischen Landesämtern oder Protokolle von Gemeinderatssitzungen herangezogen werden, es können aber auch eigene Daten gewonnen werden, etwa über Adressat*innenbefragungen. Auch informelle Gespräche mit Kooperationspartner*innen, z. B. mit Mitarbeiter*innen des Jugendamtes, können wichtige Informationsquellen darstellen. Neben der Gewinnung von Informationen ist also der Einbezug von bzw. die Kontaktpflege zu den verschiedenen Akteuren im Unternehmensumfeld wichtig, um die eigene Position auf dem Markt zu erhalten und zu stärken (Brinkmann 2010, S. 95).

Beispiel

Eine Geschäftsfeldanalyse der Beispieleinrichtung (▶ Kap. 4.1.3) könnte sich um die Frage drehen, wie die *Schärfung des eigenen Profils* angesichts der wachsenden Bedeutung von gewerblichen Anbietern gelingen kann. Dazu wäre es erforderlich, die verschiedenen Angebote am Standort sowie die länderspezifischen und kommunalen Strategien für die einzelnen Geschäftsfelder des Trägers (Kinder- und Jugendhilfe, Ausbildungs- und Beschäftigungshilfe) zu ermitteln. Außerdem wäre zu fragen, welche Rolle der wachsenden Zahl gewerblicher Anbieter am Standort zukommt, zu welchen Bereichen sie Zugang haben und wo ihre Schwerpunkte liegen. Ginge es um eine *Angebotserweiterung*, wäre z. B. zu eruieren, ob möglicherweise aus einer Konkurrenzsituation eine ›Win-Win-Situation‹ erwachsen könnte, indem z. B. spezialisierte Angebote der gewerblichen Konkurrent*innen, etwa im reit- oder kunstpädagogischen Bereich, in die eigenen Angebote integriert werden können, um so an Attraktivität und Nachfrage zu gewinnen. Dafür müssten wiederum Finanzierungsmöglichkeiten für solche besonderen Leistungen ermittelt werden. Der Arbeitsmarkt als Lieferant wäre insofern von Relevanz, als hier die Möglichkeiten der Gewinnung geeigneten Fachpersonals vorzufinden sind.

Sozialraumanalyse als lokale Sozialstrukturanalyse

Verschiedene Aspekte des sozialen Raums, in dem eine soziale Organisation angesiedelt ist, sind schon bei der Wettbewerbs- und Geschäftsfeldanalyse zum Tragen gekommen. Dabei ging es v. a. darum, den physischen Raum mit seinen Bedingungen als Standort zu beleuchten. Eine explizite *Sozialraumanalyse* nimmt aber stärker die *soziale Struktur* des Raums in den Blick. Es geht darum, diesen Raum, durch den ihre Adressat*innen geprägt sind und den sie selbst mitgestalten will, genau zu erkunden. Die Sozialraumanalyse stellt ein wissenschaftliches Verfahren dar, in dem die materiellen Strukturen der bebauten Lebensräume von Menschen mit sozialen Prozessen und den Perspektiven der in diesem Raum lebenden Menschen in einen Zusammenhang gebracht werden. Es geht dabei um die Ermittlung von Daten u. a. zur Wohn-, Bildungs-, Erwerbsbeteiligungssituation in Verbindung mit einer Beschreibung von Beschaffenheit und Verfügbarkeit der für diese Aspekte verantwortlichen Strukturen, Ressourcen und Institutionen.

Sozialraumanalysen kommen in vielfältiger Weise zum Einsatz. Sie sind z. B. Bestandteile soziologischer Stadtforschung oder werden erstellt, um Steuerungswissen für kommunale sozialplanerische Entscheidungen zu erlangen (Boettner 2009, S. 267). Auch für Einrichtungen der Sozialen Arbeit sind Sozialraumanalysen wichtig, sowohl für die Planung von bedarfsgerechten Angeboten, als auch für die Legitimierung eigener Angebote, indem z. B. zu bearbeitende soziale Probleme mit ihnen aufgedeckt und beschrieben werden. Organisationen nutzen entweder existierende Analysen oder sie erstellen sie selber. Die Sozialraumanalyse gehört so in den Methodenkanon der Sozialen Arbeit.

Grundlage einer Sozialraumanalyse in der Sozialen Arbeit ist der *sozialräumliche Blick*, der soziale Probleme im Kontext von sozialen Chancen und förderlichen Strukturen sowie im Kontext von »soziale(n) Mechanismen, etwa sozial verbautem Zugang zu Ressourcen oder illegitime Machtverhältnisse« (Spatschek 2009, S. 35) sieht. Die Perspektiven, Motive, Umgangsweisen etc. der Bewohner*innen des Sozialraums stehen dabei im Zentrum der Untersuchungen.

Die Sozialraumanalyse als Methode der Umfeldanalyse ist durch eine spezifische, an den Nutzer*innen orientierte Haltung, geprägt: Mit ihr wird danach gefragt, wie die Einrichtung sich mit ihrem Angebot in einem Hilfesetting verorten kann, das von den Bedürfnissen der Nutzer*innen her denkt und so konsequent nachfrageorientiert und nicht angebotsorientiert ist. Neben der Nutzer*innenzentrierung geht es aber auch um das Eigeninteresse der Organisation, also darum, die eigenen Angebote ›am Markt‹ gut zu platzieren, um eine ausreichende Nachfrage zu erzielen. Ein wichtiges Kriterium für die Bestimmung von Qualität einer Einrichtung besteht darin, wie gut es gelingt, beide Interessen, also das der Organisation und das der Nutzer*innen, miteinander zu arrangieren (Früchtel et al. 2013, S. 119f). Insofern sind beide Perspektiven bei einer Sozialraumanalyse wichtig und legitim.

Um zu verstehen, was in einer Sozialraumanalyse konkret passiert, hilft es, Analysen, die sich mit dem sozialen Nahraum beschäftigen, nach ihren Hauptausrichtungen zu unterscheiden. Boettner sieht zwei zentrale Ansatzpunkte (2009, S. 263):

- »lokale Sozialstrukturanalysen«, die »das Augenmerk vor allem auf die soziale und demografische Zusammensetzung der Wohnbevölkerung sowie auf quantifizierbare Merkmale der baulichen und infrastrukturellen Ausstattung richten«;
- »räumlich orientierte Lebensweltanalysen«, »die danach fragen, wie die Sozialräume bzw. die ›objektiven‹ sozialräumlichen Gegebenheiten sich in der subjektiven Perspektive und sozialen Alltagspraxis der Bewohner darstellen, was sie den Bewohnern bedeuten und welche Handlungsrelevanz sie besitzen«.

4.4 Handlungsmuster »Rahmenbedingungen der eigenen Arbeit untersuchen«

Als *planungsrelevantes* Instrument wird eher die Sozialraumanalyse als Sozialstrukturanalyse genutzt, die hier auch kurz vorgestellt werden soll. Mit einer so ausgelegten Sozialraumanalyse soll die soziale Situation der Wohnbevölkerung bzw. die Problembelastung eines Raums ermittelt werden. Dafür werden Informationen erhoben, die folgende Charakteristika aufweisen:

- Sie beziehen sich auf sozial relevante Merkmale, d. h., es besteht eine Wahrscheinlichkeit des Zusammenhangs zwischen Merkmalsausprägung und sozialer Lage.
- Sie sind bedeutsam und folgenreich für die Menschen und die Institutionen im Sozialraum.
- Sie können für ein begrenztes Gebiet ermittelt werden (Boettner 2009, S. 264).

Da man diese Informationen (z. B. Bildungsbeteiligung oder Lebensstandard der Bevölkerung) aber nicht direkt aus Statistiken oder anderem Datenmaterial ablesen kann, müssen Indikatoren gebildet werden, die die interessierenden Sachverhalte indirekt ermitteln.

»Ein Indikator ist eine Hilfsgröße, um direkt nicht wahrnehmbare Phänomene bzw. komplexe und unmittelbar nicht zu operationalisierende Aspekte der sozialen Realität ausschnittsweise bzw. stellvertretend abzubilden. So kann z. B. das Einkommen der Bevölkerung als Indikator für den ›Lebensstandard‹ herangezogen werden« (Jordan et al. 2001, S. 25).

Indikatoren können einerseits aus quantitativen Daten gebildet werden. Für ›Bildungsbeteiligung‹ wären das z. B. Übergangsquoten von der allgemein bildenden Schule in eine berufliche Qualifizierung oder Teilnehmerzahlen bei Bildungsangeboten freier Träger.

Indikatoren können sich andererseits auch aus qualitativen Daten speisen. Für ›Lebensstandard‹ wären das z. B. die Bewertung der Adressat*innen zur eigenen Wohnsituation oder zu den Möglichkeiten, sich am kulturellen Leben zu beteiligen.

> **Tipp**
>
> Ein beispielhaftes Indikatorenkonzept für die Kinder- und Jugendhilfeplanung liefern Jordan et al. 2001, S. 28ff.

Wichtig ist auch, dass der soziale Raum, für den die Analyse erstellt wird, genau definiert wird: Es ist also zu bestimmen, ob ein Landkreis, eine Stadt, ein Stadtteil oder ein bestimmtes Quartier im Stadt- oder Ortsteil gemeint ist. Eine Sozialraumanalyse kann sehr aufwändig sein, wenn sehr viele Parameter betrachtet werden. Um die äußeren Rahmenbedingungen der eigenen Einrichtung einzuschätzen und zu ermitteln, wo Unterstützungsbedarf besteht und was bisher in der Angebotslandschaft fehlt, reicht es aus, sich einzelne Elemente herauszugreifen.

Beispiel

Unsere Beispieleinrichtung (▶ Kap. 4.1.3) stellt Überlegungen an, Maßnahmen für Langzeitarbeitslose anzubieten. Sie möchte dafür eine Sozialraumanalyse durchführen. Interessierende soziale Sachverhalte könnten dabei sein:

a) Ausprägung der Langzeitarbeitslosigkeit mit den Indikatoren Arbeitslosenquote, Dauer der Arbeitslosigkeit
b) Lebenssituation der Langzeitarbeitslosen mit den Indikatoren Wohnsituation, Einkommen, Familie, soziale Netzwerke
c) Perspektiven der Langzeitarbeitslosen mit den Indikatoren Förder- bzw. Finanzierungsmöglichkeiten durch die Agentur für Arbeit, Jobcenter
d) bestehende Unterstützungsangebote im Sozialraum mit den Indikatoren Maßnahmen anderer Träger im Beschäftigungsbereich bzw. für die Alltagsgestaltung
e) Beschäftigungsmöglichkeiten mit den Indikatoren freie Stellen, Arbeitsmarktsituation, Betriebsstruktur

Mögliche Datenquellen für a) bis c) wären amtliche Statistiken der Agentur für Arbeit, des Statistischen Landesamtes und exemplarische Befragungen (Interviews) von langzeitarbeitslosen Menschen. Zur Ermittlung von Daten für d) und e) sind eigene Recherchen zur Träger- und Betriebsstruktur, Betriebsbesuche und Informationsgespräche erforderlich. Um auszutarieren, welche Art der Angebote konzeptualisiert werden können, gilt es auch zu ermitteln, welche Kooperationen und Vernetzungen möglich sind.

Stakeholderanalyse

Die Stakeholderanalyse ist eine Methode, mit der die Umwelt einer Einrichtung durch die Fokussierung der Akteure, mit der sie in Beziehung steht, näher bestimmt und beurteilt wird. Diese Akteure bezeichnet man als Stakeholder oder Anspruchsgruppen. Sie sind an der Realisierung von Existenz und Erfolg einer Einrichtung oder eines Projekts maßgeblich beteiligt oder, anders ausgedrückt: Ohne eine Ausrichtung an den Interessen und Vorstellung der Stakeholder kann eine sozialwirtschaftliche Einrichtung nicht bestehen. Die Stakeholder sind für sozialwirtschaftliche Einrichtungen das, was für die Erwerbswirtschaft die Kund*innen darstellen (Arnold 2014, S. 653). Wie bereits in Kapitel 1.3.2 angesprochen, haben Stakeholder spezifische Interessen und Ansprüche, die auch mit einer spezifischen Perspektive auf die Qualität der Einrichtung und ihrer Leistungen einhergehen. Matul und Scharitzer (2007) unterscheiden fünf prinzipielle Perspektiven und nennen als korrespondierende Anspruchsgruppen: Politik, Verwaltung, Leitungspersonen, Mitarbeitende, Leistungsadressat*innen. Hinter diesen abstrakt dargestellten Anspruchsgruppen verbergen sich für jede Einrichtung spezifische Anspruchsgruppen im unmittelbaren Umfeld: Kostenträger, Kommunalverwaltung, Kooperationspartner, Sponsoren, Adressat*innen,

4.4 Handlungsmuster »Rahmenbedingungen der eigenen Arbeit untersuchen«

Angehörige etc. Um die Ansprüche dieser Gruppen berücksichtigen zu können, müssen sie genau untersucht und auf ihre Durchsetzungsmacht hin bewertet werden. In der Literatur sind verschiedene methodische Ansätze für eine solche Analyse von Stakeholdern zu finden (Vomberg 2010, S. 149). Grundsätzlich ist folgendermaßen vorzugehen.

1. *Identifizierung der Stakeholder*
   Hier wird gefragt: Welche interessierten Parteien gibt es für unsere Einrichtung? Welche dieser Parteien sind für uns von Bedeutung, d. h. haben Einfluss auf uns und unsere Leistungen?
2. *Informationssammlung zu Erwartungen und Ansprüchen*
   Hier wird gefragt: Welche konkreten (Nutzen-)Erwartungen und Ansprüche haben die jeweiligen Stakeholder an uns und unsere Leistungen?
3. *Gewichtung und Bewertung der Ansprüche*
   Hier wird gefragt: Welchen Einfluss können die Stakeholder auf uns und unsere Angebote ausüben? Welche Stakeholder müssen wir deshalb mehr und welche weniger berücksichtigen?

Anhand des folgenden Beispiels soll aufgezeigt werden, wie vorgegangen werden kann.

Beispiel

Eine Gemeinde sieht sich mit der Tatsache konfrontiert, dass Jugendliche mehr und mehr die öffentlichen Plätze als Freizeittreffs okkupieren und zwar so, dass Bürger*innen diese Plätze zunehmend meiden und sich bei der Verwaltung über Verunreinigungen und Pöbeleien beschweren. Das Jugendhaus am Rande der Fußgängerzone wird kaum noch genutzt. Offensichtlich ist es für die Freizeitgestaltung von Jugendlichen nicht mehr attraktiv. Die Gemeinde sieht dringenden Handlungsbedarf. Sie entscheidet sich dazu, das Jugendhaus konzeptionell neu aufzustellen und einen neuen Betreiber zu suchen. Dafür formuliert der Jugendhilfeausschuss des Gemeinderates einige Orientierungspunkte und die Auflage, dass sich die Besucher*innenzahlen nach einem Jahr mindestens verdoppelt haben müssen. Die als Betreiber in Frage kommenden freien Träger werden aufgefordert, auf dieser Grundlage Konzeptionen einzureichen. Nach Sichtung der Konzeptionen und längeren Beratungen im Ausschuss vergibt die Kommune den Auftrag schließlich an einen der Träger (Träger des Fallbeispiels, ▶ Kap. 4.1.3). Laut Konzept des Trägers sollen im Jugendhaus Angebote im Bereich Freizeit, Bildung, Kultur gemacht werden. Mit der Auswahl dieses Trägers durch die Kommune werden einige Bedingungen verbunden: Der Träger soll für die Angebotsgestaltung im Jugendhaus mit Schulen, Vereinen und Beratungsstellen kooperieren. Außerdem sollen Sponsoren als langfristige (Mit-)Finanzierer gefunden werden. Im Gemeinderat hat eine Bürgerstiftung bereits angekündigt, dass sie als mögliche Kofinanziererin in Frage käme.

4 Methoden und Werkzeuge zur Qualitätsentwicklung (QE) in der Sozialen Arbeit

> Die Jugendlichen im Ort sind enttäuscht. Sie hatten sich gewünscht, stärker in das Verfahren zur Auswahl des Trägers eingebunden zu werden. Sie vermissen Angebote für Spaß, Musik und Partys in der Konzeption und befürchten zu viele Verbote und zu wenig Gestaltungsmöglichkeiten. Die Jugendlichen kündigen an, das Jugendhaus zu boykottieren, sollte nicht mehr auf ihre Wünsche eingegangen werden.

Der *erste Schritt*, die Identifizierung der Stakeholder, sieht für unser Beispiel folgendermaßen aus.

Externe Stakeholder:

- Jugendliche als Nutzer*innen
- Eltern, Erziehungsberechtigte
- Kommunalpolitik als Auftrag- und Kostenträger (Kommune)
- Bürger*innen
- Sponsoren
- kooperierende Einrichtungen (Schulen, Vereine, Beratungseinrichtungen)
- Anbieter im gleichen Arbeitsfeld (Konkurrenten)

Interne Stakeholder:

- Pädagogische Mitarbeiter*innen (sozialpädagogische Fachkräfte, Erzieher*innen)
- andere Mitarbeiter*innen (Verwaltungskräfte)
- Führungskräfte (Einrichtungs- und Bereichsleitung)

Der *zweite Schritt*, die Informationssammlung, kann für die im Fallbeispiel erwähnte Jugendhilfeeinrichtung entlang eines Rasters, das Edeltraud Vomberg (ebd., S. 150) vorschlägt, erfolgen (▶ Tab. 11). Mit Hilfe dieser Analyse kann der neue Träger, nachdem er den Zuschlag für das Jugendhaus bekommen hat, das weitere Vorgehen planen.

Tab. 11: Raster Stakeholderanalyse

Stakeholder/interessierte Partei	Nutzenerwartungen	Machtmöglichkeiten	Wille zur Machtausübung
Adressat*innen (Jugendliche)			
Kommune (Gemeinderat)			
...			

Quelle: modifiziert nach Vomberg, Edeltraut 2010: Praktisches Qualitätsmanagement. Ein Leitfaden für kleinere und mittlere Soziale Einrichtungen. Stuttgart: Kohlhammer, S. 150

4.4 Handlungsmuster »Rahmenbedingungen der eigenen Arbeit untersuchen«

Es gilt nun, Informationen zu sammeln im Hinblick auf den Nutzen, den sich die Stakeholder von der Einrichtung bzw. von einem ganz bestimmten Angebot erwarten, im Hinblick auf das Potential der jeweiligen Stakeholder, Macht auszuüben und im Hinblick auf die Bereitschaft, diese Macht auch einzusetzen. Manchmal wird es auch nötig sein, eigene Einschätzungen vorzunehmen, wenn die erforderlichen Informationen nicht direkt zu erlangen sind. Am sinnvollsten ist es aber in jedem Fall, Informationen direkt bei den Stakeholdern zu erheben. Die Stakeholderanalyse könnte für das Beispiel nun folgendermaßen aussehen (▶ Tab. 12).

Tab. 12: Beispiel für eine Stakeholderanalyse

Stakeholder/interessierte Partei	Nutzenerwartungen	Machtmöglichkeiten	Wille zur Machtausübung
Adressat*innen (Jugendliche)	hoch: altersgerechte und vielfältige Angebote für die Freizeitgestaltung; viel Mitbestimmung	Einfluss durch Nutzung bzw. Boykott und Mitgestaltung	hoch im Hinblick auf Nutzung des Angebots; unbestimmt im Hinblick auf die Mitgestaltung
Kommune (Gemeinderat)	hoch: Beendigung der Störung des öffentlichen Friedens; sinnvolle Beschäftigung für junge Menschen	können Träger auswählen bzw. Finanzierung entziehen	hoch: Jugendhaus soll nach einem Jahr evaluiert werden für weitere Entscheidungen
Bürger*innen	mittel: Wieder-Nutzbarkeit der öffentlichen Plätze	haben Beschwerderecht	mittel: können Druck durch Beschwerden aufbauen
Konkurrenten	mittel: durch Beteiligung ggf. Mitgestaltungsmöglichkeiten	Steuerungsmöglichkeiten nur über Gemeinderat; Lobbyarbeit	mittel: können sich auf andere Arbeitsfelder fokussieren oder Kooperationen anstreben
Kooperationspartner Schule	hoch: neue Möglichkeiten für den Ganztagsbereich	können Adressat*innen vermitteln; Zusammenarbeit fördern oder behindern	mittel: sind auf Kooperationsbereitschaft angewiesen
Kooperationspartner Verein	hoch: Zugang zu Jugendlichen, die sie durch Ganztagsschulen verloren haben	können Adressat*innen vermitteln;	gering: sind auf Kooperationsbereitschaft angewiesen

Tab. 12: Beispiel für eine Stakeholderanalyse – Fortsetzung

Stakeholder/interessierte Partei	Nutzenerwartungen	Machtmöglichkeiten	Wille zur Machtausübung
Kooperationspartner Beratungseinrichtung	mittel: evtl. verbesserter Zugang zu Jugendlichen	können Attraktivität der Einrichtung steigern; Zusammenarbeit fördern oder behindern	gering
Sponsor	gering	Versagen von Fördergeldern	hoch

Quelle: modifiziert nach Vomberg, Edeltraut 2010: Praktisches Qualitätsmanagement. Ein Leitfaden für kleinere und mittlere Soziale Einrichtungen. Stuttgart: Kohlhammer, S. 151f

Wichtig ist, dass diese Ein- und Abschätzung von Nutzenerwartungen, Machtmöglichkeiten und Willen zur Machausübung der Stakeholder nicht von einer einzelnen Person erledigt wird, sondern Resultat des Kommunikationsprozesses eines Teams ist. Dieses Team stützt sich dabei auf Wissen über die Stakeholder und ihre Kalkulationen, nimmt aber gleichzeitig auch subjektive Einschätzungen vor. Am Ende dieses Schrittes kann es sinnvoll sein, eine quantifizierte Gewichtung der Betroffenheit (Nutzenerwartung) und des Einflusses (Macht/Risiko) der Stakeholder anhand von Punkten vorzunehmen (▶ Tab. 13). Dafür lässt sich bspw. eine Skala von ein bis zehn nutzen, wobei eins eine sehr geringe Ausprägung und zehn eine sehr hohe Ausprägung der entsprechenden Attribute meint.

Tab. 13: Beispiel für eine quantifizierende Stakeholderanalyse

Stakeholder/interessierte Partei	Nutzenerwartungen	Macht/Risiko
Adressat*innen (Jugendliche)	10	8
Kommune (Gemeinderat)	10	10
Bürger*innen	5	1
Konkurrenten	1	5
Kooperationspartner Schule	8	4
Kooperationspartner Verein	8	4
Kooperationspartner Beratungseinrichtung	5	4
Sponsor	1	7

Eigene Darstellung

In *Schritt 3* der Stakeholderanalyse lässt sich anhand dieser Einschätzung eine Gesamtbewertung der Situation erstellen. Für unser Beispiel bietet sich die Kraftfeldanalyse an (Vomberg 2010, S. 153). Hier ist es sinnvoll, die Komponenten Macht/Risiko (Wille zur Machtausübung und Ausprägung des Risikos bei Nichtberücksichtigung) und Nutzenerwartungen in Relation zueinanderzusetzen und dann die Stakeholder anhand der vergebenen Punkte in der Matrix zu positionieren. Dies lässt sich wie folgt grafisch darstellen (▶ Abb. 17).

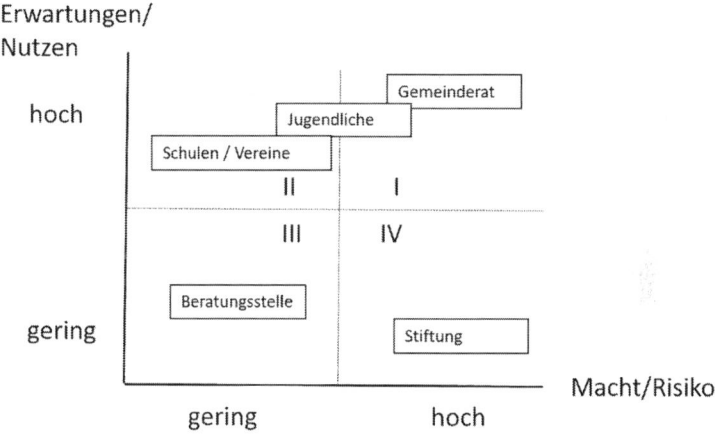

Abb. 17: Beispiel für eine Kraftfeldanalyse, eigene Darstellung

Der Gemeinderat als politische Steuerungsinstanz der Kommune und Entscheidungsgremium über Ausgaben im Jugendhilfehaushalt besitzt eine hohe Entscheidungsmacht: Er beschreibt Orientierungspunkte für das Konzept, beurteilt die Anbieter und wählt schlussendlich den Träger aus. Außerdem kann er bei Erfolglosigkeit des Projekts die Finanzierung zurückziehen. Als Stakeholder, dessen »Anforderungen zu erfüllen, existenzsichernde Funktion hat« (ebd., S. 150), ist er in Quadrant I anzusiedeln. Den Jugendlichen kommt als potenzielle und sehr erwartungsvolle Nutzer*innen auf den ersten Blick nur wenig Entscheidungsmacht zu: Sie wünschen sich ein Jugendhaus und sind auch die künftigen Nutzer*innen, werden aber weder in die Suche nach noch in die Auswahl des künftigen Trägers einbezogen. Nach Aufnahme des Betriebes des Jugendhauses allerdings werden die Jugendlichen entscheiden, ob das Angebot überhaupt seine Zielgruppe erreicht, nämlich indem sie das Jugendhaus nutzen oder nicht. Sie sind zwischen Quadrant I und II anzusiedeln. Die Schulen und Vereine haben zwar hohe Erwartungen, ihre Macht ist aber gering. Sie sind im Quadrant II – hohe Erwartungen, geringer Einfluss – einzuordnen. Die Beratungsstelle hat wenig Erwartungen und ihr Einfluss ist ebenfalls gering. Deshalb ist sie in Quadrant III zu verorten. Schließlich ist der Einfluss der Stiftung als hoch zu bewerten, da sie die erforderliche Kofinanzierung erbringen kann. Ihre konkreten Erwartungen aber sind gering, d. h., sie kann in den Quadranten IV eingeordnet werden.

Das Beispiel zeigt, worauf Stakeholderanalyse und Kraftfeldanalyse angelegt sind: Sie zielen darauf ab, Erwartungen an Angebote oder auch an die Gestaltung des QM zu ermitteln und daraus abzuleiten, welche davon unbedingt berücksichtigt werden müssen, um die Existenz der Einrichtung zu sichern. Dabei spielt eine Rolle, wie die Anspruchsgruppen ihre Erwartungen äußern, welche Macht sie haben und ob sie diese durchsetzen wollen. Für die Nutzung dieser Instrumente in der Sozialen Arbeit ist zu beachten, dass nicht nur die monetären und politischen Machtmittel zu kalkulieren sind, sondern auch der Einfluss, den Stakeholder auf das Gelingen der *inhaltlichen Ziele* haben. Wegen ihres ko-produktiven Charakters kommt den Adressat*innen dabei eine besondere Macht zu: Ohne ihre Mitwirkung und Nutzung-(sbereitschaft) kann auch das politisch höchst gewollte Angebot wenig bzw. keine Wirksamkeit entfalten (Vomberg 2010, S. 152f). So haben die Jugendlichen in unserem Beispiel zwar keine Macht, den Träger auszuwählen und ihn zu finanzieren, sie entscheiden letztlich aber durch ihr Nutzungsverhalten, ob das Angebot Bestand haben wird.

In der oben dargestellten Stakeholderanalyse kommen im Moment lediglich externe Anspruchsgruppen vor. Wären auch interne Stakeholder vorhanden, müssten diese ebenso berücksichtigt werden. Vor allem im Projektmanagement lohnt es, eine Stakeholderanalyse der internen Anspruchsgruppen zu erstellen, um einzuschätzen, auf welche unterstützenden Kräfte man setzen kann, mit welchen Kritiker*innen man sich beschäftigen muss und welche vernachlässigt werden können.

4.4.3 Analysen der inneren Bedingungen einer Organisation

Beim analytischen Blick auf die eigene Organisation geht es um die Erfassung und Bewertung interner Bedingungen unter der Fragestellung, wie diese zum Erfolg des Unternehmens bzw. zur Qualität der Leistungen der Einrichtungen beitragen. Bei diesen Analysen werden Ressourcen und Verbesserungsbereiche ermittelt und zwar im Hinblick auf verschiedene Grundelemente eines Unternehmens. In der Regel stehen formale Elemente wie Strukturen und Prozesse, Qualifikationen des Personals und Kompetenzen der Führung im Vordergrund. Aber auch informelle Elemente (Normen und Werte, das soziale Miteinander bzw. die Organisationskultur) können Gegenstand von Untersuchungen der Organisation sein.

Ebenso wie bei der Analyse des Umfelds werden in den internen Analysen Ausschnitte aus einem mehr oder weniger komplexen Gesamtsystem betrachtet. Dabei ist zu beachten, dass die einzelnen Elemente nicht nur wichtig sind im Hinblick auf die Zielerreichung der Einrichtung (Lokomotionsfunktion), sondern dass sie auch eine Funktion beim Systemerhalt oder der Systempflege (Kohäsionsfunktion) einnehmen (Steinmann et al. 2013, S. 140). Gerade der letztgenannte Aspekt, also die Bedeutung einzelner Elemente beim Systemerhalt, weist darauf hin, dass Erfolg und Qualität eines Unternehmens nicht durch Gestaltung einzelner singulärer Komponenten gesteuert werden können. Vielmehr ist es

4.4 Handlungsmuster »Rahmenbedingungen der eigenen Arbeit untersuchen«

wichtig, das Wechselspiel der Elemente untereinander sowie der Komplexität des Gesamtsystems zu berücksichtigen. Die Systemtheorie bietet hier hilfreiche Erklärungsmuster.

Struktur- und Prozessanalyse

Steuerungsgrößen der formalen Ebene einer Organisation bzw. einer Einrichtung sind Aufbau- und Ablauforganisation.

- »Die Aufbauorganisation gliedert ein Unternehmen in Teileinheiten (Stellenbildung), ordnet ihnen Aufgaben und Kompetenzen zu und ermöglicht die Koordination der verschiedenen Organisationseinheiten.
- Der Ablauf des betrieblichen Geschehens findet seinen Niederschlag in der Ablauforganisation. Sie regelt primär die inhaltliche, räumliche und zeitliche Folge der Arbeitsprozesse« (Vahs 2012, S. 33).

Für die effektive und effiziente Organisationsgestaltung zur Realisierung eines Unternehmenszwecks ist die Aufteilung der Arbeit in Aufgaben (Differenzierung) wichtig, um diese dann zu sinnvollen Aufgabeneinheiten, z. B. Stellen, Abteilungen, Bereiche, zusammenzufügen (Integration). Dabei geht es darum, die Gesamtaufgabe in Teilaufgaben und Teilschritte zu zergliedern und diese dann zu »zweckmäßigen Aufgabenkomplexen und Arbeitsprozessen zusammenzufassen« (ebd.).

Beispiel

In unserer Beispieleinrichtung (▶ Kap. 4.1.3) ist der Geschäftsbereich Kinder- und Jugendhilfe in die Aufgabenbereiche SPFH, Mobile Jugendarbeit, stationäre Wohngruppen für minderjährige Flüchtlinge, Schulsozialarbeit/Jugendhilfe an Schulen unterteilt. Diese Abteilungen können wiederum in verschiedene Aufgaben wie z. B. Leitung, Verwaltung, sozialpädagogische Arbeit gegliedert und in eine hierarchische Abstufung gebracht werden. In der Abteilung Schulsozialarbeit gibt es dann wiederum eine Leitung, die der Verwaltung und den Fachkräften Sozialer Arbeit übergeordnet ist.

Innerhalb dieser Organisationseinheiten erledigen Stelleninhaber*innen die ihnen zugeteilten Aufgaben in raum-zeitlich gebundenen Arbeitsprozessen. Arbeitsprozesse definieren sich durch

- die zielgerichtete Erstellung einer Leistung,
- durch eine Folge von logisch zusammenhängenden Aktivitäten,
- innerhalb einer Zeitspanne und
- nach bestimmten Regeln (ebd., S. 233).

In Bezug zu unserem Beispiel lassen sich die o. g. Elemente wir folgt konkretisieren:

- *Arbeitsprozesse* in der Schulsozialarbeit sind u. a. Beratung, soziale Gruppenarbeit, Kooperation mit Lehrkräften.
- Die *Zielgerichtetheit* in der Leistung ›Beratung‹ ist z. B. die Erarbeitung von Lösungsmöglichkeiten in einem Konflikt zwischen zwei Schüler*innen.
- Die *logische Abfolge* in dem Arbeitsprozess ›Beratung‹ manifestiert sich in den Schritten Klärung, wer an dem Gespräch teilnehmen soll, Anbahnung und Terminierung, Vorbereitung, Durchführung und Nachbereitung der Beratung. Der Beratungsprozess kann mehrere Beratungstermine umfassen und über einen Zeitraum von mehreren Wochen gehen.
- Die *Regeln*, die zur Anwendung kommen, sind die Prinzipien der Beratung mit den verschiedenen Phasen Vorbereitung, Beziehungs- und Situationsklärung, Problemanalyse, Herausarbeitung von Lösungsstrategien etc. sowie die professions- und arbeitsfeldspezifischen Maximen wie Partizipation, Freiwilligkeit. usw.

Die Qualität einer Einrichtung und ihrer Leistungen wird dadurch mitbestimmt, dass die strukturellen Zuschnitte von *Aufgaben und Befugnissen* (Wer ist für welche Aufgabe zuständig und hat auch das Recht, über die Art und Weise, wie die Aufgabe erledigt wird, zu bestimmen?), von *Über- und Unterordnungen* (Wer ist wem gegenüber weisungsberechtig oder untergeordnet?), von *Schnittstellen* (Welche Funktionsträger müssen an welchen Stellen zusammenarbeiten?) und von *autonomen Einheiten* (Welche Aufgabenträger*innen sind zu einem Team, einer Abteilung zusammenzuführen?) sinnvoll gestaltet sind. Sinnvoll heißt hier, dass die Aufgabenerledigung möglich ist und dass die Arbeitsprozesse fachlich optimal, d. h. nach professionellen Prinzipien, effektiv und effizient (d. h. wirkungsvoll und in angemessenem Verhältnis von Aufwand und Ertrag) erfolgen. Untersuchungsfragen können hier sein:

- Sind die Aufgaben der Mitarbeiter*innen gut ein- und abgegrenzt, oder wird an einer Sache doppelt gearbeitet?
- Funktionieren die Absprachen zwischen den Abteilungen?
- Sind Weisungsrechte und Unterschriftenbefugnisse klar und der Arbeit angemessen?
- Lassen Verfahrensrichtlinien für Prozesse ausreichend Spielraum für die fachlich erforderliche Autonomie der Mitarbeiter*innen?

Besondere Aufmerksamkeit kann bei diesen struktur- und prozessbezogenen Arbeitsanalysen den *Schlüsselprozessen* zukommen. Schlüsselprozesse sind dafür verantwortlich, dass die wesentlichen Arbeits- bzw. Einrichtungsziele erreicht werden. Sie stellen den ›Kern‹ einer Einrichtung dar. In der Sozialen Arbeit stellen Schlüsselprozesse deshalb v. a. adressat*innenbezogene Prozesse dar, z. B. das Hilfeplangespräch beim ASD (Allgemeiner Sozialer Dienst), eine erlebnispädagogische Einheit in der Offenen Jugendarbeit oder die Gestaltung einer Malwerkstatt in einer sozialpsychiatrischen Tagesstätte. Aber auch adressat*innenunabhängige Prozesse können Schlüsselprozesse darstellen, wie z. B. Abstimmungsgespräche der Schulsozialarbeit*in mit Lehrkräften, Kooperationstreffen von Integrationsbegleiter*innen oder Stadtteilbegehungen von Jugendhilfeplaner*innen. Identifizierung und Analyse von Schlüsselprozessen stellen einen wichtigen Aspekt dar in der Frage nach den organisatorischen Bedingungen für qualitätsvolles Handeln. Bereits ihr Entwurf und ihre Beschreibung sind eine wichtige Grundlage für qualitätsvolles Handeln. Wir werden diese Methode deshalb in Kapitel 4.5 ausführlicher darstellen (▶ 4.5.4, Abschnitt *Analyse, Beschreibung und Gestaltung von Schlüsselsituationen*).

Analyse der Unternehmenskultur

Einrichtungen der Sozialen Arbeit bestehen nicht nur aus formalen Aspekten, sie werden auch von informellen Elementen geformt und geprägt. Als bedeutendes Element dieses informellen Systems wird die Unternehmenskultur bezeichnet. Sie kann verstanden werden als »unverwechselbare *Vorstellungs-* und *Orientierungsmuster*, die das Verhalten der Mitglieder und der betrieblichen Funktionsbereiche nachhaltig prägen« (Steinmann et al. 2013, S. 652; Herv. i. O.).

Auch wenn in der Wissenschaft unterschiedliche Auffassungen darüber bestehen, was genau die Funktion einer Unternehmenskultur ist, herrscht Konsens über deren Kernelemente. Danach ist eine Unternehmenskultur.

- ein implizites Phänomen, d. h., sie hat keine greifbare, physische Existenz und erschließt sich nur durch Interpretation,
- ein gelebtes, aber kaum reflektiertes Orientierungsmuster,
- ein kollektives Phänomen, das Handlungsorientierungen für alle Organisationsmitglieder liefert,
- Ergebnis eines Lernprozesses in der Auseinandersetzung mit den externen und internen Aufgaben und Problemen,
- ein Sinn stiftendes Element, d. h., sie liefert Orientierung in der komplexen Umwelt und Deutungen von Situationen,
- nicht explizit erlernbar, sondern in einem Sozialisationsprozess erworben (ebd., S. 653f).

Diese Charakteristika zeigen, warum die Kultur einer Einrichtung einen wichtigen Untersuchungsaspekt im Hinblick auf organisatorische Rahmenbedingungen darstellen kann: Es handelt sich bei der Organisationskultur um »ein gemeinsames mentales Modell (...), das die Mitarbeiter eines Unternehmens vertreten und für selbstverständlich halten« (Schein 2010, S. 36). Ob dieses tradierte System der Kultur allerdings funktional, d. h. (noch) in sich stimmig ist, stellt eine wichtige und qualitätsrelevante Frage dar. Denn hier geht es darum, ob Werte und Normen, die die Einrichtung für sich proklamiert, überhaupt eine Chance haben, realisiert zu werden. Die Analyse der Kultur einer Einrichtung macht also Sinn, um mentale Modelle zu ermitteln und ggf. zu korrigieren. Klar wird auch, dass die Auseinandersetzung mit dem kulturellen System kein einfaches Unterfangen darstellt, denn das, was sie ausmacht, ist kaum greifbar, und i. d. R. ist darüber wenig explizites Wissen vorhanden. Deshalb ist es wichtig, zunächst einmal abstrakt zu erfassen, was eine Unternehmenskultur eigentlich ist und woraus sie sich zusammensetzt. Ein prominentes Modell für die Beschreibung bzw. Operationalisierung der Unternehmenskultur stammt von Edgar Schein (▶ Abb. 18).

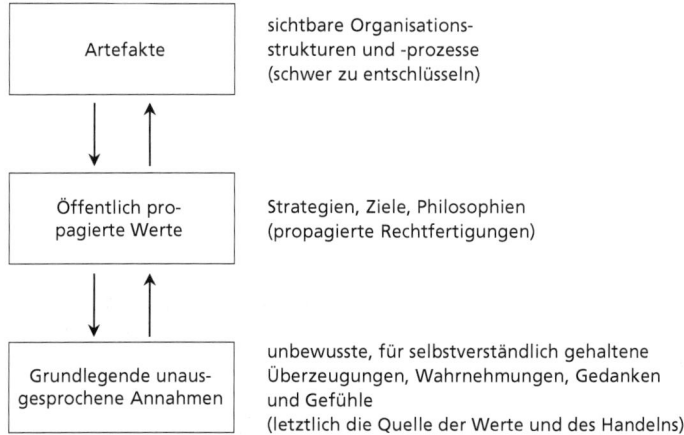

Abb. 18: Modell einer Unternehmenskultur nach Edgar Schein, Quelle: Schein, Edgar H. 2010: Organisationskultur (3. Aufl.). Bergisch Gladbach: Edition Humanistische Psychologie, S. 31 © 2003 EHP – Verlag Andreas Kohlhage. Abdruck mit freundlicher Genehmigung durch den Verlag

Die oberste Ebene der Grafik, die Schein mit dem Begriff »Artefakte« belegt, repräsentiert den am deutlichsten sicht- und erkennbaren Bereich einer Kultur. Es ist bspw. der Jargon, der gepflegt wird, die Art, wie man sich kleidet, das Maß an Förmlichkeit im Umgang miteinander oder mit Kund*innen, die Art, wie mit Konflikten und Meinungsverschiedenheiten umgegangen wird etc. Hier prägt sich im alltäglichen Miteinander das aus, was durch die darunter liegende Ebene einer Organisationskultur, nämlich durch »öffentlich propagierte Werte« in Form von Strategien, Zielen und Philosophien gestützt und gefördert wird. Diese Werte oder auch »propagierten Rechtfertigungen« stellen den Verhaltenscodex einer Organisation dar. So legt man z. B. Wert auf eine Kund*inneorientierung und auf Familienfreundlichkeit, stellt die Bedeutung von Teamarbeit heraus oder vertritt die Devise, dass man Berufliches und Privates trennen und deshalb auch niemanden nach Feierabend mit dienstlichen Angelegenheiten belästigen darf. Auf der untersten Ebene befinden sich die »grundlegenden unausgesprochenen Annahmen«, die aus einem »Satz an tiefverankerten Orientierungs- und Überzeugungsmustern, die die Wahrnehmung und das Handeln leiten« (Steinmann et al. 2013, S. 658), bestehen. Konkret sind dies vor allem Überzeugungen über die Natur des Menschen und seines Handelns, über Zeit und Wahrheit oder, in sozialwirtschaftliche Unternehmen, über die Ursachen von gesellschaftlichen und individuellen Problemlagen etc. Wichtig ist, dass alle drei Ebenen der

4.4 Handlungsmuster »Rahmenbedingungen der eigenen Arbeit untersuchen«

Kultur miteinander in Beziehung stehen und miteinander verwoben sind, wenngleich es auch Widersprüche zwischen den Ebenen geben kann.

Bei der Untersuchung der Organisationskultur geht es nun darum zu ermitteln, ob Werte und Normen (2. Ebene) durch die Artefakte (1. Ebene) gestützt werden bzw. – andersherum – ob sichtbare Zeichen oder Symbole des Arbeitsalltags mit dem Normsystem des Unternehmens korrespondieren. Ist das nicht der Fall, ist es wichtig, auf der Ebene der Grundannahmen (3. Ebene) nach den Ursachen dieses Widerspruchs zu suchen (Schein 2010, S. 74–77), also grundlegende Annahmen und Überzeugungen aufzudecken und zu überlegen, ob sie (noch) geeignet sind, das, was das Wesen der Organisation darstellen soll, zu unterstützen.

Beispiel

Unser Träger der Jugendhilfe könnte sich z. B. fragen, ob bzw. wie sich die proklamierten Normen der Adressat*innenorientierung und Partizipation im konkreten Alltagshandeln der einzelnen Arbeitsbereiche widerspiegeln: Ist es gewünscht und möglich, dass man den Adressat*innen ausreichend Gelegenheiten und Zeit gibt für Entscheidungen? Werden solche Aktivitäten von Mitarbeiter*innen unterstützt und gefördert, die einen hohen Anteil an Mitsprache und -gestaltung der Adressat*innen ermöglichen könnten? Wird man schräg angeschaut, wenn man sich mit Adressat*innen duzt? Falls dabei Diskrepanzen zwischen 1. und 2. Ebene erkennbar werden, kann es wichtig sein, sich mit den Grundannahmen zu beschäftigen und sich z. B. die Frage zu stellen, welche Auffassungen es bzgl. der Adressat*innenorientierung gibt, welche Befürchtungen vielleicht im Hinblick auf die Partizipation vorhanden sind, welche Ereignisse es evtl. schon einmal in der Einrichtung gab, die zu einer skeptischen Haltung des ›Duzens‹ geführt haben.

Eine solche Dechiffrierung der ›Kulturgestalt‹ eines Unternehmens und das Entdecken dysfunktionaler Kulturelemente ist anspruchs- und voraussetzungsvoll. Offenheit, Vertrauen und Sanktionsfreiheit sowie Zeitressourcen und Know-how sind erforderlich, um an den Kern, also die funktionalen oder dysfunktionalen Maximen und Basisannahmen, zu gelangen. Externe oder interne Moderator*innen oder Berater*innen können hilfreich sein, um diese »Selbstuntersuchung« anzuleiten (ebd., S. 77). Nach Ermittlung von problematischen Bereichen muss ein Veränderungsprozess in Gang gesetzt werden, ein Lernprozess, in dem bisherige und dysfunktionale mentale Modelle abgelegt werden zugunsten passenderer Sichtweisen. Ziel ist, Basisannahmen so zu modifizieren, dass auch Normen und Standards sich verändern und so eine neue, bessere Kultur entsteht, die dann auf der Ebene des Symbolsystems neue Ausprägungen erfährt.

Dabei ist es wichtig zu realisieren, dass es »keine richtige oder falsche, gute oder schlechte Kultur gibt, es sei denn im Verhältnis zu den Unternehmenszielen und den Möglichkeiten und Grenzen seines Umfeldes« (ebd., S. 36). Das bedeutet, dass eine Unternehmenskultur sich im Verhältnis zur internen und externen Umwelt des Unternehmens ausbildet und dass sie nur *daran* gemessen funktional oder dysfunktional sein kann.

Stärken-/Schwächen-Analyse

Die Stärken-Schwächen-Analyse ist eine Methode der strategischen Planung, mit der die organisationsinterne Situation ermittelt bzw. eingeschätzt wird. Es gibt spezifische Kriterienkataloge für die Stärken-Schwächen-Analyse in Wirtschaftsbetrieben. Diese beziehen sich auf wichtige Aspekte in den finanziellen, physischen, organisatorischen und technologischen Bereichen des Unternehmens, zu denen eine Einschätzung der Ressourcen und Leistungspotentiale erfolgt. Für die Sozialwirtschaft wurde ein spezieller Katalog von Kortendieck (2008, zit. n. Holdenrieder 2017b, S. 85) entwickelt. Abbildung 19 stellt diesen Katalog sowie das Resultat einer Stärken-Schwächen-Analyse dar. Deutlich wird, dass eine quantitative Bewertung vorgenommen wird und dass diese Bewertung auf einen Vergleich angelegt ist (▶ Abb. 19). Dieser Vergleich kann zwischen Abteilungen, zwischen verschiedenen Angeboten oder auch zwischen der eigenen Einrichtung und dem bedeutendsten Konkurrenten erfolgen. Letzteres ist aber in den Einrichtungen der Sozialen Arbeit eher nicht üblich, da die Bedingungen der Konkurrent*innen häufig sehr von den eigenen abweichen. Ein gebräuchliches Verfahren des Vergleichs mit anderen Einrichtungen stellt das Benchmarkingverfahren dar. Datenquellen für die Beurteilungen in der Stärken-Schwächen-Analyse sind entweder quantitative Daten (z. B. Belegungsquoten) oder qualitative Einschätzungen von Anspruchsgruppen, die anhand von qualitativen Befragungen generiert wurden (z. B. Mitarbeiter*innenzufriedenheit).

Ressourcen	Jugendberufshilfeeinrichtung	Kindertageseinrichtung	Betreutes Wohnen	Suchthilfeeinrichtung
	Bewertung = Noten von 1 [sehr gut] bis 8 [unzureichend]			
Belegungsquoten	4	4	2	3
Kundenzufriedenheit	6	6	1	2
MA-Zufriedenheit	4	6	3	2
Personalstruktur	4	4	2	5
Organisationsstruktur	4	3	3	3
Betriebliche Abläufe	3	7	3	2
Ausstattung	2	7	4	3
Rücklagen	4	8	4	4
Summe	31	45	22	25
Gewogener Durchschnitt (Summe dividiert durch Anzahl Ressourcen)	**3,88**	**5,63**	**2,75**	**3,13**

Abb. 19: Stärken-Schwächen-Analyse einer sozialwirtschaftlichen Einrichtung, Quelle: Holdenrieder, Jürgen 2017: Planung. In: Holdenrieder, Jürgen (Hrsg.): Betriebswirtschaftliche Grundlagen Sozialer Arbeit (2., erw. u. überarb. Aufl.). Stuttgart: Kohlhammer, S. 75–94, hier S. 85

4.4 Handlungsmuster »Rahmenbedingungen der eigenen Arbeit untersuchen«

Eine Stärken-Schwächen-Analyse vollzieht sich idealtypisch in folgenden Schritten:

1. *Festlegung des/der Analysebereiche/s* (Arbeits- bzw. Geschäftsfelder im Gesamtunternehmen)
   Je nach Zielsetzung der Stärken-Schwächen-Analyse ist zu entscheiden, welcher Ausschnitt der Organisation in den Blick genommen werden soll. Geht es darum, die spezifischen Ressourcen einzelner Tätigkeitsfelder oder Geschäftsbereiche einer Einrichtung aufzudecken, macht es Sinn, dieses Thema bei der vergleichenden Analyse anzugehen. Hier ist es allerdings wichtig, dass man die unterschiedlichen Bedingungen für die einzelnen Geschäftsbereiche mitberücksichtigt. So ist z. B. eine Vollbelegung in der Jugendberufshilfe aufgrund der hohen Fluktuation weitaus schwieriger zu erzielen als im Betreuten Wohnen. Es sollten hier also unterschiedliche Bewertungsmaßstäbe entwickelt werden, um diesem Sachverhalt gerecht zu werden. Geht es darum, eine Gesamteinschätzung über den Zustand des Trägers zu erzielen, so macht es Sinn, das gesamte Unternehmen ohne Differenzierung der Geschäftsfelder zu bewerten und sich dabei mit dem ›wichtigstem Wettbewerber‹ zu vergleichen. Dieser Vergleich mit Wettbewerbern ist allerdings in der Sozialwirtschaft schwer zu realisieren, da zuverlässige Informationen über andere Träger kaum zu beschaffen sind. Insofern ist es notwendig, bei einem solchen Vergleich selektiv vorzugehen, sowohl »in Bezug auf die einzubeziehenden Konkurrenten als auch hinsichtlich der zu erhebenden Daten« (Holdenrieder 2017b, S. 86). Das Benchmarking bietet ein in der Sozialwirtschaft mittlerweile breit genutztes und vielfach auch vom Finanzierer gefordertes Verfahren für das Anliegen des selektiven Vergleichs (ebd.). Dabei werden Vergleichsgegenstand sowie das oder die Vergleichsunternehmen bewusst und nach zuvor festgelegten Kriterien ausgewählt. Entsprechend der zu bewertenden Bereiche werden dann die Formen der Datengewinnung festgelegt. Sollen z. B. die Methoden verglichen werden, können Adressat*innenbefragungen wichtige Beurteilungsaspekte liefern.

2. *Festlegung der Kriterienbereiche der zu ermittelnden Ressourcen*
   In diesem Schritt müssen interessierende und aussagekräftige Bereiche festgelegt werden, für die eine Bewertung durchgeführt werden soll. Dabei sollten Bereiche gewählt werden, die wichtige Ressourcen für die Einrichtung darstellen, also z. B. Belegungsquoten, Mitarbeiter*innenzufriedenheit, Zufriedenheit der Adressat*innen, Ausstattung der Räumlichkeiten.

3. *Informationssammlung zu den einzelnen Kriterienbereichen*
   Bevor beurteilt werden kann, ob es sich um eine Stärke oder eine Schwäche handelt, d. h. wie die einzelnen Ressourcen zu bewerten sind, müssen entsprechende Informationen gesammelt werden. Dazu gehört Zahlenmaterial etwa über Auslastung, Belegung, Fördermittel. Aber auch Ergebnisse von Befragungen und Begehungen können von Interesse sein. Es ist auch möglich, ganz auf das Hinzuziehen von objektiven Daten zu verzichten und die Bewertung auf Grundlage der Wissensbestände und Einschätzungen der teilnehmenden Personen durchzuführen.

4. *Beurteilung der Ressourcen bzw. Leistungspotenziale anhand einer Zahlenskala*
   Auf Grundlage der zusammengetragenen und ausgewerteten Informationen

wird nun eine Einschätzung anhand von Zahlen vorgenommen. Die Skala sollte dabei nicht zu klein sein, um ausreichend Spielraum für Differenzierungen zuzulassen. Skalen von eins bis acht, oder, wie in der Abbildung, von eins bis zehn, werden häufig verwendet.

5. *Errechnung eines Durchschnittwerts pro Geschäftsfeld bei einer vergleichenden Stärken-Schwächen-Analyse*
Aus den verteilten Punkten wird nun ein gewogener Durchschnitt gebildet: die Summe der Kriterienbewertungen geteilt durch die Summe der Kriterien.

6. *Identifizierung von Stärken und Schwächen*
Beim Vergleich von Arbeits- oder Geschäftsfeldern können nun starke und schwache Bereiche in Form des Durchschnittswerts sowie durch die Werte für die einzelnen Kriterien identifiziert werden. Wird das Gesamtunternehmen einer Stärken-Schwächen-Analyse unterzogen und fehlt der Vergleich mit einem konkurrierenden Träger, werden die Kriterien einzeln als Stärke oder Schwäche gewertet.

7. *Entwicklung von Strategien*
Ziel der Analyse ist nicht nur, den Status Quo zu ermitteln, vielmehr sollen damit auf die Zukunft ausgerichtete Entscheidungen herbeigeführt werden. Dafür ist zu überlegen, ob und wie Stärken ausgebaut und ob und wie Schwächen minimiert werden können. Zu beachten ist, dass nicht jede zahlenmäßig als Schwäche zu erkennende Situation auch als solche bearbeitet werden muss und kann, da es sich um spezifische und unveränderbare Bedingungen und ggf. auch um Notwendigkeiten handelt, wie im Beispiel mit den Belegungszahlen deutlich wurde. So können z. B. auch prekäre arbeitsvertragliche Bedingungen zunächst als Schwäche aufscheinen, letztlich aber ein von außen oktroyiertes Wettbewerbsinstrument darstellen.

Wobei eine Stärken-Schwächen-Analyse unterstützen kann und wie sie konkret aussehen könnte, wollen wir anhand unserer Beispieleinrichtung verdeutlichen.

Beispiel

Der Träger stellt Überlegungen an, seine Angebote im Geschäftsbereich ›Arbeit‹, der aus den Abteilungen Ausbildungs- und Beschäftigungshilfen besteht, auszuweiten. Da derzeit Maßnahmen sowohl in der Ausbildungsförderung als auch in der Förderung von Langzeitarbeitslosen ausgeschrieben wurden, soll der Ist-Stand dieser beiden Abteilungen genauer und vergleichend untersucht werden, um besser entscheiden zu können, in welchem der beiden Arbeitsfelder der Geschäftsbereich expandieren sollte. Zunächst legt die Geschäftsleitung zusammen mit den Abteilungsleiter*innen die Kriterienbereiche fest, zu denen die Ressourcen bewertet werden sollen: Es sind die Bereiche Personal, Kooperationspartner, Räumlichkeiten und Partner als mögliche Kofinanzierer. In einem zweiten Treffen und nach Einholen von Informationen zu den festgelegten Kriterienbereichen wird dann eine differenzierte Bewertung der Stärken und Schwächen vom o. g. Leitungsteam durchgeführt (▶ Tab. 14). Dabei werden die genannten Ressourcenbereiche in einem differenzierten Raster auf

4.4 Handlungsmuster »Rahmenbedingungen der eigenen Arbeit untersuchen«

einer Skala von eins bis acht folgendermaßen bewertet, wobei acht sehr gut bedeutet und eins sehr schlecht.

Tab. 14: Stärken-Schwächen-Analyse der Abteilungen Ausbildungshilfen und Beschäftigungshilfen

Ressource	Ausbildungshilfen			Beschäftigungshilfen		
Personal	Qualifikation	Bindung an Träger	Projekterfahrung	Qualifikation	Bindung an Träger	Projekterfahrung
	6	2	1	5	8	7
	9:3 = 3			20:3 = 6,7		
Kund*innenzufriedenheit	Agentur f. Arbeit/ Jobcenter	Adressat*innen	Betriebe	Agentur f. Arbeit/ Jobcenter	Adressat*innen	Betriebe
	7	6	7	7	3	4
	20:3 = 6,7			14:3 = 4,7		
Räumlichkeiten	Seminarräume	Besprechungsräume	Werkstätten	Seminarräume	Besprechungsräume	Werkstätten
	8	6	7	1	1	1
	21:3 = 7			3:3 = 1		
Partner	Stiftungen	andere soziale Einrichtungen	Kommune	Stiftungen	andere soziale Einrichtungen	Kommune
	5	1	5	7	8	8
	11:3 =3,7			23:3 = 7,7		

Eigene Darstellung

Daraus wird nun eine Stärken-Schwächen-Analyse erstellt als Grafik mit den Koordinaten eins bis acht, wobei acht der beste Wert ist und eins der niedrigste. So ergibt sich folgendes Bild (▶ Tab. 15).

Tab. 15: Stärken-Schwächen-Analyse der Abteilungen Ausbildungshilfen und Beschäftigungshilfen im direkten Vergleich

Ressource	Beurteilung
Personal	x ———— o (Personal: x bei 5, o bei 7)
Kund*innenzufriedenheit	o bei 7, x bei 7
Räumlichkeiten	o bei 1, x bei 7
Partner	x bei 4, o bei 8

x = Ausbildungshilfen, o = Beschäftigungshilfen
Eigene Darstellung

Es wird deutlich, dass die Beschäftigungshilfen deutliche Stärken im Bereich des Personals und im Bereich der Partner haben, die Kund*innenzufriedenheit liegt im Mittelfeld, aber die Räumlichkeiten sind eindeutig als Schwäche zu identifizieren. Die Ausbildungshilfen verfügen über deutliche Stärken bei Kund*innenzufriedenheit und Räumlichkeiten, zeigen aber Schwächen im Hinblick auf die Partner und das Personal.

Die Ergebnisse dieser Analyse werden nun mit der zu entscheidenden Situation verbunden. Da für die Geschäftsführung die Kofinanzierung des zu beantragenden Projekts besonders wichtig ist, legt sie ihr Hauptaugenmerk auf Partnerbeziehungen, die als Potenzial gesehen werden, um eine solide Kofinanzierung auf die Beine stellen zu können. Hier ist die Beschäftigungsabteilung deutlich besser aufgestellt als die Ausbildungsabteilung. Darüber hinaus wird das Personal als bedeutende Ressource für die Umsetzung des Projekts gesehen. Beide Stärken sprechen dafür, dass der Beschäftigungsbereich als Projektbereich eher in Frage kommt. Ein Problem stellt die schlechte räumliche Situation dar. Für ein neues Projekt müssten neue Räumlichkeiten gefunden werden.

Insgesamt zeigt sich, dass die Stärken-Schwächen-Analyse ein Verfahren der Selbstbeschreibung darstellt, das geprägt ist von Vereinfachungen und von subjektiven Einschätzungen des eigenen Systems (Steinmann et al. 2013, S. 137). Diese Subjektivität ist aber nicht als Mangel zu bewerten, sondern fördert die intensive und durchaus selbstkritische und damit auch entwicklungsfördernde Auseinandersetzung mit dem eigenen Unternehmen. Insbesondere dann, wenn die Einschätzungen auf Grundlage von geeignetem Datenmaterial erfolgen und die Sichtweisen von Mitarbeiter*innen und Adressat*innen einbezogen werden, können Ressourcen und Potenziale systematisch ermittelt und erkannt werden. Für weitere strategische Planungen und Entscheidungen empfiehlt sich die Verbindung der Stärken-Schwächen-Analyse mit Untersuchungen der Umwelt des Unternehmens. Dies erfolgt z. B. in einer SOFT-Analyse (Satisfactions = Zufriedenheit, Opportunities = Möglichkeiten, Faults = Fehler, Threats = Gefahren). In einer SOFT-Analyse werden Stärken und Schwächen mit den Chancen und Risiken, die sich aus einer Umweltanalyse ergeben, ins Verhältnis gesetzt. Die Situation des Unternehmens in der Gegenwart, die mit der Stärken-Schwächen-Analyse ermittelt wurde, wird dabei unter Kalkulation von möglichen Risiken und Chancen in die Zukunft hineingedacht. Ein solches Vorgehen hilft, um Strategien zu entwickeln, mutmaßliche günstige Gelegenheiten nutzen und möglichen Gefahren begegnen zu können.

Literatur zur Vertiefung

Holdenrieder, Jürgen 2017: Planung. In: Holdenrieder, Jürgen (Hrsg.): Betriebswirtschaftliche Grundlagen Sozialer Arbeit (2., erw. u. überarb. Aufl.). Stuttgart: Kohlhammer, S. 74–97
Vomberg, Edeltraut 2010: Praktisches Qualitätsmanagement. Ein Leitfaden für kleinere und mittlere Soziale Einrichtungen. Stuttgart: Kohlhammer

4.5 Handlungsmuster »Konzeptionell fassen, was man tut bzw. tun will« – Die Methode Konzeptionsentwicklung

Wenn wir uns in diesem Kapitel mit der Methode Konzeptionsentwicklung beschäftigen, dann geht es um den Entstehungsprozess von Grundsatzpapieren, in denen das, was eine Organisation ausmacht (d. h. ihre Normen und Grundausrichtungen), und das, was sie leistet oder leisten will (d. h. ihr Leistungsspektrum und -versprechen), schriftlich fixiert werden. Es gibt verschiedene Ausprägungen dieser Grundsatzdokumente. Je nach Konkretionsgrad sprechen wir von Leitbildern, von Verbands- oder Einrichtungskonzeptionen, von Programm- oder Maßnahmenkonzeptionen oder von Beschreibungen von Schlüsselprozessen. Allen diesen Spielarten von Konzeptionen ist gemeinsam, dass in ihnen der Zusammenhang von Zielen auf der einen Seite und Verfahren und Rahmenbedingungen, die erforderlich sind, um die Ziele zu erreichen, auf der anderen Seite dargestellt werden. Von Spiegel bezeichnet Konzeptionen als »Entwurf eines *Wirkungszusammenhangs* für das methodische Handeln innerhalb einer Einrichtung oder einer Organisationseinheit« (von Spiegel 2013a, S. 251; Herv. i. O.).

Konzeptionen sind wichtige Bausteine für die Entwicklung bzw. Transparenz des Angebots- und Qualitätsprofils einer Einrichtung. Nach außen zeigen sie auf, was die Einrichtung charakterisiert und attraktiv macht. Nach innen ermöglichen sie »Handlungs- und Steuerungsfähigkeit« (Michel-Schwartze 2009, S. 299). Konzeptionen existieren in nahezu allen Einrichtungen der Sozialen Arbeit, wenn auch in sehr unterschiedlichem Detaillierungsgrad und mit unterschiedlicher Bedeutung für den Arbeitsalltag. Denn nicht immer wissen alle Organisationsmitglieder davon, dass es eine Konzeption gibt, und nicht immer sind alle von ihrem Nutzen für die alltägliche Arbeit überzeugt. Dennoch gehören sie mittlerweile zum etablierten fachlichen Standard in der Sozialen Arbeit und sind als Garant einer »fundierten Praxisgestaltung« (Scherr 2005, S. 613) aus einer professionsgesteuerten QE nicht wegzudenken. Dass die Entwicklung von Konzeptionen eine wichtige Methode in der Sozialen Arbeit ist, ergibt sich aber nicht nur aus inhaltlichen Notwendigkeiten, sondern auch aus formalen Anforderungen. So ist z. B. der Bereich der frühkindlichen Betreuung und Förderung nach dem SGB VIII verpflichtet, Konzeptionen zu erstellen, denn ohne eine Konzeption erhält eine Kita keine Betriebserlaubnis (§ 45 SGB VIII). In vielen Arbeitsfeldern der Sozialen Arbeit sind Konzeptionen erforderlich, um an Ausschreibungen und Vergabeverfahren teilnehmen zu können.

4.5.1 Begriffsdefinition und Aufgaben von Konzeptionen

Der Begriff Konzeption bedeutet laut Duden so viel wie Programm, Leitidee, geistiger Entwurf. Der verwandte Begriff Konzept wird dort mit Entwurf oder konkretem Plan gleichgesetzt. Hier zeigt sich, dass die Bedeutungsgehalte der beiden Begriffe sehr nahe beieinanderliegen, so dass eine trennscharfe Abgrenzung ihrer Verwendung nicht immer erfolgt oder möglich ist. Dennoch gibt es Unterschiede. Die Ausführungen von André Dupuis (2001) zur Differenzierung der Begriffe für den Kita-Bereich machen dies deutlich:

> »Eine Konzeption ist eine schriftliche Darstellung aller inhaltlichen Punkte, die in einer Kindertageseinrichtung für die Mitarbeiter/innen, die Eltern, die Kinder und den Träger relevant sind. Im Gegensatz dazu ist ein Konzept etwas Vorläufiges, ein Entwurf, ein Skript, in dem die Gedanken für eine Konzeption vielleicht grob festgehalten werden. Das Wort ›Konzeption‹ ist mit einem weit höheren Anspruch verknüpft. Es geht dabei um eine reflektierte, fundierte Darstellung der pädagogischen Arbeit in einer Einrichtung, verknüpft mit dem theoretischen Wissen derjenigen, die diese Konzeption verfasst haben« (ebd., S. 15).

Diese Unterscheidung erscheint uns sinnvoll und wir legen sie unseren weiteren Ausführungen zugrunden.

Wenn wir von Konzepten in der Sozialen Arbeit reden, z. B. vom Konzept der Lebensweltorientierung, dann sprechen wir auch hier von einem »Handlungsmodell, in dem die Ziele, die Inhalte, die Methoden und die Verfahren in einen sinnhaften Zusammenhang gebracht« (Schilling 1995, S. 25) worden sind. Allerdings lässt sich in diesem komplexen Konstrukt ›Konzept‹ kein Bezug auf eine *bestimmte* organisatorische Rahmung herstellen. Dies ist bei einer *Konzeption* aber der Fall, denn »im Unterschied zum Konzept integriert sie zusätzlich institutionelles Wissen, (kommunal-)politisches Wissen, Wissen über Zielgruppen und persönliches Erfahrungswissen der Fachkräfte vor Ort« (von Spiegel 2013b, S. 492). Darüber hinaus kann ein Konzept von einer einzigen Person verfasst sein, an einer Konzeptionsentwicklung sind i. d. R. aber verschiedene Personen oder Gruppierungen einer Organisation beteiligt.

In diesem Sinne lässt sich also die Konzeption vom Konzept dadurch abgrenzen, dass sie

- einen institutionellen Bezug aufweist,
- neben theoretischen Handlungsbegründungen die praktische und organisationsbezogene Umsetzung beschreibt und
- aus einem umfangreichen Verständigungs- oder Aushandlungsprozess hervorgeht.

Allerdings muss an dieser Stelle deutlich gemacht werden, dass in der wissenschaftlichen Literatur Sozialer Arbeit keine Eindeutigkeit in der Abgrenzung der Begriffe besteht. Graf und Spengler (2008), auf deren Ausführungen zum Thema wir hier zurückgreifen, favorisieren den Begriff Konzeptentwicklung für Verfahren, die wir hier als Konzeptionsentwicklung darstellen.

Im Hinblick auf die Aufgaben von Konzeptionen ist zunächst allgemein festzuhalten, dass sie eine *Außen-* und eine *Innenfunktion* haben. Nach *außen*, also gegenüber anderen Organisationen, Nutzer*innen und der Öffentlichkeit, stellen sie ein wichtiges *Legitimierungsinstrument* dar. Denn sie zeigen auf, was die Organisationen mit den öffentlichen Geldern, die sie für die Realisierung ihres Angebots benötigen, tun, d. h. welches gesellschaftlich als relevant erachtete Problem sie bearbeiten, welche Methoden und Instrumente dabei zum Einsatz kommen und welche Ergebnisse zu erwarten sind. Vor allem seit Einführung des New Public Managements (▶ Kap. 1.2.1) sind Konzeptionen wichtig, um die Daseinsberechtigung von sozialen Organisationen zu sichern (Michel-Schwartze 2009, S. 298). Nach *innen* fungieren Konzeptionen als *fachliche Selbstverortungen*, indem sie »Koordinaten für einen fachlich strukturierten Rahmen sowie Ziele für die Alltagssituation« (von Spiegel 2013a, S. 187) und damit, je nach Konkretionsgrad, grobe oder detaillierte Ziele und Handlungsleitlinien für das alltägliche professionelle Handeln liefern.

Konzeptionen sind allerdings sehr unterschiedlich im Hinblick auf ihren Generalisierungs- oder Präzisierungsgrad (Michel-Schwartze 2009, S. 299). Grundsätzlich gilt: Je größer der organisatorische Rahmen ist, den eine Konzeption beschreibt, desto allgemeiner fällt die Darstellung von Zielen und Handlungsformen aus. So hat die Konzeption eines Verbands oder eines großen Trägers das Format eines Leitbilds, also eines normativen Grundsatzpapieres, während die Konzeption einer Einrichtung konkrete Angebote für spezifische Adressat*innengruppen und mit diesen Angeboten verbundene Ziele und korrespondierende Handlungsformen beschreibt. Für eine Einrichtung erfüllt sie in letztgenanntem Sinne die Aufgabe, »das Handeln der Fachkräfte in der Einrichtung mit (institutionellem) Sinn zu unterlegen, es aufeinander abzustimmen und zu steuern« (ebd.). Auch der Grad des Einbezugs von Mitarbeiter*innen bei der Konzeptionserstellung weist eine große Bandbreite auf. Während bei der Erstellung eines Leitbilds innerhalb eines Verbands einige wenige Personen in Schlüsselpositionen tätig und die Ergebnisse allenfalls in Rückkopplungsschleifen mit den Mitarbeiter*innen kommuniziert werden, entsteht eine Einrichtungskonzeption i. d. R. unter Einbezug möglichst vieler Mitarbeiter*innen. Auch die Erstellung einer Maßnahme- oder Programmkonzeption erfordert die Mitarbeit von fachlich qualifizierten Personen, die auf Grundlage ihres Professionswissens einschätzen und festlegen können, mit welchen Methoden welche Ziele erreichbar sind.

Zuständig für die Konzeptionsentwicklung sind zwar i. d. R. Leitungskräfte, indem sie den Prozess der Entwicklung anstoßen und moderieren, es gehört aber auch zum methodischen Kompetenzprofil von Fachkräften der Sozialen Arbeit, die eigene Arbeit beschreiben und schriftlich begründen zu können. Konzeptionsentwicklung stellt deshalb einen wichtigen Baustein im methodischen Repertoire der Sozialen Arbeit dar.

Brigitta Michel-Schwartze (2009) hat eine umfassende und auf der Systemtheorie aufbauende Darstellung der Außen- und der Innenbezüge von Konzeptionen vorgenommen. Die *Binnenaufgabe* realisiert sich in folgenden ineinandergreifenden Aspekten:

- »Funktionale Differenzierung« (ebd., S. 299) bedeutet arbeitsteilige organisatorische Spezialisierungen, die auch mit »Teilautonomien« (ebd.) dieser Organisationseinheiten einhergehen. Gemeint ist hier die Differenzierung in verschiedene Zuständigkeiten und Zielausrichtungen innerhalb einer Organisation, wie z. B. die Aufteilung einer Einrichtung in verschiedene Geschäftsbereiche

oder Abteilungen. Diese Strukturierung erfolgt häufig entlang der Angebote. So kann sich eine Einrichtung der Jugendsozialarbeit z. B. in Betreutes Jugendwohnen, Berufsvorbereitung und Freizeitpädagogik differenzieren.
- »Integration der Teilsysteme« bindet die ausdifferenzierten Funktionssysteme zurück an das Gesamtsystem. Dies bedeutet, dass das Teilsystem mit den grundlegenden Zielen und Strategien der Einrichtung in Einklang stehen muss.
Der Geschäftsbereich Berufsvorbereitung muss also z. B. die gleichen Grundüberzeugungen im Hinblick auf die Förderung und Unterstützung von jungen Menschen haben wie die Bereiche Betreutes Jugendwohnen und Freizeitpädagogik.
- »Sicherung der Handlungs- und Steuerungsfähigkeit des Systems« bedeutet, dass durch eine verbindliche Beschreibung von Handlungsprogrammen, Handlungsmethoden und angestrebten Ergebnissen, also dem, was sich Teile der Einrichtung bzw. die Einrichtung insgesamt vornehmen, zielorientiert gearbeitet werden kann.
Der Geschäftsbereich Berufsvorbereitung realisiert diese Aufgabe z. B. dadurch, dass er seine Angebote und Methoden – Werkstattunterricht, Betriebspraktika und Bewerbungstraining – konkret benennt und beschreibt.

Die *Außenaufgabe* von Konzeptionen besteht Michel-Schwartze (2009) zufolge in folgenden Aspekten:

- »Attraktivierung des *Systems* (...) durch die Darstellung von Seriosität und Leistungsfähigkeit« (ebd., S. 300; Herv. i. O.), z. B. dadurch, dass die Einrichtung plausibel machen kann, dass sie ein seriöser Anbieter z. B. in der Jugendsozialarbeit ist;
- »Attraktivierung der *Systemleistungen*« (ebd.; Herv. i. O.) durch Plausibilisierung der Aufgaben, z. B. dadurch, dass die Einrichtung zeigen kann, dass ihre Angebote sinnvoll und zielführend sind, indem sie arbeitsmarktnahe berufsorientierende Maßnahmen anbietet;
- »*Regelungen für die Austauschbeziehungen mit der Systemumwelt*« (ebd.; Herv. i. O.) durch die Bezugnahme auf Interessen und Anliegen der Auftraggeber, des Fördersystems und der Adressat*innen, z. B. durch konkrete Angaben darüber, wie junge Menschen ohne Beruf angesprochen werden und auf welcher Finanzierungsgrundlage die Angebote erfolgen.

Wenn es also darum geht, durch eine Konzeption eine verbindliche Rahmung zu schaffen für Ausrichtung, Arbeitsfelder, Methoden und Aufgaben sowie diesen Rahmen nach außen zu transportieren und mit Erwartungen von Außenstehenden in Einklang zu bringen, liegt der unmittelbare Bezug zur QE auf der Hand: Indem eine Einrichtung konzeptionell fasst, was sie wie leisten will, entwirft sie in Kommunikation mit ihrer Umwelt eine konkrete Vorstellung darüber, welche Qualität zu erwarten ist und woran zu erkennen ist, ob diese Qualität auch realisiert wird. In einer Konzeption manifestieren sich die Qualitätsvorstellungen der Fachkräfte insofern, als eine logische und methodenadäquate Bearbeitung von Anliegen und Themen der Adressat*innen festgeschrieben wird. Diese stellen dann gleichzeitig die Qualitätsanforderungen an die tägliche Arbeit dar.

4.5.2 Konzeptionsarten

Konzeptionen können sich auf unterschiedliche organisatorische Einheiten beziehen. Man kann unterscheiden zwischen Konzeptionen, die für sehr große Organisationseinheiten gelten – im sozialen Bereich sind das v. a. Verbände oder Träger (Verbandskonzeption) – solchen, die auf konkrete Einrichtungen zugeschnitten sind (Einrichtungskonzeption) und schließlich Konzeptionen, die ein spezifisches Programm oder eine spezifische Maßnahme beschreiben (Maßnahme- oder Programmkonzeption). Diese verschiedenen Arten von Konzeptionen unterscheiden sich in ihrem Konkretionsgrad im Hinblick auf Ziele, Inhalte und Strategien zur Erreichung der Ziele. Dabei gilt: je größer der institutionelle Bezugspunkt, desto allgemeiner die Ziele und unkonkreter die Strategien.

Auch im Hinblick auf die Bestimmung der Adressat*innen trifft dies zu (▶ Tab. 16): Je größer die organisatorische Einheit, für die die Konzeption gilt, desto allgemeiner werden die Adressat*innen beschrieben und umgekehrt: Je kleiner die organisatorische Einheit, desto genauer ist die Zielgruppe in der Konzeption dargestellt. Mit Zielgruppen sind hier einerseits die unmittelbaren Adressat*innen der Angebote gemeint, andererseits aber auch solche Personen und Akteure, die von dem Angebot profitieren (können), die in die Leistungserbringung involviert sind oder die Ansprüche an die Einrichtung und ihre Angebote stellen. Dies sind z. B. bei einer Konzeption einer Maßnahme für arbeitslose Menschen die Fachkräfte der Arbeitsverwaltung, kooperierende Betriebe oder Angehörige arbeitsloser Menschen.

Eine *Verbandskonzeption* zeichnet sich durch ihren ›globalen‹ Charakter aus. Indem Werte, Normen, Philosophie und Weltanschauungen beschrieben werden, setzt sie einen Orientierungsrahmen für die Einrichtungen, die sich unter dem Dach des Verbands befinden. Mitarbeiter*innen können sich anhand dieser Konzeption fragen, ob sie die hier dargestellten Werte teilen und unter diesen Prämissen arbeiten wollen. Die Außenwelt wird über die Definition und Herleitung von gesellschaftlichen Missständen des Verbands informiert und damit über seinen »Gestaltungswillen« (Michel-Schwartze 2009, S. 308). Hierin drückt sich die politische Macht und Kompetenz des Verbands aus.

Graf und Spengler (2008, S. 59) plausibilisieren die Inhalte von Konzeptionen durch Entwicklung von Mustergliederungen. Danach könnte eine *Verbandskonzeption* folgende Punkte aufweisen:

- Selbstverständnis/Philosophie
- soziale Problemlagen
- Leistungen/Angebote
- Finanzen
- Personalwesen
- Umweltbeziehungen

Tab. 16: Gegenüberstellung von Zielsetzung/Charakter, Inhalten und Zielgruppen verschiedener Konzeptionstypen

	Charakter	Inhalte	Adressat*innen
Verbands- bzw. Trägerkonzeption	Leitbild, allgemeines Grundsatzpapier, ›Gestaltungswille‹	grundlegende Aussagen zu • Werten und ›Mission‹ • gesellschaftlichen Problemlagen • Problemlösungsziel und -ansatz • Mitarbeiterschaft	• alle Mitarbeiter*innen der Mitgliedorganisationen • allgemeine Öffentlichkeit • Politik
Einrichtungskonzeption	einrichtungsspezifisches Grundsatzdokument, ›Handlungswille‹	• Aussagen zu Einrichtungs- und arbeitsfeldspezifischen Werten • konkrete Problembeschreibung • Problemlösungskompetenz (Ziele, Mittel, Methoden) • Personalausstattung (Qualifikation, Kapazität)	• alle Mitarbeiter*innen der Einrichtung • potenzielle und tatsächliche Adressat*innen und deren Angehörige • tatsächliche und potenzielle lokale Öffentlichkeit • Kostenträger • Sponsoren • Kooperationspartner
Programm-/ Maßnahmenkonzeption	systematische Darstellung eines Vorhabens, eines (neuen) Programms	• dezidierte Problembeschreibung • konkrete Ziele, Mittel, Methoden bei der Problembearbeitung • Adressat*innen der Maßnahme • erwartete Resultate	• Mitarbeiter*innen, die im Angebot tätig sind • Kostenträger • Sponsoren

Quelle: eigene Darstellung in Anlehnung an Graf, Pedro/Spengler, Maria 2008: Leitbild- und Konzeptentwicklung (5., überarb. Aufl.). Augsburg: Ziel Verlag, S. 43

Eine *Einrichtungskonzeption* ist ebenfalls ein Grundsatzdokument. Es konkretisiert den Gestaltungswillen der Einrichtung durch ein Handlungsprogramm, das spezifisch auf ein soziales Problem zugeschnitten ist. D. h., eine Einrichtung bringt hier ihre »Entschlossenheit« zum Ausdruck, »gegen ein von ihr konstatiertes Problem konkret zu intervenieren und hierzu gegenständlich Personal, Räume, Arbeitsmittel einzusetzen« (Michel-Schwartze 2009, S. 311). Damit steckt sie »Claims« ab, erhebt also einen Anspruch auf die Bearbeitung eines spezifischen Problembereichs in einem spezifischen lokalen Raum (ebd.). Für die Mitarbeiter*innen liefert eine solche Konzeption wichtige Orientierungspunkte für ihr professionelles Handeln und die Ausprägung ihrer fachlichen Expertise innerhalb der Einrichtung.

Eine Einrichtungskonzeption könnte nach Graf und Spengler (2008, S. 102) folgendermaßen strukturiert sein:

- Rahmenbedingungen (Träger, gesetzliche Grundlagen, Umfeld, Räume, Personal, Finanzen)
- Zielgruppe(n)
- pädagogische Inhalte (Handlungsziele und -prinzipien, Angebots- bzw. Programmstruktur, evtl. zielgruppenspezifische Angebote, Gemeinwesenorientierung)
- organisatorische Voraussetzungen (Öffnungszeiten, Raum- und Funktionsprogramm, Team, Entscheidungsstrukturen/Beteiligung der Besucher*innen, Hausordnung)
- Instrumente der Qualitätssicherung und -entwicklung

Eine *Maßnahme-, Programm-* oder *Projektkonzeption* beinhaltet die Beschreibung eines neuen konkreten Vorhabens und stellt so eine Erweiterung des Leistungsspektrums einer Einrichtung dar. In diesem Dokument werden

- Maßnahmeanlass,
- Ziele,
- Inhalte und
- Methoden,
- aber auch die dafür zur Verfügung stehenden bzw. benötigten Ressourcen dezidiert benannt.

Damit wird das prinzipielle Leistungsversprechen der Einrichtung operationalisiert und transparent gemacht. Für Mitarbeiter*innen stellt eine Maßnahmenkonzeption eine Vorgabe für ihr konkretes Handeln dar. Kostenträger und Sponsoren können aus einer solchen Konzeption ableiten, ob das Leistungsversprechen den Förderrichtlinien bzw. -anforderungen entspricht.

So unterschiedlich die Ausrichtungen auch sind: Deutlich wird, dass man sich in der Sozialen Arbeit der Methode Konzeptionsentwicklung dann bedient, wenn man Dinge, die man tut oder die man sich für die nahe Zukunft vornimmt, systematisieren, begründen, planen und für eine definierte Zielgruppe transparent machen will. Insofern ist eine Konzeption bzw. Konzeptionsentwicklung sowohl

- Planungs- als auch
- Kommunikationsinstrument.

Eine Konzeption ist aber auch ein QE-Instrument, denn in ihr kommt erstens das fundierte *Qualitätsversprechen* eines Trägers, einer Einrichtung, eines Angebots zur Geltung. Zweitens enthält sie über die Darstellung von Aufgaben, Zielen, Umsetzungsmaßnahmen auch *Kriterien für die Beurteilung der Umsetzungsqualität* dieser Elemente.

Wichtig ist auch, die Bedeutung und Charakteristika von Konzeptionen im Rahmen von *Ausschreibungsverfahren* zu reflektieren. Derartige Konzeptionen sichern den Bestand der Einrichtung und sind durch die ausschreibende Stelle bereits sehr stark vorstrukturiert. So muss ein Träger, der ein Angebot zu einer öffentlichen Ausschreibung von Maßnahmen einreichen will, auf Grundlage von *Vorgaben* der ausschreibenden Stelle neben der Kalkulation von Kosten eine Konzeption vorlegen, die zwar den konkreten Handlungswillen und -plan beinhaltet. Durch die Vorgaben und Anforderungen des Ausschreibungsverfahrens ist der an der Ausschreibung teilnehmende Träger aber gezwungen, spezifische Formulierungen und Inhalte in seiner Konzeption darzustellen, um darzulegen, dass er den Anforderungen gerecht werden kann. Die Formulierungs- und Gestaltungsfreiheit bei der Konzeptionsentwicklung ist also erheblich eingeschränkt. Auch geht aus solchen Konzeptionen i. d. R. nicht konkret hervor, welche ganz konkreten Methoden der Träger für ein in der Konzeption beschriebenes Handlungsfeld einsetzen will.

Beispiel

Unser Beispielträger (▶ Kap. 4.1.3) möchte eine Maßnahme im Rahmen des § 16 h SGB II, Förderung von schwer erreichbaren Jugendlichen und Heranführung von jungen Menschen an Hilfen der Jugendberufshilfe, anbieten. Er verfasst eine Konzeption, in der er v. a. auf die Anforderung des Kostenträgers eingeht, die jungen Menschen dabei zu unterstützten, eine ›normale‹ Tagesstruktur zu entwickeln und Sozialkompetenzen auf- und auszubauen. Als Inhalte des Angebots werden insbesondere sportliche und andere Gruppenaktivitäten, Besichtigungen und Kurzpraktika bei Betrieben sowie Exkursionen zu Beratungsstellen und kulturellen Einrichtungen beschrieben. Es wird eine Anwesenheitspflicht von 9 bis 13 Uhr definiert. Welche konkreten sportlichen Aktivitäten dann tatsächlich angeboten werden und welche Methoden der sozialen Gruppenarbeit zum Tragen kommen, wird in einer solchen Konzeption nicht dezidiert oder nur exemplarisch aufgeführt. Diese sind dann Gegenstand der weiteren Planung und finden bspw. in einem Methodenordner des Trägers Platz.

4.5.3 Arbeitsschritte bei einer Konzeptionsentwicklung

Im Folgenden soll die Methode der Konzeptionsentwicklung im Hinblick auf die Erweiterung des Angebots einer Einrichtung dargestellt werden. Für das Vorgehen stehen verschiedene Prozessmodelle zur Verfügung. Diese lassen sich grundsätzlich unterscheiden in Modelle, die die Arbeitsschritte *formal* kennzeichnen und Modelle, die die *Inhalte* der Phasen fokussieren. Als Systematik für das *formale Vorgehen* lassen sich verschiedene »Arbeitsschritte« benennen (Schlummer/Schlummer 2003, S. 96f), die zentrale Phasen im Prozess der Erstellung oder Erarbeitung einer Konzeptionsentwicklung markieren.

1. *Einstiegs- und Kontraktphase*
In dieser ersten Phase werden die Rahmenbedingungen für die Konzeptionsentwicklung und für die Konzeption analysiert. Dabei geht es darum festzulegen, wer sich an der Entwicklungsarbeit beteiligen will und soll, welche Ent-

lastungen von Aufgaben des Tagesgeschäfts die Beteiligten erhalten, oder, wenn sich das ganze Team einer Einrichtung oder Abteilung beteiligt, welche Zeitfenster für diese Entwicklungsarbeit zur Verfügung stehen. Auch muss festgelegt werden, wer welche Aufgaben übernimmt, in welchem Turnus sich das Konzeptionsteam trifft und wie die Ergebnisse zusammengetragen werden sollen. Zentrale Aufgabe in dieser Phase ist es auch, richtungsweisende Entscheidungen zu formulieren. Mitarbeiter*innenbefragungen und Workshops können hierbei genutzt werden, um Ideen zu generieren und Wissen einzusammeln.

Unter ›Rahmenbedingungen‹ für die Konzeption sind die groben inhaltlichen Ziele zu verstehen. Hier gilt es zu klären, welche Art von Konzeption erstellt wird, auf welchen Anlass hin die Konzeption erstellt wird (z. B. anlässlich einer aktuellen Ausschreibung oder zur pädagogischen Grundabstimmung innerhalb eines Teams), welche Grundbedingungen dafür gegeben sind (z. B. Ausschreibungstexte, Anforderungen in Gesetzen, sozialpolitische Entwicklungen, Vorgaben des Trägers) und welche Ziele mit dem Angebot erreicht werden sollen. Methodische Hinweise dazu liefert das Kapitel 4.1.2.

2. *Erarbeitungsphase*
In der zweiten Phase erfolgt die Festlegung der inhaltlichen Ausgestaltung der Leistung. Dazu gehört die Festlegung von Zielen, aber auch die Planung des Vorgehens zur Realisierung der Ziele im direkten Leistungsgeschehen. Je nachdem, um welche Art von Konzeption es sich handelt und welche Funktion sie hat, wird die Darstellung des Leistungsversprechens abstrakter oder konkreter ausfallen. So wird die Konzeption einer Kita vielleicht einen normalen Tagesablauf darstellen, damit die Eltern sich vorstellen können, wie ihre Kinder in der Kita betreut und gefördert werden, während eine Maßnahmenkonzeption zur Teilnahme an einer Ausschreibung nur im Groben die pädagogischen Aktivitäten benennt, wie z. B. Einbindung von Assessmentverfahren und Betriebspraktika in der Jugendberufshilfe. Besonders wichtig ist in dieser intensiven Erarbeitungsphase, dass systematische Reflexionsphasen für die Ersteller*innen der Konzeption eingebaut werden, die »das distanzierte Betrachten der Vorgehensweise« und »das Reflektieren auf der Meta-Ebene« (ebd., S. 102) ermöglichen. Verschiedene Methoden können dieses Reflektieren unterstützen, wie z. B. Rollenspiele und Assoziationsverfahren etc. Aber auch Methoden, die inhaltlich orientiert sind, wie z. B. die Analyse und Beschreibung von Schlüsselsituationen (▶ Kap. 4.5.4, Abschnitt *Analyse, Beschreibung und Gestaltung von Schlüsselsituationen*), sind hier sinnvoll. Erst nach dieser intensiven Phase der Festlegung von Inhalten kann die redaktionelle Erarbeitung der Konzeption beginnen. Hierbei muss entschieden werden, was in der Konzeption selbst festgehalten werden soll und welche Dokumente es neben der Konzeption noch geben sollte. Begleitende Dokumente können z. B. Methodenkoffer, Dienstanweisungen oder Beschreibungen von Schlüsselsituationen sein. Schließlich wird in dieser Phase auch die Konzeption verschriftlicht. Dies sollte von ein bis höchstens drei Personen erfolgen. Zu viele Beteiligte könnten den Prozess erschweren.

3. *Abschlussphase*
In dieser Phase werden die erarbeiteten Elemente inhaltlich und formal auf den Prüfstand gestellt. Hier sollte das ganze Team bzw. alle, die an der Erarbeitung beteiligt waren, das Dokument lesen und kritisch hinterfragen. Auf dieser Grundlage kann dem endgültigen Dokument der Konzeption der ›letzte Schliff‹ verliehen werden. Dabei kann es durchaus zu mehreren Überarbeitungsschleifen kommen. Schließlich wird die Konzeption ›in den Druck‹ gebracht und entweder als Printversion oder als Onlineversion veröffentlicht.
4. *Überarbeitungsphase*
Hier geht es um die Fortschreibung und Weiterentwicklung der Konzeption. Dies erfolgt entweder nach einem einrichtungsspezifischen Turnus – z. B. alle drei Jahre aufgrund von Vorgaben des QM – oder auf Grundlage von notwendigen inhaltlichen Veränderungen etwa durch die Teilnahme an (weiteren) Ausschreibungen.

Die Übergänge zwischen den hier dargestellten Phasen können durchaus fließend sein, d. h., es kann vorkommen, dass Arbeitsphasen parallel stattfinden und dass man noch einmal auf Aktivitäten einer vorhergehenden Phase zurückkommen muss. Wichtig ist, die Einstiegs- und Kontrakt- von der Erarbeitungsphase zu trennen und erst mit der konkreten inhaltlichen Planung und deren Verschriftlichung zu beginnen, wenn ein Konsens über die grundsätzlichen Ziele und das prinzipielle Vorgehen hergestellt wurde. Um einen gelingenden Prozess nach diesem Phasenmodell installieren zu können, ist es außerdem erforderlich, verantwortliche Personen für die Konzeptionsentwicklung zu bestimmen. Auch wenn ein ganzes Team an einer Konzeptionsentwicklung beteiligt ist – was Sinn macht, denn dadurch fließt ausreichend Expertise ein und es ist letztlich Bereitschaft zur Umsetzung der Konzeption zu erwarten – sollte es ein oder zwei Personen geben, die ›den Hut aufhaben‹, d. h. die die Prozesse steuern und die Informationen zusammenführen. Darüber hinaus sollte ein realistischer Zeitrahmen für die Erarbeitung und Fertigstellung festgelegt werden. Werden diese beiden Parameter, Verantwortlichkeit und Zeit, vernachlässigt, besteht die Gefahr, dass die Konzeptionsentwicklung zur ›never ending story‹ wird und nie zur Umsetzung gelangt. Im Hinblick auf Maßnahmenkonzeptionen ist diese Gefahr des ›Verschleppens‹ gering, da solche Konzeptionen häufig als Grundlage für Kostenübernahmeanträge bzw. die Teilnahme an Ausschreibungen fungieren und daher bereits mit einer ›Deadline‹ für das Einreichen des Antrags bzw. der Konzeption versehen sind.

4.5.4 Inhaltliche Aufgaben bei einer Konzeptionsentwicklung

Für die inhaltlichen Ausarbeitungen, die in der Einstiegs-/Kontraktphase und der Erarbeitungsphase, erforderlich sind, kann die Orientierung an den bereits in Kapitel 2.2.2 dargestellten *Handlungsbereichen* von Hiltrud von Spiegel (2013a, S. 114ff) hilfreich sein (▶ Kap. 2.2.2). Diese Handlungsbereiche besitzen für alle

Planungstypen in der Sozialen Arbeit Gültigkeit, also für Projekte, Situationen und Konzeptionen. Einige der *Arbeitshilfen*, die von Spiegel für diese Handlungsbereiche und den Planungstyp Konzeptionsentwicklung formuliert hat (ebd., S. 187–212), werden hier ebenfalls aufgegriffen.

> **Beispiel**
>
> Sowohl Leitung als auch Mitarbeitende im Bereich Ausbildungs- und Beschäftigungshilfe sind der Auffassung, dass die bisherigen Angebote nicht mehr ausreichen, um langzeitarbeitslosen Menschen eine dauerhafte Perspektive auf dem ersten Arbeitsmarkt zu bieten. Sie sind der Meinung, dass das Angebotsspektrum verändert werden sollte. Ihrer Vorstellung nach müssten die Beratungsangebote ausgeweitet sowie eine intensive Begleitung im Sinne eines Coachings in den ersten Monaten der Beschäftigung auf dem ersten Arbeitsmarkt angeboten werden. Die Bereichsleitung ruft eine Arbeitsgruppe ins Leben, an der sie selbst und vier Personen aus dem Bereich Ausbildungs- und Beschäftigungshilfe teilnehmen. Diese Gruppe soll innerhalb von vier Monaten eine Konzeption erarbeiten, die am Ende der Geschäftsführung zur Entscheidung vorgelegt wird und nach Absegnung Grundlage der Bewerbungen um weitere Projekte im Kontext der EU-Maßnahmen für langzeitarbeitslose Menschen sein sollen. Die Geschäftsführung hat bereits signalisiert, dass sie diesen Erneuerungsschritt begrüßt und dass sie die drei groben Zielrichtungen der Veränderung, nämlich Beratung, Coaching und Peer-Konzepte, grundsätzlich für plausibel hält.

Rahmenbedingungen analysieren und Bedarfe ermitteln

Die Handlungsbereiche »Analyse von Rahmenbedingungen« (ebd., S. 109ff) und »Situations- und Problemanalyse« (ebd., S. 114ff) sind in der Konzeptionsentwicklung eng miteinander verwoben. Im ersten der beiden Handlungsbereiche geht es darum, alle äußeren und inneren Bedingungen zu ermitteln, die einen Einfluss auf eine (neue) Konzeption haben. Hierfür können alle Instrumente genutzt werden, die in Kapitel 4.4 dargestellt wurden (▶ Kap. 4.5). Datenquellen für diese Recherchen sind Statistiken, Ausschreibungen, Fachpublikationen, Gespräche mit regionalen Arbeitsmarktexpert*innen, Interviews mit Kolleg*innen etc.

Um die richtige Recherchestrategie festzulegen, sollte zunächst festgelegt werden, worin das *Ziel der Analyse* besteht, ob man also

- sehr breit nach den Grundbedingungen und Bedarfen im Hinblick auf eine (neue) Zielgruppe fragt, um neue Betätigungsfelder aufzutun und zu legitimieren oder um eine komplette konzeptionelle Neuorientierung zu initiieren,

oder ob sich der Fokus

- auf eine Erweiterung der bisherigen Angebotssituation des Trägers richtet, die sich auf Grundlage von (Projekt-)Ausschreibungen anbietet.

Im Hinblick auf unser Beispiel handelt es sich um eine *Angebotserweiterung*. Hierfür können folgende Fragen sowie konkrete Informationen und Bedingungen als Ausgangslage für die Konzeption von Bedeutung sein:

Beispiel

- Wie sieht die aktuelle Arbeitsmarktsituation für Langzeitarbeitslose aus und von welchen Arbeitsmarkttrends ist auszugehen?
    - Die absolute Zahl der Langzeitarbeitslosen sinkt, die Dauer der Arbeitslosigkeit steigt, d. h., die verfestigte Arbeitslosigkeit wird nur schwer aufgelöst.
    - Der Arbeitsmarkt wird kompetitiver; ohne Begleitung und Arbeitgeberzuschüsse sind Arbeitsplätze für Langzeitarbeitslose schwer zu gewinnen.
- Was ist der rechtliche Rahmen für die Unterstützung von Langzeitarbeitslosen und welche Förderrichtlinien und Förderprogramme sind relevant?
    - Ein gesondertes Förderprogramm durch »Förderrichtlinie zum ESF-Bundesprogramm zur Eingliederung langzeitarbeitsloser Leistungsberechtigter nach dem SGB II auf dem allgemeinen Arbeitsmarkt«.
- Welche fachlichen Standards und Erkenntnisse aus der Praxisforschung lassen sich nutzen?
    - Die intensive individuelle Begleitung wird in Fachkreisen für den beruflichen Wiedereinstieg als bedeutsam und erfolgversprechend eingestuft.
    - Maßnahmen zur Nachqualifizierung werden als dringend erforderlich eingestuft.
- Welche organisationsinterne Situation ist zu berücksichtigen? Welche Stärken und Schwächen kennzeichnen den Bereich der Hilfen für Langzeitarbeitslose? Welche organisationskulturellen Aspekte sind zu berücksichtigen?
    - Die personellen Kapazitäten für eine Ausweitung und Individualisierung des Angebots im Bereich der Hilfen für Langzeitarbeitslose sind quantitativ und qualitativ gegeben oder kurzfristig herstellbar.
    - In der Einrichtung gibt es die Grundannahme, dass Hilfen im Bereich von Arbeit und Beschäftigung ein breites und auf individuellen Bedürfnissen der Adressat*innen beruhendes Angebot erfordern.

Die *Bedarfsanalyse*, die dem Handlungsbereich der »Situations- und Problemanalyse« zugeordnet wird, ist im Kontext der Sozialen Arbeit auf verschiedenen Ebenen bedeutsam. Dabei lassen sich zwei Ansätze unterscheiden: Auf der einen Seite gibt es das sozialstaatliche bzw. sozialadministrative Anliegen, Wissen über zukünftige Leistungsansprüche oder neue (Unterstützungs-)Bedarfe spezifischer Bevölkerungsgruppen zu erlangen, um Prognosen über Nutzungsverhalten erstellen und entsprechende Sozialplanungen tätigen zu können. Auf der anderen Seite haben die leistungserbringenden Einrichtungen den Wunsch, für die Planung ihrer Angebote Bedürfnisse und Erwartungen ihrer (potenziellen) Adressat*innen zu kennen, um daraus ein bedarfsorientiertes Angebot entwickeln zu können.

Grundsätzlich zielen Bedarfsanalysen auf die Beantwortung folgender Fragen und bilden damit gemeinsam mit den Rahmenbedingungen die Grundlage einer Konzeption.

- Worin besteht das *gesellschaftliche Problem*, auf das das Projekt reagieren möchte? Ist das Problem so groß wie angenommen?
- Welche *Ursachen* und *Auswirkungen* hat das Problem und wie hängen diese zusammen? Wie dringlich ist es? Wo sind Ansatzpunkte, um Veränderungen herbeizuführen?
- Wer sind die *Zielgruppen* des Projekts? Was brauchen die Betroffenen, welche Bedarfe haben sie?
- Welche *Akteure* sollten in das Projekt einbezogen werden?
- Welche *Angebote* gibt es bereits im Umfeld? Welche Ergebnisse haben diese bisher erzielt? Welche Förderlücken sollten geschlossen werden? Gibt es Möglichkeiten, mit anderen zu kooperieren? Wo lauern Konkurrenzsituationen? (PHINEO: www.wirkung-lernen.de/wirkung-planen/bedarfsanalyse/zweck/html)

Eine Bedarfsanalyse beschäftigt sich aber nicht nur mit Adressat*innen, sondern muss alle Akteure oder »Aushandlungspartner« im Blick haben, die von dem Angebot der Einrichtung tangiert sind. Von Spiegel unterteilt sie in die »finanzierende Seite, (z. B. das Jobcenter), die ausführende Seite (Mitarbeiter*innen) und die nutzende Seite (Adressat*innen)« (von Spiegel 2013a, S. 193). Es wird deutlich, dass die Bedarfsanalyse Parallelen zur Stakeholderanalyse aufweist, anders als diese aber weniger auf die Gewichtung der Anliegen und Interessen abzielt, sondern mehr auf die detaillierte Erfassung konkreter Aspekte, mit denen folgende Fragen beantwortet werden können.

- Was ist die derzeitige Lebenssituation der potenziellen Nutzer*innen? Was sind ihre Wünsche und Erwartungen an die Einrichtung, an das Angebot?
- Auf welche Angebote können die Adressat*innen bisher nicht zurückgreifen?
- Welche Erwartungen haben andere Interessensgruppen?
- Welche Ziele für die zu konzeptualisierenden Leistungen und welche Hilfen können daraus abgeleitet werden?

Mit der Arbeitshilfe »Erwartungssammlung« von Hiltrud von Spiegel lassen sich die zu ermittelnden Sachverhalte und die Einschätzungen gut systematisieren. Im Folgenden werden die Fragen der Erwartungssammlung auf einige ausgewählte Akteure aus unserem Fallbeispiel bezogen (▶ Tab. 17). In der Arbeitshilfe von Hiltrud von Spiegel sind weitaus mehr Akteure genannt und systematisiert.

Tab. 17: Erwartungssammlung

	Welche expliziten Erwartungen (Originalaussagen) äußern die Beteiligten gegenüber uns und der Einrichtung?	Welche Erwartungen lassen sich aus dem Studium von Unterlagen, aus bisherigen Erfahrungen, Trends und Gerüchten ableiten?	Welche vorläufigen Ziele lassen sich aus den Erwartungen ableiten?
Finanzierende Institution (Jobcenter/ Arge)	langfristige Eingliederung in den ersten Arbeitsmarkt	Stabilität der begleiteten Anstellungssituation mit individualisierten Angeboten fördern	Individualisierung der Angebote; nachgehende Arbeit, um Stabilität des Beschäftigungsverhältnisses zu fördern
Sozialräumliches Umfeld (Quartiersarbeit, Arbeitslosenzentrum)	berufliche Perspektiven wohnortnah entwickeln; Unterstützung durch Selbsthilfegruppen einbeziehen	Arbeitsangebote sollten so wohnortnah wie möglich sein; Austausch mit anderen Betroffenen kann Selbsthilfepotenziale fördern	Kooperationen mit Betrieben im sozialräumlichen Umfeld aufbauen; Peer-Kontakte ermöglichen; Kooperation mit Quartiersarbeit
Zielgruppe, potenzielle Zielgruppe	wohnortnahes Angebot in bekannten Arbeitsfeldern; ›sanfter Einstieg‹; gleichaltrige Anleiter*innen in den Praktika und Angeboten	Arbeitsaufnahme im vertrauten Lebensumfeld verschafft Sicherheit; niedrigschwelliger Einstieg verhindert vorzeitige Abbrüche der Maßnahmen	Praktikums- und Arbeitsplatzsuche entlang individueller Kriterien der Adressat*innen gestalten; auf die Altersstrukturen in Betrieben achten
Mitarbeiter*innen	Unterstützung individualisieren; ›mehr Beratung, weniger Zwang‹; Coaching nach Arbeitsaufnahme; Unterstützung durch Selbsthilfegruppen/ Peers	motivierende Arbeitssituationen schaffen; Peer-Arbeit nutzen	Individualisierung und Adressat*innenbezug durch Coaching, Beratung, individuelle Laufzeiten von Maßnahmen; Auswahl der Betriebe durch die Adressat*innen fördern; Peer-Modelle erproben
Betriebe	Leistungsfähige, belastbare Arbeitnehmer*innen	Arbeitnehmer*innen, die über Schlüsselqualifikationen verfügen	Förderung von Schlüsselqualifikationen; Erhöhung von Belastbarkeit durch intensives Coaching nach Arbeitsaufnahme

Quelle: Modifiziert nach von Spiegel, Hiltrud 2018: Methodisches Handeln in der Sozialen Arbeit (6., durchges. Aufl.). München/Basel: Reinhardt, S. 194f

Ziele entwickeln und Angebote planen

Der Handlungsbereich »Zielentwicklung« (ebd., S. 117ff) ist für Konzeptionen von besonderer Bedeutung, denn hier wird festgelegt, worauf das Angebot konkret ausgerichtet ist, auf welche Ergebnisse hingearbeitet wird bzw. welche Outputs und Outcomes zu erwarten sind. Dabei ist es wichtig, die Ziele zu operationalisieren und, wie in Kapitel 4.1 gezeigt, zunächst in einer Zielhierarchie in verschiedene Zielebenen zu differenzieren (▶ Kap. 4.1.2, Abschnitt *Die Zielpyramide*). Die Ziele in einer Konzeption müssen so konkretisiert werden, dass einer Beliebigkeit des Handelns vorgebeugt wird und der Grad der Zielerreichung eines Angebots ermittelt werden kann (Breede 2009, S. 14f).

Beispiel

Bezogen auf unseren Fall könnten einige der wichtigsten Ziele folgendermaßen lauten (▶ Tab. 18).

Tab. 18: Zielentwicklung berufliche Eingliederung von langzeitarbeitslosen Menschen

Leitziel	Dauerhafte und nachhaltige berufliche Eingliederung von Langzeitarbeitslosen in Erwerbsarbeit	
Mitterziele	• Verbesserung des Leistungsvermögens und von arbeitsfeldspezifischen Qualifikationen der Langzeitarbeitslosen • Stabilisierung der zustande gekommenen Beschäftigungsverhältnisse	• Stärkung der Kompetenz, eigene Potentiale zu erkennen und auszubauen • Stärkung von Selbstbewusstsein und Frustrationstoleranz
Detailziele	• die Adressat*innen haben eine dem Arbeitsplatz angepasste Nachqualifizierung erhalten, so dass sie mit dem Stand der Technik im Arbeitsfeld vertraut sind • die Beratungsangebote der Coaches werden genutzt.	• in den Beratungen werden auftretende Schwierigkeiten thematisiert und Lösungsstrategien dafür erarbeitet • die Adressat*innen verfügen über Techniken, auftretende Schwierigkeiten im Arbeitsalltag zu meistern

Eigene Darstellung

Deutlich wird hier, dass die Konkretisierung der Ziele sukzessive in Planungstätigkeiten übergeht. Das liegt daran, dass der Handlungsbereich »Planung« (von Spiegel 2013a, S. 122) in der Konzeptionsentwicklung v. a. Operationalisierungen enthält, also die Formulierung von Indikatoren, anhand derer Aussagen über die Zielerreichung erfolgen können. Von Spiegel (ebd., S. 201) spricht von einer »dreidimensionalen Operationalisierung«:

- *Ergebnisbezogene Operationalisierung* bedeutet die Entwicklung von Indikatoren, an denen zu erkennen ist, dass die Leit- und Mittlerziele erreicht worden sind. So ist z. B. die Verbesserung der arbeitsfeldbezogenen Qualifikationen dadurch realisiert, dass die Adressat*innen mit dem Stand der Technik im Arbeitsfeld vertraut sind. Folglich müssen Aktivitäten geplant werden, die dazu geeignet sind, einen solchen Kompetenzgewinn herzustellen. Dies wären auf unseren Fall bezogen Lern- oder Unterrichtseinheiten, die durch arbeitsfeldkundige Dozent*innen angeleitet werden, oder betriebliche Praktika. Neben der Darstellung der Maßnahmen, die ergriffen werden, um die angestrebten Ergebnisse bei den Adressat*innen erzielen zu können, geht es auch um die Darstellung von geplanten Formen der Überprüfung von Angemessenheit und Wirksamkeit des Angebots, also um die Planung der Art und Weise der Evaluation. Hierzu wurden in Kapitel 4.2 umfangreiche methodische Möglichkeiten aufgezeigt, die auch in der Konzeption mitgedacht werden sollten (▶ Kap. 4.2).

- *Prozessbezogene Operationalisierung* bedeutet die Entwicklung von Indikatoren, die anzeigen, ob der Prozess der Leistungserbringung, also die Handlungen und Haltungen der Fachkräfte der Sozialen Arbeit, so ausgestaltet sind, dass sie die Zielerreichung ermöglichen. So sind z. B. die arbeitsmarktnahe Ausgestaltung der oben angesprochenen Kurse erforderlich sowie die beständige Ermittlung von Anforderungen in den einzelnen Arbeitsfeldern, um arbeitsfeldspezifische Qualifikationen zu vermitteln.
- *Strukturbezogene Operationalisierung* bedeutet die Entwicklung von Indikatoren, die anzeigen, ob die Grundbedingungen für die Leistungserbringung vorhanden sind, ob also z. B. ausreichend Personal vorhanden ist, das qualifizierte Unterrichtseinheiten anbieten kann, und ob Räumlichkeiten, Arbeitsmittel und anderes Material in angemessener Quantität und Qualität vorgehalten werden.

Insbesondere die prozessbezogenen Planungen machen in der Konzeptionsentwicklung aus dem abstrakten Vorhaben, wie es in den Globalzielen abgebildet ist, eine konkret vorstellbare Dienstleistung. Sie zeigen, worin sich der Handlungswille eines Trägers, einer Einrichtung oder einer Organisationseinheit manifestiert. Wichtig ist allerdings, sich bei allen Planungsaktivitäten darüber bewusst zu sein, dass ein Hilfeprozess wegen der Besonderheiten sozialer Dienstleistungserbringung (Ko-Produktion, Uno-actu-Prinzip, ▶ Kap. 2.1.2) nicht in Gänze vorausgedacht werden kann. Es kann daher bei dem Element Planung in einer Konzeptionsentwicklung nicht um eine strikte und für alle Fälle gleiche Umsetzung von Einzelschritten der Interaktion zwischen Adressat*in und Fachkraft gehen, sondern vielmehr darum, eine grundsätzliche Vorgehensweise in Verbindung zu den aufgestellten Zielen zu formulieren. Es wird z. B. beschrieben, dass zur Nachqualifizierung und Steigerung der Bewerbungskompetenz Kurse angeboten werden, die begleitend zu den anderen Aspekten der Hilfeleistungen wöchentlich acht Stunden umfassen. Es wird auch dargestellt, dass und in welcher Form und mit welchem Ziel Betriebspraktika angeboten werden oder dass nach Einmündung in ein Erwerbsverhältnis wöchentliche Coachingtermine zur Stabilisierung des Arbeitsverhältnisses angeboten werden.

Die Dienstleistung kann aber auch für einzelne zentrale Angebote bzw. Aktivitätsbündel noch konkreter in der Konzeption beschrieben werden. Vor allem die Beschreibung von Schlüsselprozessen oder -situationen stellt hier ein brauchbares Instrument dar. Im Folgenden werden wir darauf ausführlicher eingehen.

Analyse, Beschreibung und Gestaltung von Schlüsselsituationen

Die Analyse, Beschreibung und Gestaltung von Schlüsselsituationen ist eine Aktivität der Konzeptionsentwicklung, die den Handlungsbereichen Planung (s. o.) und »Handeln in Situationen« (von Spiegel 2013a, S. 127ff) zuzuordnen ist. Bei der Methode »Handeln in Situationen« geht es um das »institutionell gebundene kommunikative Handeln als Koproduktion« (ebd.). Wegen der eingeschränkten Planbarkeit der ganz konkreten Interaktion zwischen Fachkräften und Adressat*innen kann die Beschreibung von Schlüsselsituationen hilfreich sein, um immer wieder in *ähnlicher* Weise stattfindende Situationen systematisch zu erfassen und zu reflektieren. Im Zentrum steht dabei die Reflexion der Aspekte, die in den Situationen das Handeln leiten: Gedanken, Gefühle, Erfahrungen, Wissen. Schlüsselsituationen sind, wie das Wort schon sagt, Situationen von besonderer Bedeutung für die Qualität der Arbeit der Organisation. Tov, Kunz und Stämpfli (2013, S. 38) beschreiben sie wie folgt: »Schlüsselsituationen der Sozialen Arbeit sind jene Situationen des professionellen Handelns, die durch Fachkräfte der Sozialen Arbeit als typisch und im professionellen Geschehen wiederkehrend beschrieben werden«.

Charakteristisch für Schlüsselsituationen ist also erstens ihre Bedeutsamkeit: Die Begegnung zwischen Fachkraft und Adressat*in in dieser Situation hat »weitreichende Konsequenzen für das Gelingen oder Misslingen der weiteren Arbeit« (Meinhold/Matul 2011, S. 31). Zweitens sind sie im Hinblick auf ihr häufiges Vorkommen von Interesse: Es ist zu erwarten, dass solche Situationen sich beständig in ähnlicher Weise wiederholen.

Der Begriff der Schlüssel*prozesse* ist in diesem Zusammenhang ebenfalls relevant. Schlüsselprozesse sind Kernaufgaben eines Angebots und setzen sich meistens aus mehreren Schlüsselsituationen zusammen. Schlüsselprozesse sind also ein Bündel von Schlüsselsituationen. Dadurch sind sie sowohl von hoher Komplexität geprägt als auch von vielfältigen Handlungsoptionen. Wie in Kapitel 1 gezeigt, fokussiert die QE v. a. die Gestaltung von Prozessen. Insofern sind Analyse, Beschreibung und Gestaltung von Schlüsselprozessen als wichtige Verfahren des QM zu verstehen.

Schlüsselsituationen finden im Alltag Sozialer Arbeit mit zwei unterschiedlichen Handlungsbezügen statt, nämlich als

- »direkte pädagogische Arbeit mit Adressat*innen (primäre Schlüsselsituation)« oder
- »Verwaltungs- und ›Regiearbeit‹ in der Einrichtung (sekundäre Schlüsselsituation)« (Herrmann 2013, S. 212).

Beispiele

Primäre Schlüsselsituationen bzw. -prozesse für den Arbeitsbereich »Hilfen für Langzeitarbeitslose« aus unserem Fallbeispiel sind u. a.

- Schlüsselsituation: Im Unterrichtsgeschehen kommt es zu Konflikten zwischen Dozent*in und Teilnehmer*innen über die Ausgestaltung der Lerninhalte.
  → Schlüsselprozess: Gestaltung von Lernsituationen in Gruppen
- Schlüsselsituation: Nach Arbeitsaufnahme kommt es bei Menschen, die lange Zeit arbeitslos waren häufig zu Überforderungssituationen, in denen die Frustrationstoleranz stark herausgefordert wird.
  → Schlüsselprozess: Bereitstellung und Gestaltung von sozialpädagogischer Begleitung bei Arbeitsaufnahme

Sekundäre Schlüsselsituationen bzw. -prozesse im genannten Arbeitsfeld sind z. B:

- Schlüsselsituation: Die Einstellung von langzeitarbeitslosen Menschen kommt häufig nur durch Überzeugungskraft von Mitarbeiter*innen aus Maßnahmen für arbeitslose Menschen und auf Grundlage von Vermittlungsaktivitäten zustande.
  → Schlüsselprozess: Gestaltung der Zusammenarbeit mit Betrieben
- Schlüsselsituation: In fallbezogenen Besprechungen mit dem Jobcenter werden häufig Auskünfte über die Teilnehmer*innen eingefordert, die für die Mitarbeiter*innen des Maßnahmeträgers unter die Schweigepflicht fallen.
  → Schlüsselprozess: Gestaltung von fallbezogenen Gesprächen mit finanzierenden Institutionen.

Diese Beispiele lassen erkennen, dass jedes Arbeitsfeld eigene, spezifische Schlüsselsituationen bzw. -prozesse hat, dass diese aber auch Arbeitsfeld übergreifende Handlungsmuster enthalten. So lassen sich z. B. für den Prozess »Gestaltung von Lernsituationen in Gruppen« Wissensbestände aus der Gruppendynamik für alle Arten von Gruppen nutzen, gleichzeitig muss dieses Wissen auf die konkrete Zielgruppe, hier erwachsene arbeitslose Menschen und deren Bedürfnisse, übertragen werden.

Die Analyse, Beschreibung und Gestaltung von Schlüsselsituationen birgt sowohl Reflexions- als auch Entwicklungsziele in sich: Mit dem Nachdenken über die Hintergründe des eigenen professionellen Handelns in wiederkehrenden Situationen erfolgt eine Beurteilung dieses Handelns. Ebenso kann dieses Nachdenken der Planung zukünftigen Handelns in solchen Situationen dienen.

Für die Konzeptionsentwicklung sind Schlüsselsituationen also in mehrfacher Hinsicht bedeutsam: Sie können als Bestandteile von Einrichtungs-, Programm- oder Maßnahmenkonzeptionen dazu dienen, wiederkehrende und zentrale Situationen des Alltags näher zu erläutern und damit das professionelle Handeln zu explizieren und zu qualifizieren. Sie können aber auch als selbstständige »Mikro-

Konzeptionen« dafür genutzt werden, dass »das Team Absprachen über ein künftiges Verhalten in (spezifischen; die Verf.) Situationen trifft« (von Spiegel 2013a, S. 130). Beide Dimensionen für die Beschreibung von Schlüsselsituationen im Kontext von Konzeptionsentwicklung lassen den direkten Bezug zur QE erkennen. Die Beschreibung von Schlüsselsituationen transportiert fachliche Anforderungen an professionelles Handeln in zentralen Routine- bzw. Alltagssituationen und stellt gleichzeitig einen »abgesprochenen Katalog von Handlungsschritten und -regeln (Arbeitsprinzipien)« (Herrmann 2013, S. 213) dar, auf den in ähnlichen Situationen des Arbeitsalltags zurückgegriffen werden kann. Beschreibungen von Schlüsselsituationen und/oder -prozessen sind also dazu da, mit Routinen bewusst und reflektiert umzugehen und dabei auch die darin enthaltenen emotionalen Aspekte zu berücksichtigen (von Spiegel 2013a, S. 129). Darüber hinaus sollen sie Orientierungshilfen geben für fachlich fundierte Vorgehensweisen.

Diese Methode darf allerdings nicht missverstanden werden als starres Handlungskonzept, das wie ein ›Waschmaschinenprogramm‹ abgespult werden kann. Vielmehr sollte klar sein, dass Schlüsselsituationen

- auf die konzeptionellen Ziele der Einrichtung rückbezogen werden müssen,
- nur als ›Gerüst‹ dienen können, das eine Orientierung liefert, die Handlung aber noch konkret gestaltet werden muss,
- beständig reflektiert und weiterentwickelt werden müssen (Herrmann 2013, S. 213).

Die Beschäftigung mit Schlüsselsituationen oder Schlüsselprozessen kann sich in verschiedenen Instrumenten niederschlagen, die als Verfahrensanleitungen, Vorgaben, Reflexionsinstrumente, Methodenkoffer, Kundenpfade oder Ablaufpläne etc. helfen, fachlich angemessen in Schlüsselsituationen zu handeln.

Anhand eines Beispiels aus dem Bereich der Hilfen für Langzeitarbeitslose sollen die verschiedenen Instrumente konkretisiert werden.

Beispiel

Die Maßnahmen, die im Geschäftsbereich »Hilfen für langzeitarbeitslose Menschen« angeboten werden, beinhalten auch Qualifizierungsanteile. Die in Gruppen stattfindenden Kurse beinhalten insbesondere fachbezogenes Wissen und Bewerbungstrainings. Neben der Vermittlung von fachlichen und Bewerbungskompetenzen erwarten die Jobcenter von den Maßnahmeträgern auch Unterrichtseinheiten zur Förderung von Kulturtechniken (Lesen, Schreiben, Rechnen) und von Schlüsselqualifikationen (Pünktlichkeit, Zuverlässigkeit etc.). Die Gestaltung des Unterrichts ist immer wieder eine große Herausforderung für die Dozent*innen. Nicht selten kommt es zu Unterrichtsstörungen, Verlassen des Unterrichts, persönlichen Angriffen. Der Grund dafür liegt darin, dass einige Teilnehmer*innen sich durch die Inhalte degradiert und stigmatisiert fühlen und andere aber interessiert sind an der Auffrischung von Grundkenntnissen und bei Störungen die mangelnde Durchsetzungsfähigkeit der Dozierenden und das Chaos in den Lerngruppen beklagen. Um diesen unguten

Dynamiken entgegenzuwirken und eine positivere Lernatmosphäre zu schaffen, beschließt die Geschäftsbereichsleitung, sich intensiv mit dem Schlüsselprozess »Gestaltung von Lernsituationen in Gruppen« zu beschäftigen und einige der dort auftretenden Schlüsselsituationen gemeinsam mit den Fachkräften in den Blick zu nehmen, d. h. zu analysieren und neuzugestalten.

Eine Analyse der Situation lässt folgende Besonderheiten erkennen:

- Zum einen handelt es sich i. d. R. um sehr heterogen zusammengesetzte Gruppen, denn die berufsbezogenen Kompetenzen divergieren erheblich. Auch ist die Motivationslage sehr unterschiedlich: Einige Teilnehmer*innen sehen in den Unterrichtseinheiten wenig Sinn und Gewinn für sich selbst, weil sie nach etlichen gescheiterten Versuchen, keine reelle Chance mehr für sich sehen, wieder einen Einstieg in die Erwerbsarbeit zu bekommen. Andere hoffen, durch die Teilnahme an den Kursen Fähigkeiten zu erlangen, die einen Berufseinstieg tatsächlich wieder ermöglichen.
- Zum anderen ist auch die Teilnahmepflicht als Zwangskontext keine gute Grundlage für eine konstruktive Gruppensituation, die z. T. von Pädagog*innen gestaltet wird, die erheblich jünger sind als die Teilnehmer*innen. Zudem ist die Gruppendynamik teilweise von Ab- und Ausgrenzungsmechanismen geprägt. Es bilden sich Grüppchen, die sich von den anderen Kursteilnehmer*innen distanzieren und so das Unterrichtsgeschehen beeinflussen. Die Pädagog*innen bemühen sich, durch eine abwechslungsreiche Gestaltung des Unterrichts und durch viele Gruppenarbeitsphasen die Unterrichtssituation attraktiv zu gestalten. Dennoch kommt es immer wieder im Laufe des Kurses zu einem erheblichen Teilnehmerschwund, was die Maßnahme insgesamt gefährdet. Die Dozierenden selbst äußern ihre Unzufriedenheit und berichten von Überforderung und schwindender Motivation, die gepaart sind mit aversiven Gefühlen den Teilnehmer*innen gegenüber.

Auf Grundlage dieser ersten Analyse wird die Entwicklung von Instrumenten, die für die Gestaltung des Schlüsselprozesses und der darin vorkommenden Schlüsselsituationen wichtig sind, beschlossen (detailliertere Darstellungen dieser Tools finden sich in Herrmann 2013, S. 215–217 und Meinhold/Matul 2011, S. 31–33). Folgende Tabelle gibt einen Überblick über sinnvolle Tools (▶ Tab. 19).

Eine mögliche Verbindung der Gestaltung von Schlüsselsituationen mit den konzeptionellen Zielen eines Angebots bzw. Programms wird in folgendem Instrument in Anlehnung an die Arbeitshilfe »Entwurf von Schlüsselsituationen« von Hiltrud von Spiegel (2013a, S. 211) exemplarisch dargestellt (▶ Tab. 20).

Tab. 19: Instrumente zum Schlüsselprozess »Gestaltung von Lernsituationen in Gruppen im Bereich der Hilfen für Langzeitarbeitslose« und zu den darin enthaltenen Schlüsselsituationen »Umgang mit Konflikten« und »Umgang mit Störungen«

Instrument	Inhalt
Handreichung zum Thema Erwachsenenbildung	methodisch-didaktische Grundlagen der Erwachsenenbildung; Lernpsychologische Erkenntnisse; Dynamiken in Erwachsenengruppen und in ›Zwangskontexten‹
Methodenkoffer zu Lernsettings in der Arbeit mit Erwachsenen	methodische Anregungen und Beispiele zum Einsatz von Medien; Peer-Learning; Lebens- und Arbeitsweltbezug; Selbstlerninstrumente
Stufensystem der pädagogischen Interventionen bei Konfliktsituationen im Unterricht	konkrete Handlungsschritte, die im Bedarfsfall nach Abschätzung der Konfliktstufe angewandt werden können
Dokumentationsbogen Störungen/Lernhemmnisse im Unterrichtsgeschehen (Dozent*in bzw. Hospitant*in)	Fragen zur systematischen Rekonstruktion der Situation und des Verhaltens der Adressat*innen und der Fachkräfte
Dienstanweisung ›Umgang mit Störungen im Unterricht‹	Vorgaben des Trägers dazu, was die Dozent*innen im Fall von Unterrichtsstörung tun dürfen oder müssen
Kundenpfad für ›sensible Schnittstelle‹: Planung von Qualifizierungskursen	Darstellung der Ziele der Situation, Redewendungen und Verhaltensregeln bei der Planung des individuellen Qualifizierungswegs in den Maßnahmen
Prozessbeschreibung/Folgeplan	formale Darstellung des Ablaufs eines Beratungsgesprächs zum Thema ›Teilnahme an Qualifizierungsbausteinen‹

Eigene Darstellung

Ein umfassendes Vorgehen zur Reflexion von Schlüsselsituationen sieht das von Tov, Kunz und Stämpfli (2013) entwickelte Modell vor. Die Autor*innen gehen davon aus, dass Professionalität in der Sozialen Arbeit sich im Zusammenspiel von Reflexion und Aktion, Handeln und Wissen ausprägt und deshalb eine bewusste und reflexive »Theorie-Praxis-Relationierung« (ebd., S. 28) erforderlich ist. Um dies zu erreichen, um also das theoretische Handlungs- und Wertewissen mit der Praxis zu verbinden und die Praxis auf diese Weise zu analysieren und weiterzuentwickeln, sollen »Communities of Practice« (d. h. Kollektive von Praktiker*innen, Wissenschaftler*innen und Studierenden) sich über Schlüsselsituationen der Sozialen Arbeit nach einem strukturierten Verfahren verständigen. Mit diesem Modell zielen sie auf ein Verstehen ab, für das sie die Metapher des »Ent-Schlüsselns« als auch der des Blicks durch ein Schlüsselloch »in den Raum einer bestimmten Schlüsselsituation« (ebd., S. 38) verwenden.

4 Methoden und Werkzeuge zur Qualitätsentwicklung (QE) in der Sozialen Arbeit

Tab. 20: Verbindung von Zielebenen und Planung von Schlüsselsituationen

Prozess:
Gestaltung von Lernsituationen in Gruppen; Schlüsselsituation
Konflikte in den Lerngruppen durch Unzufriedenheit mit den Lerninhalten

Leitziel: für den Schlüsselprozess abgeleitete Ziele aus den Globalzielen aus der Maßnahme	Mittlerziele: abgeleitete Ziele für das fachliche Handeln im Schlüsselprozess	Detailziele: abgeleitete Indikatoren für Zielerreichung im Schlüsselprozess	Handlungsschritte in der o. g. Schlüsselsituation
Die Teilnehmer*innen verfügen über Wissen über die Anforderungen im Arbeitsfeld/auf dem Arbeitsmarkt. Sie verfügen über Selbstvertrauen, Motivation und Know-how, sich auf Stellen des ersten Arbeitsmarkts zu bewerben.	Vermittlung von arbeitsfeldspezifischen Qualifikationen und Bewerbungskompetenz: • Stärkung der Kompetenz, eigene Stärken zu erkennen und auszubauen • Stärkung von Selbstbewusstsein und Frustrationstoleranz	Die Teilnehmer*innen nutzen die Lerninhalte für ihren Kompetenzaufbau. Sie beteiligen sich konstruktiv an der Gestaltung der Lernsituation. Sie sind in der Lage, angemessene Bewerbungen zu schreiben und sich angemessen in Bewerbungssituationen zu präsentieren.	Kritik ernst nehmen und Verhalten ergründen: Warum erscheinen die Inhalte des Kurses als unnötig? Beteiligung/Mitgestaltung ermöglichen: Welche Inhalte wären sinnvoller? An Erfahrungen anknüpfen: Welche bisherigen Erwerbserfahrungen sind anschlussfähig? Auseinandersetzung mit anderen Standpunkten herbeiführen: Austausch mit Sitznachbar*innen über Fragen wie: Was erwarten Arbeitgeber*innen von uns? Was ist marktkonformes Verhalten? Wie können bzw. wollen wir den Anforderungen entsprechen? Vorschläge für die Unterrichtsgestaltung aufnehmen: Welche Inhalte sollen die Dozierenden, welche können die Lernenden vermitteln? Etc.

Eigene Darstellung

In ihrem Modell der Analyse und Reflexion von Schlüsselsituationen definieren Tov, Kunz und Stämpfli acht Elemente, die das »Gerüst der Arbeit mit Schlüsselsituationen darstellen« (ebd., S. 39). Der Prozess der Beschreibung dieser Elemente stellt den Kern des Modells dar und ermöglicht die Relationierung von Theorie und Praxis. Wir möchten diese Elemente (ebd., S. 39–43) hier kurz vorstellen und mit unserem Beispiel verbinden. In ihrem Buch »Schlüsselsituationen der Sozialen Arbeit« stellen die Autor*innen ein ausführliches Beispiel vor.

1. »*Titel der Schlüsselsituation*«
Bereits die Wahl des Titels bestimmt die Art und Weise der Auseinandersetzung mit der Schlüsselsituation, denn »die Setzung eines Titels fokussiert auf einen spezifischen Aspekt der Situation« (ebd., S. 110).
Bei der Betitelung der oben geschilderten Situation als ›Umgang mit Konflikten‹ wird eine eher verstehende Haltung und die Akzeptanz der verschiedenen Interessen in der Situation deutlich, was bei dem Titel ›Umgang mit Störungen‹ eher nicht der Fall wäre. Hier stünde eher die Perspektive der Dozierenden im Vordergrund und deren Bedürfnis nach einem störungsfreien Verlauf des Unterrichts.

2. »*Situationsmerkmale*«
Die Merkmale, die das Typische und Wiederholbare einer Schlüsselsituation ausmachen, werden auf einer abstrakten Ebene identifiziert. Es sind die Merkmale, die »alle Situationen, die im beruflichen Handeln den Titel« (ebd., S. 39) der betrachteten Schlüsselsituation tragen können. Typische Merkmale in der Schlüsselsituation ›Umgang mit Konflikten in Gruppen‹ sind z. B. folgende.
- Es stehen sich unterschiedliche Interessen von Gruppenmitgliedern gegenüber.
- Ein Ausgleich der Interessen ergibt sich nicht von alleine, sondern muss erarbeitet werden.
- Die Fachkräfte versuchen, die unterschiedlichen Interessenslagen zu verstehen.
- Sie bemühen sich zunächst um Kompromisslösungen, um die Interessen auszugleichen und den Parteien einen ›Gesichtsverlust‹ zu ersparen.

3. »*Situationsbeschreibung*«
Eine konkrete Situation, die der fokussierten Schlüsselsituation zugeordnet werden kann, wird beschrieben. Dabei wird die Situation in ihrer zeitlichen Abfolge dargestellt und auch die spezifischen Rahmenbedingungen benannt.
Für unser Beispiel hieße das, den Verlauf einer Konfliktsituation so detailliert wie möglich zu beschreiben und dabei den institutionellen und situativen Kontext zu beachten. Es ginge darum, die Genese des Konflikts und die Reaktionsmuster der Teilnehmer*innen im Kurs und des Dozierenden möglichst genau darzustellen. So könnte beschrieben werden, mit welcher Zielsetzung und mit welchen Ausführungen ein bestimmtes Unterrichtsthema (z. B. Bewerbungsgespräche) in die Lerngruppe eingebracht wurden, ab welchem Punkt Protest von den Teilnehmer*innen aufkam und in welchem Kontext der Konflikt dann eskalierte und welche Reaktionsweisen bei den verschiedenen Beteiligten der Konfliktparteien zu verzeichnen waren.

4. »*Reflection in action*«
In diesem Element geht es darum, die Reflexionen, die in der beschriebenen Situation i. d. R. unbewusst von den beteiligten Personen stattgefunden haben, zu rekonstruieren. »Durch diese Rekonstruktion (…) können Wissen, Emotio-

nen, Befindlichkeiten und Handlungsheuristiken herausgearbeitet werden, welche in der Situation handlungsleitend waren« (ebd., S. 40).
Um die Komplexität dieser Aufgaben zu reduzieren, wird die unter drittens beschriebene Situation in Sequenzen eingeteilt. Zu jeder Sequenz werden die (wahrscheinlichen) Emotionen der Professionellen der Sozialen Arbeit (in unserem Beispiel wären das die Dozierenden) und der Klient*innen (in unserem Beispiel wären das die Kursteilnehmer*innen) herausgearbeitet sowie die Kognitionen und bewussten Aktionen der Professionellen. Auf unseren Fall bezogen kann auf diese Weise z. B. herausgearbeitet werden, welche Empfindungen und Deutungen dazu geführt haben können, dass einzelne Teilnehmer*innen so vehement zurückweisend auf ein Unterrichtsthema reagiert haben.

5. »*Ressourcen*«
Mit Ressourcen sind »Hilfen auf dem Weg zu einer gelungenen Situationsgestaltung« (ebd., S. 41) gemeint. Es geht darum, alle bereitstehenden Ressourcen zu benennen, um diejenigen herauszufiltern, die wirklich benötigt werden, um die Situation positiv zu gestalten. Diese Ressourcen existieren in Form von Wissen, Verfahren, Fähigkeiten und Rahmenbedingungen. Der Ressource Wissen kommt eine besondere Bedeutung zu. Sie soll genutzt werden, um das Handeln konkret zu qualifizieren unter der Frage (ebd., S. 42; Herv. i. O.): »*Wozu ist dieses Wissen nun genau in dieser Situation hilfreich?*« Die Wissensbestände lassen sich den Autor*innen zufolge gliedern in Erklärungswissen, Interventionswissen, Erfahrungswissen, Organisations- und Kontextwissen, Fähigkeiten und Wertewissen.
Bezogen auf unser Beispiel geht es u. a. darum, durch das Hinzuziehen von wissenschaftlichen Erkenntnissen aus der Konfliktforschung (z. B. Glasl 2008) oder zu Problematiken des Hilfesystems für Langzeitarbeitslose (z. B. Kratz 2015) die Entstehung und den Verlauf der konflikthaften Situation zu verstehen und zu erklären. Außerdem ist es wichtig, professionelle Kompetenzen zu benennen, die erforderlich sind, um Konflikte reflektieren und bearbeiten zu können. Für unser Beispiel wären dies z. B. Empathie und Wahrnehmungsfähigkeit.

6. »*Qualitätsstandards*«
Die hier zu formulierenden Standards sollen Werte und Ziele der Organisation im Hinblick auf die Arbeit mit ihren Adressat*innen im jeweiligen Arbeitskontext benennen. »Sie lassen sich aus dem Wertewissen ableiten« (Tov et al., S. 42) und transportieren so professionelle Ansprüche, die in der Situation zur Geltung kommen sollen.
Bezogen auf unseren Fall wären das Forderungen nach
 – Mitbestimmungsmöglichkeiten,
 – Bezug auf Kenntnisse und Erfahrungen aus früheren Erwerbssituationen,
 – Sensibilität gegenüber Sanktionierungsmethoden der Auftraggeber.

7. »*Reflexion anhand der Qualitätsstandards*«
Entlang der unter sechstens formulierten Standards soll nun die Situation erneut reflektiert werden. Das beinhaltet den Blick in die Vergangenheit wie auch in die zukünftige Gestaltung von solchen Schlüsselsituationen.
So könnten z. B. Fragen danach gestellt werden, ob und wie in der Situation

Mitbestimmungsmöglichkeiten zum Tragen kamen oder wie die Erfahrungen und Erlebnisse der Teilnehmer*innen in den Unterrichtssequenzen besser berücksichtigt werden können.

8. *»Handlungsalternativen«*
Abschließend geht es darum, auf Grundlage des Vorgehens in den Punkten eins bis sieben, Handlungsalternativen zu entwerfen. Hier sollen folgende Leitfragen angewendet werden (ebd., S. 43; Herv. nicht übernommen): »Wie muss ich handeln, um die Qualitätsstandards einzulösen? Was hätte ich besser und anders machen können? Wie würde ich mich in einer nächsten ähnlichen Situation verhalten?« In diesem letzten Element zeigt sich deutlich das Entwicklungsziel des Modells: Ergebnis des Verfahrens ist der Entwurf professioneller Praxis auf einem nun höheren und mit verschiedenen Wissensbestandteilen angereicherten Niveau.

Bezogen auf den Fall könnten Dozierende nun Unterrichtseinheiten so planen, dass sie anstelle von als ›Belehrung‹ empfundenen Vorträgen Erfahrungen und Wissen der Kursteilnehmer*innen einbeziehen und ihre Mitgestaltungswünsche berücksichtigen, um so z. B. gemeinsam herauszuarbeiten, was kritische Elemente in Bewerbungsgesprächen sind und wie man ihnen begegnen kann.

Die Beispiele zeigen, dass die Analyse und Beschreibung von Schlüsselsituationen ›kleine Konzeptionen‹ sind. Beide hier vorgestellten Möglichkeiten des Vorgehens machen deutlich, dass der bewusste und strukturierte Umgang mit Schlüsselsituationen dazu beiträgt, wichtige Bestandteile des Leistungsversprechens konzeptionell zu fundieren. Dies geschieht, indem einerseits die konkrete Alltagssituation durch Reflexion auf ein höheres Abstraktionsniveau gehoben wird und andererseits der Handlungs*wille* auf konkrete Handlungs*optionen* und -*situationen* herunter gebrochen wird. Dabei ist es unerheblich, ob eine Einrichtung Schlüsselsituationen auf eine eher pragmatische Art und Weise beschreibt oder ob sie sich einer umfassenderen Vorgehensweise bedient.

Literatur zur Vertiefung

Graf, Pedro/Spengler, Maria (2008): Leitbild- und Konzeptentwicklung (5., überarb. Aufl.). Augsburg: Ziel Verlag

Von Spiegel, Hiltrud 2013a: Methodisches Handeln in der Sozialen Arbeit (5. Aufl.). München/Basel: Reinhardt, darin: »Arbeitshilfen für die Konzeptionsentwicklung«, S. 187–212

Tov, Eva/Kunz, Regula/Stämpli, Adi 2013: Schlüsselsituationen der Sozialen Arbeit. Professionalität durch Wissen, Reflexion und Diskurs in Communities of Practice. Bern: hep-Verlag

4.6 Handlungsmuster »Etwas Neues entwickeln und erproben« – Innovationszyklus und Projektmanagement

Soziale Arbeit hat die Aufgabe, Menschen aus allen Altersgruppen und sozialen Schichten in ihrer Alltagsbewältigung und Entwicklung zu unterstützen sowie an der Bearbeitung sozialer Probleme (wie z. B. sozialer Ungleichheit, Arbeitslosigkeit, Bildungsbenachteiligung) mitzuwirken. Durch ihren Alltagsbezug ist sie ständig mit den Dynamiken gesellschaftlichen Wandels und dessen Auswirkungen auf die Lebenswelten der Adressat*innen konfrontiert und muss ihre Angebote und Handlungskonzepte bedarfsgerecht weiterentwickeln.

Aufgaben und Anforderungen an die Praxis verändern sich in diesem Kontext kontinuierlich. Am Beispiel der Kinder- und Jugendhilfe soll kurz und exemplarisch skizziert werden, was dies für die Praxis bedeutet. In den letzten ca. 15 Jahren kam es hier zu einer kontinuierlichen Ausweitung von Aufgaben und fachlichen Anforderungen – häufig initiiert von einer Veränderung gesetzlicher Grundlagen:

- Ausbau der Kindertagesbetreuungsangebote in mehreren Stufen;
- neue Anforderungen im Bereich des Kinderschutzes mit der Entwicklung örtlicher Netzwerke früher Hilfen für Familien sowie neuen Kooperationsanforderungen unter Fachkräften;
- Entwicklung und stärkere Verknüpfung von Angeboten zwischen Jugendhilfe und Schule;
- Entwicklung sozialraumorientierter Arbeitsformen und flexibler Formen der Hilfen zur Erziehung;
- Ausdehnung von QE auf alle Felder der Kinder- und Jugendhilfe;
- rascher Aufbau von Netzwerken mit Hilfeangeboten für unbegleitete minderjährige Geflüchtete;
- Umsetzung der UN-Behindertenkonvention, die eine Inklusion von Menschen mit Behinderung in allen Lebensbereichen vorsieht.

Fachkräfte in der Sozialen Arbeit stehen so ständig vor neuen Herausforderungen: Arbeitsabläufe müssen neu geplant, Beratungsmethoden überprüft, Räume anders gestaltet, Angebote entwickelt, Diagnose- und Evaluationsinstrumente getestet oder Informationsbroschüren überarbeitet werden. Die kompetente Entwicklung und Umsetzung von Innovationen ist deshalb Kernelement guter Praxis.

Im Folgenden wird auf dieses Thema ausführlicher eingegangen und ein methodisches Vorgehen dargestellt, mit dem Innovationen strukturiert implementiert werden können (▶ Kap. 4.6.1). Ergänzend dazu wird in Kapitel 4.6.2 auf eine weitere Methode zur Einführung innovativer Elemente in einer Organisation eingegangen, die v. a. dann sinnvoll ist, wenn in der Organisation eine neuartige, außerhalb bisheriger Routinen liegende Aufgabe bewältigt werden muss, die inhaltlich und zeitlich begrenzbar ist: das Projektmanagement (▶ Kap. 4.6.2).

4.6.1 Der Innovationszyklus

In den Kapiteln 3.2 wurde bereits ein Konzept von Praxisforschung (van der Donk et al. 2014) vorgestellt, das eine der Grundlagen unseres QE-Modells bildet. Teil dieses Konzepts ist ein »Innovationszyklus«, der genutzt werden kann, wenn im Rahmen von Praxisforschung Neues entwickelt und erprobt werden soll (▶ Kap. 3.2). Die dabei angewandte Kombination von Praxisanalyse, Konzeptionsentwicklung und formativer Evaluation halten wir auch für ein sinnvolles, klar strukturiertes Vorgehen im Kontext von QE.

Der Begriff ›Innovation‹ wird dabei recht pragmatisch gefasst: Es geht nicht darum, ob etwas wirklich ganz ›neu‹ im Sinne einer Erfindung ist, sondern es reicht, wenn eine Aktivität, ein Konzept etc. von der Organisation bzw. Zielgruppe als neu erfahren wird. Innovationen in diesem Sinne können sehr unterschiedlich in Umfang und Ausrichtung sein.

Van der Donk et al. (2014, S. 284f) unterscheiden hier drei Formen:

- *Eine kleine Veränderung der beruflichen Praxis*
  Dies kann z. B. eine höhere Frequenz von Beratungsgesprächen, eine andere Form von Erstgesprächen in einer Beratungsstelle oder die Einführung einer offenen Sprechstunde sein. Bei der Gestaltung einer Innovation werden solche Maßnahmen strukturiert und empirisch gestützt eingeführt.
- *Die Anpassung einer schon vorhandenen Konzeption*
  In der Sozialen Arbeit wird im Rahmen von Projekten, Modellprogrammen etc. vielerorts mit neuen Angeboten und Organisationsformen experimentiert. Eine Form von Innovation kann deshalb auch die örtliche Anpassung bzw. Weiterentwicklung einer bereits andernorts erfolgreich funktionierenden Konzeption sein.

> **Beispiel**
>
> In einer Einrichtung der Gemeinwesenarbeit wird die Notwendigkeit gesehen, mehr gegen die Vereinsamung älterer Menschen im Stadtteil zu unternehmen. Ein Projekt in einer anderen Stadt hat dazu bereits gute Erfahrungen gemacht. Die Fachkräfte besuchen dieses Projekt, führen Gespräche, nehmen an Veranstaltungen teil und werten Materialien aus. Auf dieser Grundlage erstellen sie einen eigenen Konzeptionsentwurf, in dem die erfolgreichen Angebote an die Bedingungen in ihrem eigenen Stadtteil angepasst werden. Dieser Konzeptionsentwurf wird dann getestet und evaluiert.

- *Der Entwurf einer neuen Konzeption*
  In manchen Situationen ist die Anpassung einer vorhandenen Konzeption nicht möglich oder unzureichend. Dann ist die Praxis gefordert, etwas Neues zu entwerfen und umzusetzen.

> **Beispiel**
>
> In einem Wohnprojekt für Menschen mit einer geistigen Behinderung kommt es immer wieder zu Konflikten, wenn es um die Einhaltung von Regeln für das Zusammenleben geht. Die Gruppenleiter*innen stellen fest, dass die schon lange bestehende Regeln den Vorstellungen der Bewohner*innen und ihrer Angehörigen über ein selbstbestimmtes Leben nicht mehr entsprechen.
>
> Um die Situation zu verbessern, wollen die Gruppenleiter*innen dieses Problem systematischer untersuchen. Die Fachkräfte des Wohnprojekts führen dazu Interviews mit Bewohner*innen und ihren Angehörigen durch, besuchen andere Wohngruppen und recherchieren in Fachzeitschriften zum Thema Selbstbestimmung und betreutes Wohnen bei Menschen mit einer geistigen Behinderung. Auf der Basis dieser Informationen entwickeln sie ein Konzept, das den Bewohner*innen mehr Mitspracherechte einräumt und die Eigenverantwortung für das Leben in der Gruppe fördern soll. Außerdem sieht das Konzept die Gründung einer Steuerungsgruppe aus Bewohner*innen, Angehörigen und Fachkräften vor. Die Steuerungsgruppe tagt alle zwei Wochen, um die Abläufe in der Wohngruppe zu besprechen.
>
> Die neue Struktur wird zwei Monate in der Praxis erprobt und die Erfahrungen dokumentiert. In der Testphase zeigt sich, dass die Steuerungsgruppe in einigen Aspekten nicht gut funktioniert: Es ist für die Angehörigen organisatorisch schwierig und inhaltlich nicht immer sinnvoll, alle zwei Wochen an den Treffen teilzunehmen. Außerdem erhalten die Anliegen der Bewohner*innen oft nicht ausreichend Raum. Es zeigt sich aber auch, dass die Bewohner*innen – v. a. diejenigen, die in der Steuerungsgruppe sitzen – mehr Selbstbestimmung leben und zunehmend mehr Verantwortung für die Wohngruppe übernehmen. Das bisherige Konzept wird daraufhin verändert und wieder erprobt.
>
> Nach zwei revidierten Fassungen steht die endgültige Konzeption, die u. a. eine wöchentliche Bewohner*innenversammlung vorsieht, an der einmal im Monat auch Angehörige teilnehmen. Infolge dieser Veränderung haben die Konflikte erheblich abgenommen (Beispiel in Anlehnung an van der Donk et al. 2014, S. 283).

Wie können Innovationen dieser Art auf eine systematische Art und Weise entwickelt und implementiert werden? Das in Kapitel 3.2 vorgestellte Modell kann dazu als Orientierungspunkt genutzt werden (▶ Kap. 3.1.2; ▶ Tab. 4).

Eine *Innovationsuntersuchung* im Sinne von van der Donk et al. ist im Grunde eine Kombination der Methoden ›Praxisforschung‹ (▶ Kap. 4.3), ›Konzeptionsentwicklung‹ (▶ Kap. 4.5) und ›formative (d. h. prozessbegleitende) Evaluation‹ (▶ Kap. 4.2).

4.6 Handlungsmuster »Etwas Neues entwickeln und erproben«

Im Folgenden werden die dabei notwendigen Handlungsschritte geschildert und am Beispiel des beschriebenen Wohnprojekts für geistig behinderte Menschen illustriert:

1. Zuerst wird der *Ausgangspunkt* für die Innovation (ein Praxisproblem, neuer Bedarf für ein Angebot o. Ä.) genauer untersucht und dazu erforderliche Daten erhoben. Im Zyklus der Praxisforschung werden dabei die Handlungsschritte ›Orientieren‹ (Ausloten der unterschiedlichen Aspekte des Praxisproblems), ›Ausrichten‹ (Formulierung der Untersuchungsfrage), ›Planen‹ (Planung der Handlungsschritte zur Erhebung der erforderlichen Informationen), ›Erheben‹ (Umsetzung der Datensammlung) umgesetzt (ausführlich ▶ Kap. 4.3).

> **Beispiel**
>
> Im obigen Beispiel könnte die Untersuchungsfrage lauten: »Was müssen wir tun, um die Konflikte im Zusammenleben der Wohngruppe deutlich zu reduzieren?« Die dazu folgende Datenerhebung besteht aus einer Befragung der Bewohner*innen und Angehörigen, dem Besuch ähnlicher Wohngruppen sowie einer Recherche in Fachzeitschriften.

2. Mit diesen Informationen können *Eckpunkte einer neuen Handlungskonzeption* formuliert werden (Handlungsschritt ›Analysieren und Schlussfolgerungen ziehen‹).

> **Beispiel**
>
> Eckpunkte einer Konzeption zur Vermeidung von Konflikten könnten im obigen Beispiel u. a. sein: Stärkung der Mitspracherechte von Bewohner*innen, Einbeziehung der Angehörigen, Schaffung eines regelmäßig tagenden Forums zum Austausch über das Zusammenleben im Wohnprojekt.

3. Auf der Basis der Eckpunkte wird nun ein *Konzeptionsentwurf* erstellt (z. B. für ein neues Angebot der Einrichtung, eine neue methodische Herangehensweise an Probleme von Adressat*innen, eine Veränderung der Arbeitsbedingungen von Fachkräften: Handlungsschritt ›Entwerfen‹ im Innovationszyklus).
4. *Der Konzeptionsentwurf wird in der Praxis erprobt*: Bei der Umsetzung werden begleitend Daten erhoben und ausgewertet, mit denen der Nutzen und die Praxistauglichkeit der Innovation überprüft wird (Handlungsschritt ›Erheben‹ im Innovationszyklus). Möglicherweise wird dabei festgestellt, dass der Konzeptionsentwurf fehlerhaft ist oder den Anforderungen nicht genügt.

> **Beispiel**
>
> Im obigen Beispiel zeigt sich in der Testphase, dass die neue Steuerungsgruppe die Selbstbestimmung der Bewohner*innen und ihre Fähigkeiten

zur Übernahme von Verantwortung stärkt, aber die Angehörigen nicht bei jedem Treffen der Steuerungsgruppe dabei sein sollten.

5. *Der Konzeptionsentwurf wird weiterentwickelt*: Auf der Basis der Ergebnisse der begleitenden Untersuchung wird der Entwurf weiterentwickelt und ggf. wieder erprobt (Handlungsschritte ›Analysieren und Schlussfolgerungen ziehen‹ sowie ›Entwerfen‹ im Innovationszyklus). Auch dabei werden wieder Daten erhoben. Diese Kombination von konzeptioneller Weiterentwicklung und formativer Evaluation wird so lange fortgesetzt, bis die Konzeption ihre endgültige Form gefunden hat.

Beispiel

Im obigen Beispiel muss das Verfahren noch zweimal verändert werden, bevor die endgültige Konzeption u. a. mit einer wöchentlichen Versammlung der Bewohner*innen steht.

4.6.2 Projektmanagement

Durch seine Verwendung im Alltag ist der Projektbegriff vieldeutig und diffus geworden: Vieles was neu, zeitlich begrenzt oder irgendwie besonders und nicht-alltäglich ist, kann im Alltag Projekt genannt werden: ein künstlerisches Vorhaben (Film- oder Musikprojekt), eine neue Form des Zusammenlebens (Wohnprojekt), innovative Vorhaben in der Sozialen Arbeit, die zeitlich begrenzt finanziert werden (z. B. Projekte, die neue Hilfeformen für Suchtkranke oder Wohnungslose erproben), offene Lernformen in Schulen oder Hochschulen (Projektstudium) oder auch Vorhaben, deren Umsetzung noch nicht abgeschlossen ist.

Wenn wir im Kontext von OE oder QE von Projekten sprechen, ist damit etwas Anderes gemeint. Typische Merkmale von Projekten in diesem Kontext sind (vgl. z. B. Merchel 2005, S. 84ff; Schiersmann/Thiel 2014, S. 187ff):

- eine *innovative und komplexe Aufgabenstellung*, die innerhalb der bisherigen Routinen, Organisationsstrukturen und Aufgabenverteilungen der Organisation nicht zu bewältigen ist. Damit verbunden sind gewisse
- *Unsicherheiten und Risiken in der Bearbeitung der Aufgabe*
  D. h., die Lösungswege bei der Bearbeitung der Aufgabe sind zu Beginn nicht vollständig klar und planbar.
- v*Konkrete Zielsetzung*
  Projekte haben klar definierte Ziele. Der Erfolg des Projekts wird an der Erreichung dieser Ziele gemessen.
- v*Begrenzte zeitliche, personelle und finanzielle Ressourcen*
  Projekte sind eine ›Organisationsform auf Zeit‹ mit einem klar definierten Beginn und einem geplanten Ende.

- Erforderlich ist eine *fach-, bereichs- und hierarchieübergreifende Zusammensetzung des durchführenden Projektteams*, die innovative Kooperations- und Lernprozesse fördern soll.

Projekte in diesem Sinne können z. B. die Entwicklung bzw. Einführung eines neuen Angebots für Adressat*innen, die Einführung neuer Kooperationsformen zwischen bestimmten Abteilungen in einer Organisation oder die Einführung eines QE-Systems in einer Einrichtung sein.

In Bezug auf ihre *inhaltliche Ausrichtung* können insbesondere folgende Projekttypen unterschieden werden (vgl. Schiersmann/Thiel 2014, S. 189): Analyse-Projekte (z. B. Untersuchung des Belegungsrückgangs einer stationären Einrichtung), Konzeptions-Projekte (z. B. Entwicklung einer Strategie zur Verbesserung der Öffentlichkeitsarbeit), Realisierungs- bzw. Implementierungs-Projekte (z. B. Einführung eines QE-Systems in die Organisation).

Der Begriff *Projektmanagement* bezeichnet deshalb die Steuerungsaktivitäten, die notwendig sind, um ein Projekt mit bestimmten Ressourcen in einer begrenzten Zeit zu einem festgelegten Ziel bzw. Ergebnis zu bringen. Diese Steuerungsaktivitäten beziehen sich auf drei Dimensionen:

1. »In der *Sachdimension* geht es darum, die Neuartigkeit und Komplexität von Projekten mit Hilfe von Planungs- und Controllingmethoden zu handhaben (Aufgabenstrukturierung, Kapazitäts- und Kostenplanung, -kontrolle).
2. In der *Sozialdimension* stehen Fragen der Projektausdifferenzierung, der internen Strukturierung und des Teammanagements an (formale Projektstruktur, Führung in Projektteams, Aufgaben-, Kompetenz- und Verantwortungsverteilung).
3. In der *Zeitdimension* stellen sich Aufgaben der Projektplanung und des Projektcontrollings, diesmal unter dem Aspekt der prozessualen Gestaltung und der Termineinhaltung (Ablauf- und Terminplanung)« (Mayerhofer/Meyer 2007, S. 406; Herv. i. O.).

Zeitliche und inhaltliche Phasen von Projekten

Trotz der großen inhaltlichen Unterschiede von Projekten in Organisationen können bestimmte *zeitliche Phasen* unterschieden werden, in denen jeweils bestimmte Aufgaben zu bearbeiten und Entscheidungen zu treffen sind. Je nach Autor*in sind diese Phasenmodelle unterschiedlich ausdifferenziert (Schiersmann/Thiel 2014 arbeiten z. B. mit sieben, Merchel 2005 mit fünf Phasen), inhaltlich gibt es aber nur geringe Differenzen. Im Folgenden beziehen wir uns auf das Modell von Merchel (2005, S. 89ff).

1. *Phase: Analyse der Ausgangssituation*
Hier geht es zum einen darum abzuschätzen, ob eine Aufgabe oder ein Problem innerhalb der gegebenen Organisationsstruktur bearbeitbar oder dafür ein Projekt sinnvoll ist. Außerdem muss hier die Zielrichtung des Projekts analysiert und mögliche Risiken bei der Umsetzung abgeschätzt werden (Welche Probleme/Konflikte können bei der Durchführung entstehen? Was kann präventiv getan werden, dass diese nicht auftreten?).

2. *Phase: Projektvorbereitung*
In dieser Phase sind Entscheidungen über den zeitlichen Rahmen sowie die erforderlichen und zur Verfügung stehenden Ressourcen zu treffen. Ferner muss überlegt werden, wie eine für die Organisation sinnvolle Projektorganisation aussehen könnte (Zusammensetzung der Projektgruppe, Festlegung der Projektleitung, Verankerung des Projekts in der bestehenden Organisationsstruktur etc.). Auf dieser Basis kann dann der konkrete Projektauftrag formuliert werden und der offizielle, für alle erkennbare, Projektstart erfolgen.

3. *Phase: Projektplanung*
Nach der Klärung des Projektauftrags und dem offiziellen Start kann die detailliertere Projektplanung erfolgen. Die zu bewältigenden Aufgaben müssen in unterschiedlichen ›Arbeitspaketen‹ gebündelt werden, bei umfangreicheren Projekten ist zusätzlich noch eine Ausdifferenzierung in Teilprojekte bzw. -aufgaben sinnvoll. Außerdem sind in dieser Phase noch der zeitliche Ablauf der verschiedenen Arbeitsschritte und die Verantwortlichkeit für deren Umsetzung in der Projektgruppe zu klären.

Das BMFSFJ hat in einem »Leitfaden für Qualitätsbeauftragte« jeweils einen Struktur- und einen Zeitplan veröffentlicht, die zeigen, wie die genannten Aufgaben in einem komplexen QE-Projekt mit mehreren Teilprojekten umgesetzt werden können (Schreyer-Schubert et al. 2000, S. 29, Tafel 7 und 8).

1. *Phase: Durchführung der festgelegten Arbeitsschritte*
Die Umsetzung wird begleitet von einem Projektcontrolling, in dem überprüft wird, ob und wann die geplanten Arbeitsergebnisse erreicht werden, wie die Kooperation unter den Projektbeteiligten funktioniert etc. Möglicherweise kommt es zu unvorhergesehenen Ereignissen im Projektverlauf, die eine Veränderung der geplanten Arbeitsschritte erforderlich machen. Das Projektcontrolling soll dabei unterstützen, Probleme bei der Umsetzung frühzeitig zu erkennen und darauf zu reagieren.

2. *Phase: Projektabschluss und -evaluation*
Am Ende des Prozesses werden die Ergebnisse des Projekts schriftlich dokumentiert und sowohl dem Auftraggeber*innen als auch den Organisationsmitgliedern gegenüber in geeigneter Form präsentiert (Tagung, Veröffentlichung o. a.). Außerdem sollte am Ende der gesamte Projektverlauf reflektiert werden, um so herauszustellen, welche Schlussfolgerungen für künftige Projekte in der Organisation gezogen werden können und wie die Arbeit am Projektthema weitergehen sollte.
Nach einiger Zeit sollte mit einer Projektevaluation überprüft werden, ob die Projektergebnisse in der Organisation auch umgesetzt werden bzw. welche Hindernisse bei der Umsetzung auftauchen, um ggf. hier noch einmal nachzusteuern.

Die geschilderten Projektphasen können in folgender Abbildung zusammengefasst werden (▶ Abb. 20).

4.6 Handlungsmuster »Etwas Neues entwickeln und erproben«

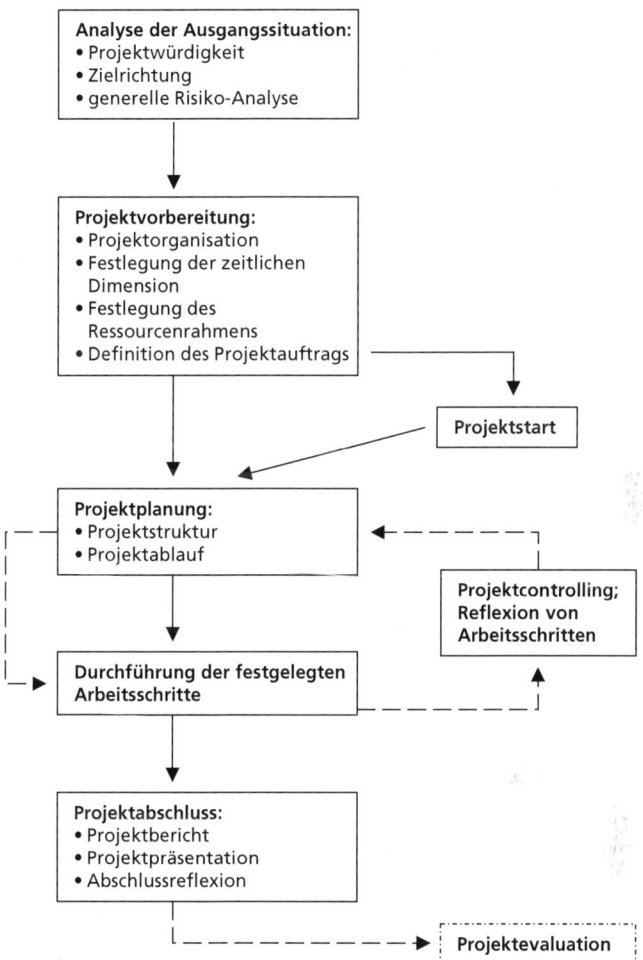

Abb. 20: Arbeitsphasen im Projektverlauf, Quelle: Merchel, Joachim 2005: Organisationsgestaltung in der Sozialen Arbeit, Weinheim/München: Juventa, S. 90

Jenseits dieser *rationalen, sachbezogenen Dimension*, in der es darum geht, eine möglichst effektive und effiziente Struktur zur Bearbeitung einer innovativen und komplexen Aufgabe zu schaffen, ist aber in Projekten auch eine soziale Dimension zu beachten: Denn durch Projekte entsteht eine *soziale Dynamik* in der Organisation, die zu Konflikten oder gar zum Scheitern von Projekten führen kann, wenn sie nicht ausreichend beachtet wird. Projektmanagement bedeutet deshalb immer auch eine Reflexion und Mitgestaltung der Gruppenprozesse.

Die soziale Dimension von Projekten

Projekte werden v. a. dann eingerichtet, wenn Aufgaben bzw. Probleme auftauchen, die innerhalb der bestehenden Organisationsform und ihrer Routinen nicht zu bewältigen sind. Damit weisen Projekte immer auch auf die Grenzen der vorhandenen Strukturen und Abläufe einer Organisation hin und werden zu einer temporären Parallelstruktur in einer Organisation, die zu Irritationen und Störungen des Bestehenden führen kann. Merchel hat die daraus entstehenden Konfliktpotentiale in folgender Tabelle zusammengefasst (▶ Tab. 21).

Tab. 21: Unterschiede zwischen Projekt und Basisorganisation

Projekt	Basisorganisation	→ mögliche Folgen der Divergenz
befristet	auf Dauer ausgerichtet	bringt instabiles Element in die Organisation
für komplexe, relativ neuartige Aufgaben	insbesondere für Routineaufgaben; Berechenbarkeit der Aufgabenerledigung ist wichtig	Konsequenzen der Projektarbeit schwer einschätzbar; nicht auf bestimmte Bereiche zu beschränken
erfordert Sonderressourcen und möglicherweise Spezialkenntnisse (und evtl. entsprechende Personen)	Sonderressourcen und Spezialkenntnisse sind auf verschiedene Bereiche und nach anderen Kriterien verteilt	Konkurrenz zwischen Projekten und Teilen der Basisorganisation; evtl. Intensivierung des Drucks auf die Projektgruppe
spezifische Projektrollen (Projektmitarbeiter*innen, Projektleiter*innen, evtl. Lenkungsgruppe)	tradierte (auch hierarchisch definierte) Rollenverteilung (nach Aufgaben, Kompetenz, Verantwortung)	Divergenz zwischen Projektrollen und Rollen in der Basisorganisation; Interrollenkonflikte; Probleme durch das Nebeneinander von unterschiedlichen Rollen bei Projektgruppenmitgliedern
besondere, ansonsten in der Organisation kaum praktizierte Verfahren (Projektstruktur- und Projektablaufplanung etc.)	arbeitet mit kontinuierlich praktizierten, vergleichbaren und (für unterschiedliche Bereiche und Aufgaben) anschlussfähigen Verfahren	evtl. Druck auf das Projekt zur Installierung ›übertragbarer‹ Arbeitsweisen und dadurch Einschränkungen bei der Innovationsfähigkeit
eigene Werte und Normen zur Herausbildung und Absicherung der Motivation und Identifikation von Projektgruppenmitgliedern	allgemein verbindliche Werte und Normen, die sich auf das jeweilige Organisationssegment und auf die Gesamtorganisation beziehen	mögliche Probleme der Kompatibilität zwischen Projekt- und Organisationsnormen; Problem von Loyalitätskonflikten bei Mitarbeiter*innen; Selbstorganisation des Projekts kann als Chance und Gefahr für Gesamtorganisation empfunden werden

4.6 Handlungsmuster »Etwas Neues entwickeln und erproben«

Tab. 21: Unterschiede zwischen Projekt und Basisorganisation – Fortsetzung

Projekt	Basisorganisation	→ mögliche Folgen der Divergenz
flexible, an Projektphasen ausgerichtete Kommunikationsformen (z. B. Projektstart mit »Kick-Off«-Veranstaltung, Sonderworkshops etc.)	standardisierte, eingespielte, z. T. formal geregelte Kommunikationsformen stehen im Mittelpunkt	spezielle Regelungen für Projekte verursachen Kosten und können Irritationen in Kommunikationsabläufe bringen

Quelle: Merchel, Joachim 2005: Organisationsgestaltung in der Sozialen Arbeit, Weinheim/München: Juventa, S. 119

Die skizzierten Konfliktpotentiale sind *strukturell* in den Divergenzen zwischen Basisorganisation und Projekt angelegt. Deshalb ist in Projekten relativ wahrscheinlich, dass es irgendwann zu Konflikten kommt. Wie aufmerksam mit diesen Spannungsfeldern umgegangen wird und wie kompetent die auftretenden Konflikte bearbeitet werden, entscheidet maßgeblich über den Erfolg eines Projekts. Dabei ist zu beachten, dass hier Konfliktpotentiale in zwei Dimensionen bestehen: zwischen Projekt und Basisorganisation einerseits sowie innerhalb von Projektgruppen.

Bei der *Gestaltung der Verknüpfungen zwischen Projekt und Basisorganisation* ist deshalb zu beachten (vgl. Merchel 2005, S. 122ff):

- Der Projektauftrag muss für alle Beteiligten klar und transparent sein. Sollten im Projektverlauf »Zweifel an der Angemessenheit des Projektauftrags oder Anzeichen für verborgene Projektaufträge (die ›zweite Auftragsebene‹) erkennbar werden, so sollte dies zum einen innerhalb der Projektgruppe angesprochen und zum anderen in geeigneter Weise mit dem Auftraggeber erörtert werden« (ebd.).
- Die Zusammensetzung der Projektgruppe muss sorgfältig geplant sein. Sie sollte einerseits eine Größe von acht Personen nicht überschreiten, um arbeitsfähig zu sein. Andererseits sollten folgende inhaltliche Aspekte bei der Auswahl beachtet werden: fachliche Kenntnisse, die für das Projekt erforderlich sind, Einbeziehung der vom Projekt betroffenen Organisationsteile, hierarchieübergreifende Gestaltung, Beachtung informeller Beziehungen in der Organisation (z. B. Wer genießt besondere Akzeptanz in der Organisation? Wer gehört zu den Kritiker*innen des Projekts und sollte evtl. beachtet werden?), Kooperationsfähigkeit, Interesse am Projektthema.
- Die Herstellung von Transparenz in der Organisation über Auftrag, Ziele, wichtige Zwischen- und Endergebnisse ist wichtig, um Mutmaßungen und Gerüchte möglichst gering zu halten.
- Die Einrichtung eines Projekts schafft eine ›mikropolitisch aufgeladene‹ Situation in der Organisation. Neben der formalen Dimension mit Aufträgen, Zielen, Strukturen und Abläufen etc. existiert eine Dimension des strategischen Handelns der betroffenen Menschen: Denn eine Organisation ist auch ein so-

ziales (Kräfte-)Feld , in dem die Mitglieder um die Durchsetzung ihrer Deutungsmuster und Interessen bemüht sind, in dem es um Macht und die Gestaltung von Kräfteverhältnissen, um die Erhaltung bzw. Ausweitung von Freiräumen und Ressourcen geht. Deshalb ist es wichtig, diese mikropolitischen Aspekte bei der Projektgestaltung wahrzunehmen und zu Beginn eine sorgfältige Analyse des Projektumfelds und der dort herrschenden Interessen- und Kräfteverhältnisse zu machen (Wer sind die relevanten Personen und Organisationsteile für das Projekt? Wem könnte das Projekt nützen oder schaden? Von welcher Seite aus ist mit offenem oder verdecktem Widerstand zu rechnen?).

Auch *innerhalb von Projektgruppen* entstehen soziale Dynamiken, die sich auf die Zusammenarbeit auswirken. Denn ihre Mitglieder sind nicht nur Personen mit individuellen Fähigkeiten und Interessen, sie sind gleichzeitig Repräsentant*innen eines bestimmten Organisationsteils. Deshalb stehen die ausgewählten Personen im Spannungsbereich zwischen drei Interessenssphären:

> »Ihren persönlichen Vorstellungen und Neigungen, die sie in das Projekt einbringen wollen, den partiellen Gruppeninteressen, deren Einbringen in das Projekt von ihnen erwartet wird, und dem Gesamtinteresse der Organisation, dem sie entsprechend dem (offiziellen) Projektauftrag zur Geltung verschaffen sollen« (Merchel 2005, S. 125).

Durch die Zusammenarbeit innerhalb der Projektgruppe entsteht im Lauf der Zeit noch ein weiteres Spannungsfeld: die eigene Identität der Projektgruppe mit ihren Interessen und Loyalitätserwartungen an die einzelnen Gruppenmitglieder.

Auch hier existieren also *strukturelle Konfliktpotentiale*, die von der Projektleitung im Blick behalten werden sollten. Hilfreich kann angesichts der unterschiedlichen ›Loyalitäten‹ der Mitglieder eine frühzeitige Verständigung mit der Projektgruppe über Regeln der internen Zusammenarbeit sowie Formen und Wege der Kommunikation nach innen und außen sein. Bei länger dauernden Projekten ist es sinnvoll, ab und zu gemeinsame Gelegenheiten zu schaffen, bei denen der Stand der Arbeit in sachlicher und sozialer Hinsicht reflektiert wird.

Zusammenfassend noch einmal die wichtigsten Elemente, die zum Gelingen eines Projekts beitragen:

- ein klarer *Auftrag*, der Aussagen über Ziele, notwendige Ressourcen, zeitliche Eckpunkte, Erfolgskriterien formuliert;
- eine transparente *Entscheidungsstruktur* mit klar geregelten Zuständigkeiten, Verantwortlichkeiten und den dafür notwendigen Entscheidungsträger*innen und Gremien;
- die *Strukturierung des Arbeitsprozesses* in verschiedene Phasen (vgl. z. B. das Modell von Merchel) und deren Zeitstruktur (vgl. z. B. der o. g. Projekt-Zeitplan), in denen auch festgelegt wird, wann zentrale Arbeitspakete abgeschlossen und Entscheidungen getroffen werden müssen (›Meilensteine‹);
- ein *Projektstrukturplan* (vgl. das Beispiel oben), mit dem die komplexe Gesamtaufgabe in kleinere Teilprojekte und ›Arbeitspakete‹ (mit den entsprechenden Aufträgen für die verantwortlichen Kleingruppen) aufgeteilt wird;

- ein *Informationskonzept*, das Transparenz über Prozessverläufe und Zwischenergebnisse im Projekt sowie zwischen Projekt und Organisation herstellt;
- eine frühzeitige *Risikoanalyse*, um Fehler bei der Entwicklung der Projektstruktur, der Zusammensetzung der Projektgruppe und Fehlentscheidungen im Verlauf zu vermeiden. Dabei ist wichtig, die *strukturellen Spannungsfelder* zwischen Projekt und Basisorganisation sowie innerhalb der Projektgruppe zu erkennen und zu reflektieren. Bei größeren Projekten ist sinnvoll, Risikoanalysen nach erreichten ›Meilensteinen‹ zu wiederholen.

Literatur zur Vertiefung

1. Der »Innovationszyklus« im Kontext von QE

Van der Donk et al. (2014): Praxisforschung im Sozial- und Gesundheitswesen. Bern: Huber, darin »Entwerfen«, S. 281–307

2. Projektmanagement

Merchel, Joachim 2005: Organisationsgestaltung in der Sozialen Arbeit, Weinheim/München: Juventa, darin: »Projektgestaltung/Projektmanagement«, S. 81–131

Schiersmann, Christiane/Thiel, Ulrich 2014: Organisationsentwicklung. Prinzipien und Strategien von Veränderungsprozessen (4. Aufl.). Wiesbaden: VS Verlag, darin: »Projekte als Kern organisationaler Veränderungsstrategien«, S. 185–238

Schreyer-Schubert, Anne/Hanselmann, Paul G./Friz, Albrecht 2000: Leitfaden für Qualitätsbeauftragte (QS-Heft Nr. 28, hrsg. v. BMFSFJ). Bonn (im Internet unter: https://www.bmfsfj.de/bmfsfj/service/publikationen/qs-28--leitfaden-fuer-qualitaetsbeauftragte/96390; Abruf am 25.01.2018)

5 Die Implementierung von Qualitätsentwicklung (QE) in Organisationen

 Was Sie in diesem Kapitel lernen können

In diesem Kapitel geht es darum, wie eine fachlich ›gute‹ und funktionierende Form von QE in einer Organisation entwickelt und verankert werden kann. Es gibt hier keine ›Standardmodelle‹, die einfach von anderen übernommen werden können. Deshalb muss zuerst eine *Situations- und Problemanalyse* in einer Organisation als Ausgangspunkt einer QE-Strategie vorgenommen werden (▶ Kap. 5.1). Auf dieser Grundlage können zwei unterschiedliche Wege zur Entwicklung und Einführung eines QE-Modells gegangen werden. Zur Veranschaulichung stellen wir dazu ein Beispiel ›guter Praxis‹ ausführlich vor (▶ Kap. 5.2). Typische Herausforderungen und Tücken, die sich bei Vorhaben dieser Art stellen, sowie sinnvolle Strategien, damit umzugehen, thematisieren wir in Kapitel 5.3.

Während der Entstehung dieses Buches haben wir einige langjährige Leitungskräfte aus der Kinder- und Jugendhilfe, Wohnungslosenhilfe sowie aus Freiwilligendiensten zu ihren Erfahrungen bei der Entwicklung und Implementierung von QE-/QM-Systemen befragt. Ergebnisse dieser Untersuchung fließen illustrierend und pointierend in unsere Darstellungen ein.

5.1 Der Ausgangspunkt: Situations- bzw. Problemanalyse in der Organisation

Bevor eine Organisation in einen Prozess der QE einsteigt, ist es notwendig, eine Situations- bzw. Problemanalyse zur Klärung des Vorgehens durchzuführen. Dabei sollten von den zuständigen Leitungskräften insbesondere folgende Fragen mit den Mitarbeiter*innen geklärt werden:

- Welche Probleme mit bzw. Fragen zur Qualität der Arbeit gibt es im Moment in der Organisation?
- Gibt es Anforderungen von außen (Geldgeber, Adressat*innen, neue gesetzliche Rahmenbedingungen, neue fachliche Paradigmen etc.), die berücksich-

tigt werden müssen (vgl. dazu die Methoden Situations- bzw. Umweltanalyse,
▶ Kap. 4.4)?
- Welche der internen und externen Probleme bzw. Anforderungen sind als besonders dringlich zu bewerten?
- Welche Ressourcen können wir für mögliche QE-Projekte einsetzen (zeitlich, personell, finanziell, internes Know-how)?
- Welche Ausrichtung soll der anstehende QE-Prozess haben? Geht es primär um eine Überprüfung des Bestehenden oder um die Entwicklung von etwas Neuem?

Mit den hier ermittelten Informationen können erste Eckpunkte für die Gestaltung des QE-Prozesses formuliert werden.

5.2 Die Gestaltung von QE-Prozessen

Bei der Entwicklung und Umsetzung von QE-Verfahren sind grundsätzlich zwei Richtungen des Vorgehens möglich: Auf der Basis einer Situationsanalyse können *erstens* einzelne, *thematisch und zeitlich begrenzte Projekte* zur QE realisiert werden. Wie so etwas aussehen könnte, wurde ausführlich in Kapitel 4 thematisiert: Anhand der dort beschriebenen fünf grundlegenden Handlungsmuster in der QE (▶ Kap. 4.1.1) wurden verschiedene Methoden zur Evaluation, Praxisforschung, Konzeptionsentwicklung, Innovationsgestaltung etc. vorgestellt und an Praxisbeispielen aus der Schulsozialarbeit, beruflichen Integration, Familienhilfe etc. illustriert (▶ Kap. 4.2–4.6). Weitere methodische Möglichkeiten wurden in der 18-Felder-Tabelle in Kapitel 3 erwähnt (▶ Tab. 4).

Ein projektorientiertes Vorgehen eignet sich besonders zum Einstieg einer Organisation in die QE. In zeitlich und inhaltlich überschaubaren Prozessen können erste Erfahrungen gemacht werden. Aus der Analyse dieser Erfahrungen wird dann erkennbar, was bei danach folgenden (komplexeren) Prozessen beachtet bzw. verändert werden muss: Beim Einstieg einer Organisation in die QE ist nach unseren Erfahrungen zu empfehlen, eine kompetente externe Beratung bzw. Begleitung zumindest temporär einzubeziehen. So können fachlich angemessene und effiziente Vorgehensweisen gesichert, Überforderungssituationen oder unnötige Umwege vermieden werden. Denn gerade beim Einstieg in die QE ist wichtig, Mitarbeiter*innen den Nutzen solcher Projekte rasch erfahrbar zu machen und Erfolgserlebnisse zu ermöglichen. Dadurch kann die Motivation für weitere Schritte in der QE gefördert werden.

Zweitens ist die Entwicklung einer *Gesamtstrategie von QE für eine Organisation* mit passenden Strukturen und Verfahren möglich, die allerdings aufwändiger, komplexer und risikoreicher ist. In aller Regel entsteht eine funktionierende QE-Struktur dieser Art nicht auf einmal, sondern kann mehrere Versuche erfordern, bzw. entsteht im Laufe der Zeit aus der Verknüpfung mehrerer, zueinander passender Bausteine. Zur Veranschaulichung dieses Vorgehens stellen wir im Folgenden ein *Beispiel ›guter Praxis‹* ausführlicher vor, in dem auch einige der Probleme erkennbar werden, die auftreten können, bis eine funktionierende Gesamtstrategie gefunden ist. Wir konzentrieren uns bei der Darstellung auf die für unseren Zusammenhang relevanten Aspekte.

Beispiel

Unsere Organisation ist eine dezentral strukturierte Einrichtung der Kinder- und Jugendhilfe mit stationären Wohngruppen, ambulanten Erziehungshilfen, therapeutischen Angeboten sowie Schulsozialarbeit und Gemeinwesenarbeitsprojekten in mehreren Gemeinden. An 15 Standorten arbeiten in kleineren Teams mittlerweile ca. 130 Mitarbeiter*innen. Die Einrichtung ist in den letzten zehn Jahren stark gewachsen, die Zahl der Fachkräfte hat sich in dieser Zeit fast verdoppelt.

Zum ersten Mal wurde hier das Thema QE im Jahr 2005 angegangen: Ziel war eine Verständigung über Konzepte, Verfahrensabläufe und Standards des Handelns, die in Workshops und diversen Qualitätszirkeln bearbeitet und nach längerer Zeit in einem umfangreichen QE-Handbuch dokumentiert wurde. Das Procedere erforderte einen hohen Diskussions- und Abstimmungsbedarf und gestaltete sich sehr aufwändig. Der Nutzen für die praktische Arbeit blieb aber begrenzt: Das QE-Handbuch lag nach dem Abschluss des Prozesses zwar in allen Teams vor, wurde aber im Alltag kaum genutzt. Es gibt dieses Handbuch mit seinen zahlreichen Prozessbeschreibungen nach wie vor. Im Moment wird es grundlegend überarbeitet und auf deutlich weniger Prozesse ›verschlankt‹ und aktualisiert, damit es im pädagogischen Alltag praktikabler wird.

Zwei Jahre später wechselte die Leitung der Einrichtung. Nach einer Einarbeitungszeit startete die neue Leiterin einen neuen Versuch mit der QE-Methode der ›kollegialen Visitation‹, die sie selbst an ihrem vorigen Arbeitsplatz in positiver Weise kennengelernt hatte. Bei dieser Methode geht es kurz gesagt darum, dass Kolleg*innen aus unterschiedlichen Teams der gleichen Organisation sich gegenseitig besuchen, befragen und fachliches Feedback geben. Auf der Basis einer zuvor gemeinsam festgelegten Fragestellung sammeln die visitierenden Kolleg*innen Informationen, werten Materialien aus, machen Interviews in der besuchten Einrichtung und legen ihren Kolleg*innen dann die Ergebnisse zur Diskussion vor. Zu einem späteren Zeitpunkt (z. B. im nächsten Jahr) wechseln die Rollen. In diesem Modell werden so Elemente von ›Kollegialität‹ und einem ›fremden Blick von außen‹ miteinander verknüpft.

Beim Versuch, diese QE-Methode in unserer Beispielorganisation einzuführen, zeigten sich allerdings rasch starke Widerstände und Verunsicherungen unter den Mitarbeiter*innen: »Was will die neue Chefin damit? Geht es um mehr Kontrolle von oben? Sollen wir uns jetzt auch noch gegenseitig ›bespitzeln‹? Was sollen wir denn noch alles – zusätzlich zu unserem anstrengenden Alltagsgeschäft – leisten?« Auf einer Betriebsversammlung kam es zur offenen Konfrontation zwischen Leitung und Mitarbeiter*innen mit dem Ergebnis, dass diese QE-Idee ad acta gelegt werden musste.

Einige Jahre später – die Leiterin hatte sich mittlerweile in der Einrichtung etabliert und als vertrauenswürdig gezeigt – entstand (auch) angesichts der Fachdebatten um eine stärkere Wirkungsorientierung von Hilfen in einzelnen Teams die Idee, in ihren Arbeitsfeldern genauer hinzusehen, ob das, was die Fachkräfte tun, auch bei den Adressat*innen ankommt, und ob die Prozesse und Ergebnisse den eigenen fachlichen Ansprüchen genügen. Angesichts der stark dezentralisierten Struktur der Organisation befürwortete die Leitungsebene die Idee, die einzelnen Teams in der Organisation als Bezugspunkt eines neuen QE-Modells zu machen. Denn die Teams können im Grunde als ›Mikrokosmos‹ der Organisation verstanden werden, in denen sich viele kollektive Lernprozesse abspielen. Deshalb könnte das Lernen in Teams auch Vorbild für die Organisation insgesamt sein.

In den folgenden Diskursen auf Leitungs- und Mitarbeiter*innenebene wurde diese Idee als sinnvoll und erprobungswürdig angesehen. Man einigte sich auf einige Eckpunkte des Vorgehens:

- Im Mittelpunkt steht der fachliche Austausch, die Reflexion, das gemeinsame Nachdenken und Lernen im Team, nicht die Kontrolle der Arbeit.
- Durch kleine, alltagsnahe Formen der Praxisforschung und Evaluation sollen Abläufe und Routinen der alltäglichen Arbeit hinterfragt werden und der Blick darauf gerichtet werden, die Arbeit mit den Adressat*innen wirksamer zu machen.
- Jedes Team führt dazu alle zwei Jahre einen kleinen (Selbst-)Evaluationsprozess durch. Den Auftakt bildet ein Zielvereinbarungsgespräch zwischen Team, Bereichsleitung und dem QE-Beauftragten. Hier werden Absprachen zu Fragestellungen, Zielen, der Umsetzung, aber auch möglicher Unterstützung in der Organisation und zur Ergebnissicherung getroffen und schriftlich festgehalten. Die Fragestellungen kommen aus dem Team: Da die Teams keine zusätzlichen Ressourcen für die Durchführung der Evaluationen erhalten, muss in den Zielvereinbarungen auf die Realisierbarkeit geachtet werden. Eine Unterstützung (z. B. durch den QE-Beauftragten, andere Teams, ggf. auch externe Begleitung) ist aber grundsätzlich möglich.
- Auf dieser Basis wird der Forschungsprozess in den Teams umgesetzt (die Arbeitsschritte, ▶ Kap. 4.2 und ▶ Kap. 4.3). Der Qualitätsausschuss der Organisation begleitet den Prozess: Dort werden am Ende auch die Ergebnisse besprochen und gemeinsam mit dem Team über Veränderungen der Arbeit nachgedacht. Außerdem werden die Ergebnisse anderer Teams in geeigneter Weise präsentiert.

Nachdem einzelne Teams dieses Vorgehen erfolgreich erprobt hatten, wurde das QE-Verfahren verbindlich auf die Gesamteinrichtung übertragen.

Die bisher bearbeiteten Themen untersuchten z. B. die Kooperation zwischen Herkunftsfamilien und Fachkräften in den Erziehungsstellen, die Zusammenarbeit von Fachkräften und Ehrenamtlichen in einem Gemeinwesenarbeitsprojekt, die Gestaltung pädagogischer Schlüsselprozesse (›Ankommen‹ in der Tagesgruppe, Wie gestalten wir Abschiede in den ambulanten Hilfen?,

Kooperation mit Schulen), die Qualität neuer Angebote aus Adressat*innenperspektive.

Neben dieser basisnahen und kontinuierlichen Form der QE werden regelmäßig umfangreichere Projekte zur Weiterentwicklung der Organisation umgesetzt. Dabei geht es einerseits um Forschungs- und Entwicklungsprojekte in Kooperation mit Hochschulen aus der Region, die aus Mitteln von Stiftungen, Bund und Land finanziert werden: Im Vordergrund stand in den letzten Jahren Modellprojekte zu innovativen Formen der Förderung und Integration junger Geflüchteter in den Gemeinwesen sowie die Begleitung junger Menschen nach dem Ende stationärer Hilfen.

Andererseits werden regelmäßig neue Regelangebote in den Standortkommunen entwickelt (im Moment z. B. ein Begegnungs- und Nachbarschaftszentrum in einem neu entstehenden Stadtteil).

Über die Jahre hinweg hat sich dazu folgende Struktur zur Bearbeitung von Qualitätsfragen in der Organisation entwickelt:

- Auf der Leitungsebene gibt es neben der Geschäftsführerin eine verantwortliche Person für Qualitätsfragen, in deren Stellenbeschreibung ein Anteil von 25 % der Arbeitszeit für dieses Thema reserviert ist.
- Oberstes Entscheidungs- und Steuerungsorgan für Qualitätsfragen ist der Qualitätsausschuss, in dem Vertreter*innen aus allen Geschäftsbereichen, Leitung und Betriebsrat vertreten sind. Dieser Ausschuss kann Aufgaben und Zuarbeiten delegieren in Richtung von
  - Qualitätszirkeln, die Aufgaben zeitlich begrenzt in unterschiedlichen Zusammensetzungen verbindlich bearbeiten, sowie
  - Impulsgruppen, die dazu dienen, kurzfristig Einschätzungen, Meinungsbilder etc. in der Organisation einzuholen, um damit die Arbeit des Qualitätsausschusses zu unterstützen.

Was macht dieses Praxisbeispiel interessant und warum ist es für uns ein Beispiel ›guter Praxis‹?

Es zeigt zum einen, dass ein funktionierendes Gesamtsystem von QE i. d. R. nicht auf einmal entsteht. Im Beispiel wurde erst nach zwei mehr oder weniger gescheiterten Versuchen ein Modell gefunden, das in der Praxis gut funktioniert. Gründe dafür sind insbesondere:

1. *Passendes ›Timing‹*

   Das System passt mittlerweile zu den konkreten Personen und der Situation der Organisation. Vorherige Versuche scheiterten zum einen am hohen Aufwand und der geringen Praxistauglichkeit der Ergebnisse. Zum anderen hatte die neue Leitungskraft bei ihrem Versuch noch nicht ausreichend Vertrauen und Autorität unter den Organisationsmitgliedern, um das QE-Verfahren der kollegialen Visitationen einführen zu können. Auch das aktuelle QE-Verfahren mit den Evaluationen auf Teamebene könnte im Prinzip – wie das gescheiterte Modell der kollegialen Visitationen – für mehr Kontrolle ›von oben‹ genutzt werden, aber jetzt ist unter den Mitarbeiter*innen mehr Vertrauen und eigenes Interesse an dieser QE-Form vorhanden.

2. *Passende Strukturen und Verfahren*
Jede Organisation entwickelt im Laufe ihrer Geschichte eine bestimmte Grundstruktur und ›kollektive Identität‹. Wer eine Organisation verändern möchte, sollte diese Geschichte beachten und soweit möglich daran anknüpfen. Denn im Entwicklungsprozess entstehen strukturelle Eckpunkte und kollektive Bilder in der Organisation. Mit diesen Entwicklungslinien entstehen auch ›Pfadabhängigkeiten‹, die bestimmte Veränderungen begünstigen, andere aber auch erschweren oder unmöglich machen können. Allerdings können plötzlich günstige Zeitfenster entstehen (›Windows of Opportunity‹ z. B. durch Leitungswechsel, neue gesetzliche Regelungen), die Chancen für einschneidende Veränderungen jenseits dieser Pfade eröffnen können (vgl. die Ausführungen zum passenden ›Timing‹ oben). Das aktuelle QE-Modell in unserem Beispiel mit seinen zwei QE-Komponenten passt gut zur Organisationsstruktur mit ihren vielen dezentralen Einrichtungen (Teams als ›Mikrokosmos der Organisation‹). Die regelmäßigen Selbstevaluationen sind QE-Verfahren, die flexibel sind und unmittelbar an den Fragen der Teams in ihrer Arbeit mit Adressat*innen anknüpfen. Als projekthafte Verfahren mit begrenzten Fragestellungen können sie so gestaltet werden, dass sie gut in den beruflichen Alltag integriert werden können. Im Fokus stehen Entwicklung und Lernorientierung, der Kontrollaspekt bleibt im Hintergrund. Deshalb hat sich auch der Widerstand unter den Mitarbeiter*innen gelegt.
Eine sinnvolle Ergänzung dazu bilden die zentral gesteuerten größeren Projekte zur Weiterentwicklung der Organisation. Mit beiden Komponenten und der dazu passenden Struktur wurde ein Modell gefunden, mit dem es möglich ist, organisationales Lernen auf Dauer zu stellen und den Modus der Reflexion in der Organisation strukturell zu verankern (▶ Kap. 2.3).

3. *Merkmale guter QE*
Das hier praktizierte QE-System entspricht außerdem in vielen Punkten dem, was in der Fachdiskussion als *Merkmale guter QE* geschildert werden: Mitarbeiter*innen- und Adressat*innenbeteiligung, Lernorientierung, thematische Breite, Praktikabilität im Alltag, Berücksichtigung der sozialen Dynamik in Organisationen durch QE-Prozesse etc. (▶ Kap. 2.4).

An dem geschilderten Beispiel werden zwei zentrale Herausforderungen erkennbar, die bei der Entwicklung und Implementation von QE-Systemen zu beachten sind: den richtigen Zeitpunkt dafür zu finden sowie der Organisation und ihrer Kultur angemessene Verfahren zu wählen. Im folgenden Kapitel werden wir ausführlicher und grundsätzlicher auf diese und weitere Herausforderungen eingehen: den Widerstand gegen Veränderungen in Organisationen, den Nutzen eines ›fremden Blicks von außen‹, die Frage nach notwendigen Ressourcen für QE-Vorhaben sowie die Rolle von Leitung bei der Gestaltung von QE.

5.3 Herausforderungen bei der Einführung und Gestaltung von QE

Bei der Umsetzung von flexiblen QE-Verfahren dieser Art zeigen sich unserer Erfahrung nach aus verschiedenen Praxisprojekten die folgenden *grundlegenden Herausforderungen*.

5.3.1 Widerstand gegen Veränderungen

Die Einführung eines QE-Verfahrens ist für eine Organisation ein herausforderndes und zentrales Thema und stellt für alle Mitglieder eine bedeutsame Situation dar. Als organisatorische Gesamtstrategie geplant und gestaltet, geht mit QM/QE ein starker Veränderungsimpuls einher: Es wird Bestehendes hinterfragt und möglichweise über den Haufen geworfen, Neues wird erprobt und ggf. implementiert. Von dieser Veränderung können Ziele und Verfahren betroffen sein, aber auch Handlungsfreiheiten, informelle Machtkonstellationen und Durchsetzungsstrategien, also Aspekte, in denen sich die individuellen Interessen der Mitarbeiter*innen an die und in der Organisation manifestieren (Altrichter 2000 in Merchel 2013, S. 176). Die Implementation von QM/QE ist so eine »mikropolitikträchtige Situation« (ebd.), von der die informelle Ebene der Organisation mit ihren sozialen Dynamiken, Machtinteressen und Durchsetzungsstrategien in hohem Maße tangiert ist. Je nach Interessenslage der betroffenen Mitarbeiter*innen führt sie zu unterschiedlichen Handlungsstrategien zwischen Zustimmung und offener oder verdeckter Verweigerung.

Um angemessen mit aufkommenden Widerständen von Mitarbeiter*innen gegen diesen Veränderungsprozess umgehen zu können, ist es wichtig, ihre *Hintergründe* zu erkennen und zu verstehen. Die Befürchtung, dass Position und Privilegien in negativer Weise tangiert sein könnten, wurde bereits mit der mikropolitischen Situation angesprochen. Ablehnendes Verhalten kann aber auch inhaltliche Gründe haben. Häufig wird dabei argumentiert, dass die in sozialen Organisationen zusammentreffenden Bereiche ›Soziale Arbeit‹ und ›Pädagogik‹ auf der einen und ›QM‹ auf der anderen Seite zwei entgegengesetzte und unvereinbare Größen sind. Der Pädagogik wird »Spontaneität, persönliche Beziehungen, individuelle Gestaltung etc.« zugeschrieben, während QM mit »Überprüfung, Legitimation und stärkerem Einfordern von Verbindlichkeit« (Merchel 2013, S. 177) gleichgesetzt wird. Ob diese vermeintliche Unvereinbarkeit tatsächlich der Grund für den Widerstand ist oder ob sie nur vorgeschoben wird, um persönliche Ängste und Ressentiments nicht artikulieren zu müssen, lässt sich allerdings schwer feststellen.

Dieses »Spannungs- und Konfliktpotenzial« erlangt durch die Charakteristika Sozialer Arbeit und die häufig in ihren Einrichtungen vorzufindenden organisationskulturellen Bedingungen besondere Verstärkung. Angesichts der Tatsache, dass

5.3 Herausforderungen bei der Einführung und Gestaltung von QE

- »die Ziele der Organisation in der Regel komplex, zum Teil unklar oder angesichts unterschiedlicher Anspruchsgruppen (›stakeholder‹) gar widersprüchlich sind;
- wichtige Ergebnisse in der Sozialen Arbeit in besonderem Maße von subjektiven Urteilen abhängig sind;
- der ko-produktive Charakter der Leistungen die Beurteilbarkeit des Anteils, der dem professionellen Handeln an Erfolg zukommt, relativiert;
- in der Sozialen Arbeit bisher Formen kollegialer oder von Leitung ausgehender Kontrolle nicht besonders intensiv entwickelt oder akzeptiert sind, weil also Verbindlichkeit in der Organisationskultur vieler Einrichtungen nicht besonders stark verankert ist;
- ein ›anerkannter Korpus von Berufswissen (…), der für die Einschätzung des eigenen Erfolgs Standards liefern könnte‹, nicht vorliegt oder höchstens in rudimentärer Form zu erkennen ist« (Altrichter 2000 in Merchel 2013, S. 177),

ist das Vorhaben, QM/QE zu verankern, häufig mit einer erheblichen Hypothek besetzt.

Auch haben sich auf dieser Grundlage verschiedene ›Tabus‹ in den Organisationen der Sozialen Arbeit herausgebildet, die Entscheidungsträger*innen bei der Implementation von QE/QM beeinflussen können, wie z. B.

- ein ›*Bewertungstabu*‹, das, wie bereits oben erwähnt, darin besteht, dass Kolleg*innen sich selten oder gar nicht das Recht zugestehen, sich gegenseitig zu beurteilen,
- ein ›*Verpflichtungstabu*‹, das sich darin äußert, dass Leitungskräfte so wenig verbindliche Anforderungen wie möglich an die Mitarbeiter*innen richten, damit die individuelle Gestaltungsfreiheit der professionellen Tätigkeit nicht eingeschränkt wird (Merchel 2013, S. 178).

Um die Ursachen für Widerstände gegen QM/QE zu ergründen, lassen sich Studien zu allgemeinen Veränderungsprozessen in Organisationen heranziehen. So leitet Vahs (2012, S. 363) aus einer Studie in mehr als 150 Unternehmen verschiedener Branchen vier Kategorien von Widerstandsgründen ab. Die folgende Abbildung zeigt diese Gründe mit einer prozentualen Veränderung ihrer Bedeutsamkeit (▶ Abb. 21):

- Persönliche Vorbehalte
- Mangelnde Kommunikation
- Fehlendes Vertrauen
- Fehlende Motivation

Aus diesen Befunden lässt sich ableiten, dass es wegen des hohen Anteils persönlicher Vorbehalte darum gehen muss, die Werte und Ziele von QM/QE mit den persönlichen Werten und Zielen der Mitarbeiter*innen zu harmonisieren. Ebenso wichtig ist es, Informationsdefizite zu vermeiden. Eine offene und zeitnahe Kommunikation fördert außerdem Vertrauen. Schließlich muss es darum gehen, Motivation für das Mitwirken an der geplanten Veränderung zu schaffen. Dies bedeutet, dass Mitarbeit ermöglicht wird und positive Konsequenzen aufgezeigt werden (ebd.).

5 Die Implementierung von Qualitätsentwicklung (QE) in Organisationen

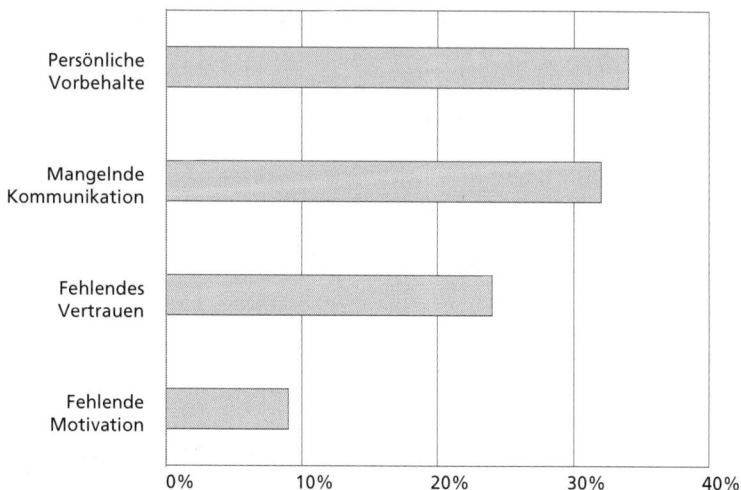

Abb. 21: Gründe für den Widerstand bei Veränderungen, Quelle: Vahs, Dietmar 2012: Organisation. Ein Lehr- und Managementbuch. 8. Aufl. Stuttgart: Schäffer-Poeschel, S. 363 © 2012 Schäffer-Poeschel Verlag für Wirtschaft, Steuern, Recht GmbH

Für einen Umgang mit Widerständen ist es auch wichtig, sich klar zu machen, dass es verschiedene *Arten* bzw. Ausprägungen davon gibt, und dass ihnen in unterschiedlicher Weise zu begegnen ist bzw. unterschiedlich gut begegnet werden kann. Aus der Organisationsforschung sind dazu folgende Erkenntnisse bedeutsam (ebd., S. 364ff):

- *Rationaler Widerstand* baut auf logischen Argumenten auf und ist demgemäß auch leicht mit nachvollziehbaren Argumentationen zur Notwendigkeit der Maßnahmen zu entkräften.
- *Politischer Widerstand* resultiert aus Befürchtungen um die eigene Position und »wird selten offen vorgebracht«. Er geht häufig mit »irrationalen Handlungsweisen« einher, die »nicht nachvollziehbar und in ihren Auswirkungen nicht kalkulierbar sind« (ebd.). Eine Einbindung von solchen ›Widerständler*innen‹ in Planung und Gestaltung von QM/QE ist hier ganz besonders wichtig.
- »*Emotionaler Widerstand* resultiert aus mehr oder weniger konkreten Befürchtungen und aus der Angst vor allem Neuen« (ebd., Herv. die Verf.). Dieser Art des Widerstands ist am schwersten zu begegnen. Es gilt, Vertrauen dadurch aufzubauen, dass Befürchtungen und Ängste ernst genommen und durch offene Kommunikation »Schritt für Schritt abgebaut werden« (ebd.).

Allerdings ist dies nur ein theoretisches Modell der Abgrenzung von Widerstandsarten. In der Realität überlagern sich häufig rationale Argumente mit mikropolitischen Interessen und/oder emotional begründeten Abwehrhaltungen. Entsprechend facettenreich sind die *Reaktionsweisen* der Mitarbeiter*innen auf Veränderungen. Häufig werden diese in Phasenmodellen beschrieben, d. h.,

5.3 Herausforderungen bei der Einführung und Gestaltung von QE

Reaktionen erfolgen in Kaskaden oder Wellenbewegungen, bei denen letztlich eine Akzeptanz und Integration des Neuen erfolgen kann. Dies geschieht allerdings nur dann, wenn jedes Verhaltensmuster eine angemessene Berücksichtigung durch Vorgesetzte oder »Change Agents« (Kristof 2010, S. 109) erfährt und wenn Mitarbeiter*innen die eigenen Kompetenzen für den Umgang mit der veränderten Situation als hoch einschätzen (Vahs 2012, S. 368).

So ist es z. B. in ersten Phasen, die sich durch schockartige Zustände, Verneinen oder Leugnung der Notwendigkeit einer Veränderung kennzeichnen, unerlässlich, ausreichend Informationen über Hintergründe und mögliche Abläufe des Vorhabens zu liefern. In späteren Phasen, die stärker durch wachsende Akzeptanz und Ausprobieren gekennzeichnet sind, ist es wichtig »Fehler zuzulassen und die Bereitschaft zu fördern, Risiken einzugehen und etwas Neues zu wagen« (ebd., S. 369). Mit dem Zulassen eines solchen Experimentierens wird erreicht, dass persönliche Handlungskompetenz bei den Mitarbeiter*innen entsteht, was für die positive Entwicklung des Veränderungsvorhabens von entscheidender Bedeutung ist.

Wichtig ist, dass Widerstände nicht als etwas Negatives, sondern als normal und sogar als notwendig verstanden werden, denn sie können helfen, »bessere Lösungen für (die) Veränderungsidee zu entwickeln« (Kristof 2010, S. 108). Sie verlangen allen Beteiligten, also Mitarbeiter*innen wie Leitungskräften, ab, gute Argumente für die gewählte Vorgehensweise und die fokussierten Ansatzpunkte von QM/QE zu entwickeln. Damit werden die intensive Auseinandersetzung mit der Thematik und die Entwicklung realistischer Umsetzungsstrategien gefördert.

Die unterschiedlichen Verhaltensmuster und Widerstände sowie das oben beschriebene Spannungsfeld zwischen QM und Sozialer Arbeit erfordern also, bei der Einführung von QM/QE besonders sensibel und umsichtig vorzugehen. Auch wenn nicht alle Bedenken ausgeräumt und nicht alle Mitglieder der Organisation überzeugt werden können, müssen Entscheidungsträger*innen aufkommende Widerstände ernst nehmen und ihnen sachlich begegnen und realisieren. Darüber hinaus ist es hilfreich, wenn sie realisieren, dass sie selbst letztlich »dieselben psychologischen Reaktionsmuster« (ebd.) aufweisen und nur einen Schritt weiter sind. Oft hilft es, wenn Leitungen über ihre eigenen ursprünglichen Bedenken berichten und darlegen, warum sie nun dennoch Befürworter*innen der Veränderung sind. Wichtig ist v. a., ihren Nutzen so konkret wie möglich zu reflektieren. Dabei sollte die Kommunikation aber nicht nur in eine Richtung, also von Leitung zu Mitarbeiter*innen, sondern im Dialog zwischen Leitung und Mitarbeiter*innen erfolgen.

Impulse aus der Praxis zum Umgang mit Widerständen

Die Schilderungen der von uns befragten Expert*innen aus der Praxis bilanzieren v. a. *dialogorientierte, beteiligende, sachkompetente* und bei Mitarbeiter*innen *Kompetenz erweiternde* Vorgehensweisen von Leitungskräften als Bedingung für das Gelingen einer Implementierung von QE-/QM-Verfahren:

Den Widerstand nicht bekämpfen, sondern ihn aktiv und ernsthaft aufgreifen.

»Noch eine Schleife drehen in der Diskussion.«
»Den Widerstand nicht als Mauer sehen, sondern mit ihm arbeiten.«

Gelegenheiten schaffen für Mitgestaltung

»Wie bewältigen wir die Anforderungen gemeinsam?«
»Wir haben dann alle Erfahrungen erst zusammengetragen mit QM und ausgewertet – waren alle ganz interessiert dabei.«

Kompetenzaufbau ermöglichen

»Als klar war, dass man das alles nicht so aus dem Ärmel schütteln können muss, so mit der Evaluation z. B., da war schon so ein bisschen der Dampf raus. Wir haben dann eine Fortbildung zum Thema im Haus gehabt.«

Innerbetriebliche Strukturen und Abläufe beachten

»Den Betriebsrat frühzeitig informieren«,
Heikle Themen mit *»Meinungsführer*innen«* in der Organisation vorberaten.

Bei manchen Entscheidungen klare Vorgaben machen

»Wenn man bei bestimmten Entscheidungen bestimmte Eckpunkte nicht einfach vorgibt, bekommst Du die Diskussionen nie los (...). Ob wir das machen, steht nicht in Frage, aber wie wir es machen, kann diskutiert werden.«
»Man muss (als Leitungskraft; die Verf.) vorher genau überlegen, in welche Kategorie gehört diese Art von Entscheidung: Wo lasse ich Diskussion zu und wo nicht?« Denn: Klare Setzungen von oben *»lösen harte Gegenreaktionen aus«*.

Gegner*innen von Veränderungen möglichst aktiv in die Arbeit einbinden

»(...) habe ich eine AG eingesetzt, die sich um das Wie kümmert. Da waren dann auch gleich einige der Gegner drin. Das hat mich gefreut, sonst hätte ich sie angesprochen. Das waren später ganz wichtige Motoren«

5.3.2 Die Bedeutung des Faktors Zeit

Das richtige ›Timing‹ spielt bei der Einführung von QM/QE eine zentrale Rolle. Es gilt, den richtigen Zeitpunkt des Starts zu finden und die angemessene Geschwindigkeit der Implementation zu managen. Daneben ist auch die geeignete Abfolge von Implementationsschritten, das ›Pacing‹, von Bedeutung. Der Faktor Zeit ist auch deshalb wichtig, weil jede Organisation eine Vergangenheit hat, die es zu berücksichtigen gilt, wenn die Zukunft gestaltet werden soll.

Geeignete Ausgangspunkte von QE können sogenannte ›critical incidents‹ sein, also kritische Ereignisse, die dazu führen, dass sich die Einrichtung zwangsläufig mit der Thematik beschäftigen muss. Dies kann in der Sozialen Arbeit z. B. dadurch erfolgen, dass eine Ausschreibung wegen eines fehlenden Qualitätskonzepts verloren wird, ein plötzlicher Schwund an Adressat*innen zu verzeichnen ist oder Befragungen sehr negative Rückmeldungen zu Angeboten liefern bzw. deutliche Mängel in verschiedenen Schlüsselprozessen zu Tage fördern.

5.3 Herausforderungen bei der Einführung und Gestaltung von QE

Neben diesen kritischen Ereignissen können auch positive Gegebenheiten günstige Gelegenheiten oder ›Windows of Opportunity‹ für die gelingende Implementation hervorbringen. Diese »Zeitfenster für Veränderungen« (Kristof 2010, S. 116) können daraus resultieren, dass eine neue Leitung frische Ideen und viel Erfahrung im Bereich des QM mitbringt, dass neue gesetzliche Regelungen die Einführung von Qualitätsbeschreibungen erfordern oder die Einrichtung an einem Modellprojekt zur Implementation eines arbeitsfeldspezifischen Qualitätssystems teilnehmen kann, durch das eine umfassende externe Unterstützung finanziert wird. Solche Gelegenheiten müssen von Entscheidungsträger*innen bewusst ermittelt und geplant werden, so dass für den Fall ihres Eintretens passende Umsetzungsideen oder »erste Lösungsvorschläge« vorhanden sind (ebd.).

Das richtige *Tempo* für die Implementation hängt von verschiedenen Faktoren ab. Zum einen von zeitlichen Ressourcen und vom Umfang der Maßnahme, zum anderen aber auch von Parametern, die sich gerade zu Beginn herauskristallisieren: wie lange die Bereitstellung erforderlicher Informationen dauert, welche Fortbildung vorgeschaltet werden muss und ob alle Mitarbeiter*innen daran teilnehmen sollen, welche Wege für das Einsammeln von Ideen und Wissen gewählt werden. Problematisch ist es, wenn die Einführung von QM zu lange dauert oder wenn sie zeitweise ausgesetzt wird bzw. zum Erliegen kommt. Bei einem zu langsamen Vorankommen setzt eine destruktive Ermüdung ein und nach einer Pause gelingt ein Wiedereinstieg mit der gleichen Energie wie zu Beginn selten. Andersherum ist aber auch die zu schnelle Vorgehensweise gefährlich, weil sich einige Mitarbeiter*innen, etwa solche, die in Teilzeit arbeiten oder die gerade mit anderen wichtigen Aufgaben betraut sind, nicht mitgenommen fühlen könnten. Die Geschwindigkeit muss daher immer wieder im Leitungsteam reflektiert und bei den Mitarbeiter*innen abgefragt werden.

Beim Timing sollte auch das sogenannte ›Pacing‹, also die Taktung, Beachtung finden. Hierunter ist zu verstehen, dass den verschiedenen Schritten im Veränderungsprozess jeweils spezifische »Zeitbudgets« eingeräumt werden (Vahs 2012, S. 447). Modifikationen, d.h. Abweichungen vom Plan müssen dabei möglich sein. Sie sollten allerdings nicht allzu groß ausfallen, denn sonst könnten sie Unzufriedenheit erzeugen.

Ein anderer wichtiger Aspekt im Hinblick auf den Faktor Zeit besteht darin, dass vergangene Ereignisse in der Organisation Spuren hinterlassen oder ›Pfade‹ gebildet haben, die die Implementation von QE/QM schon im Vorhinein mitbestimmen. »Veränderungsprozesse haben eine Geschichte und wirken in die Vergangenheit. Dadurch entstehen Pfadabhängigkeiten, die nicht mehr alle Entwicklungen möglich machen« (Kristof 2010, S. 116). Prägende Vorgeschichten könnten z.B. gescheiterte Versuche sein, QE in Form von universellen QM-Systemen wie ISO zu etablieren, oder negative Erfahrungen mit Qualitätsbeauftragen, die QM als Kontrollinstrument genutzt und die Mitarbeiter*innen nicht beteiligt haben. Die genannten Pfadabhängigkeiten sind natürlich auch im Hinblick auf die Bedeutung gegenwärtiger Vorgehensweisen für die Zukunft zu bedenken. So kann u.U. eine zu geringe Adressat*innenbeteiligung im laufenden QM-/QE-Verfahren weitere Aktivitäten im QM/QE von vornherein mit negativen Vorzeichen versehen. Deshalb sollte darauf geachtet werden, dass die Systemdynamiken nicht unveränderbar sind, sondern dass »umkehrbare, fehler- und korrekturfreundliche Lösungen« (ebd.) bevorzugt werden.

Impulse aus der Praxis zur Bedeutung des Faktors Zeit

Die Schilderungen der von uns befragten Expert*innen aus der Praxis reflektieren v. a. die *Pfadabhängigkeit*. Außerdem werden ›critical incidents‹ als bedeutsame Auslöser genannt.

Nachwirkungen vergangener Bemühungen im QM als blockierende Bedingung

*»Es gab da mal einen QM-Beauftragten, der hat die Prozessbeschreibungen dafür genutzt, die Kolleg*innen zu kontrollieren. Jede Abweichung wurde dokumentiert. Da wollte niemand mehr mit dem reden, geschweige denn zusammenarbeiten. Der hat einen großen Schaden angerichtet und erst jetzt, nachdem er fünf Jahre weg ist und wir ein ganz anderes Verfahren präferieren, können wir das Qualitätsthema wieder angehen.«*

Das negative Ereignis einer verlorenen Ausschreibung als Gelegenheit

»Wir hatten eben kein plausibles Qualitätskonzept vorzuweisen, deswegen ist das schiefgegangen. Danach war allen klar, wir müssen da was tun und zwar bald.«

Drastischer Nachfrageschwund als Wachrüttler

»Da gab es dann einen Tag, da saßen wir ohne auch nur eine Person im Kurs. Da wussten wir, jetzt müssen wir was tun, sonst sind wir ganz schnell weg vom Fenster«

5.3.3 Zur Organisation passende Verfahren und Strukturen

Aufgrund der ›Pfadabhängigkeit‹ bei der Entwicklung einer Organisation gibt es keine Patentrezepte, die einfach übertragen werden können, sondern es müssen Verfahren gefunden werden, die in der Organisation ›anschlussfähig‹ sind. Als Orientierungspunkte für die Entwicklung passender Verfahren und Strukturen können – neben unserem 18-Felder-Modell in Kapitel 3 (▶ Tab. 4) und den fünf grundlegenden Handlungsmustern im Kontext von QE (▶ Kap. 4) – auch die Kriterien von Merchel für ›gutes QM‹ herangezogen werden (2013, S. 208ff). Er formuliert, dass in ›guten‹ Verfahren

- eine Verständigung in der jeweiligen Einrichtung darüber erfolgen soll, was aus der Perspektive der Fachkräfte eigentlich ›gute Arbeit‹ ausmacht;
- die hier formulierten Qualitätskriterien zum allgemeinen fachlichen Kenntnisstand im Arbeitsfeld in Beziehung gesetzt werden sollten;
- eine Einbeziehung der Fachkräfte möglichst in das gesamte Verfahren von der Auswahl des Konzepts über die Definition der Qualitätskriterien, der Umsetzung bis zur Reflexion der Erfahrungen mit dem Vorgehen gesichert werden sollte;

5.3 Herausforderungen bei der Einführung und Gestaltung von QE

- dialogische Formen des QM sowie individuelles und organisationales Lernen in den Mittelpunkt gestellt werden;
- möglichst alle drei Dimensionen von Qualität (Struktur, Prozess und Ergebnis) einbezogen werden;
- Adressat*innen und deren Perspektiven in die Bewertung von Qualität einbezogen werden;
- die angewandten Verfahren ohne allzu großen Aufwand im Alltag der Organisation eingesetzt werden können.

›Gute‹ Vorgehensweisen kennzeichnen sich also durch Partizipation, Dialogorientierung, Ganzheitlichkeit und Alltagstauglichkeit. Partizipation und Dialogorientierung schließen eine hierarchische QM-/QE-Aufbaustruktur aus. Dies bedeutet nicht, dass die Leitung aus ihrer Verantwortung (s. u.) für den Prozess entlassen wird. Vielmehr ist es erforderlich, dass sie den Prozess anstößt und die Rahmenbedingungen verbindlich formuliert, dabei aber Reaktionen und Rücklaufbewegungen von der ›Basis‹ aufgreift und in die Gestaltung einbezieht. Ideen, Fragen, Kompetenzen der Mitarbeiter*innen sind ebenso maßgeblich für die Gestaltung des QM/QE wie die Strategien und Ziele der Führungsebene. Man nennt ein solches Vorgehen auch ›Gegenstromverfahren‹ (Vomberg 2010, S. 218).

Die Strukturierung von Zuständigkeiten und Arbeitsformen ist ein weiterer wichtiger Aspekt. Es gilt, verantwortliche Personen und Gruppen zu benennen. Im QM gibt es verschiedene Begrifflichkeiten und Ausgestaltungsmöglichkeiten. Häufig wird eine Person zur Qualitäts-(Management-)Beauftragten ernannt und/ oder eine Arbeitsgruppe als Qualitätszirkel einberufen. Beide ›Institutionen‹ sind sinnvoll und können sich gut ergänzen. Ein Qualitätszirkel, der auch Koordinierungs- oder Steuerungsgruppe heißen kann, ist das zentrale Steuerungsorgan des QE-Prozesses. »Sie (die Steuerungsgruppe; die Verf.) trifft in diesem Prozess – unter Mitwirkung der Führungsebene – die zentralen Entscheidungen im QM Bereich. Dazu gehört es, Prioritäten in Bezug darauf zu setzen, was wann wie von wem entwickelt und umgesetzt werden soll. Die Steuerungsgruppe dient dabei dem Austausch, der Diskussion und der Suche nach der besten oder bestmöglichen Lösung für Qualitätsfragen« (Vomberg 2010, S. 219). Dazu gehört bspw. auch, Unterarbeitsgruppen zu bilden und diese zu moderieren, Workshops zu planen und zu gestalten oder Datenerhebungen zu veranlassen und auszuwerten. Die Zusammensetzung dieser Gruppe ist sehr entscheidend. Wie auch bei Steuerungsgruppen in OE-Prozessen muss darauf geachtet werden, dass sie ein Abbild der Organisation sind, dass also verschiedene Abteilungen und Hierarchieebenen wie auch Mitarbeiter*innenvertretungen einbezogen werden. In der Regel sollte eine solche Gruppe aus nicht mehr als vier bis sieben Personen bestehen (Schiersmann/Thiel 2014, S. 43f).

Qualitäts-(Management-)Beauftragte sind daneben wichtige Personen mit umfangreichen fachlichen Kompetenzen im Hinblick auf QM/QE. Sie sind Beauftragte oder häufig sogar Vertreter*innen der obersten Leitung. Insofern kommt ihnen eine zentrale Leitungsrolle im QM-/QE-Prozess zu. Sie arbeiten eng mit Qualitätszirkeln bzw. Steuerungsgruppen zusammen und sind dafür verantwortlich, dass Vorgehensweisen im Prozess mit den Zielen der Unternehmensleitung im Einklang stehen.

Für die *Strukturierung des Prozesses* bieten die verschiedenen Elemente der Methode ›Projektmanagement‹, die in Kapitel 4.6.2 dargestellt wurde, ein gutes Handwerkszeug (▶ Kap. 4.6.2). Sie dienen v. a. der Systematisierung, d. h., sie liefern einen verlässlichen zeitlichen und inhaltlichen Rahmen, der dafür sorgt, dass Motivation und Stringenz im Verlauf der Implementation erhalten bleiben.

Es braucht auch eine förderliche *Organisationskultur* für QE, um angemessen mit den innewohnenden Konfliktpotentialen und Spannungsfeldern umgehen zu können. Diese Art von Organisationskultur wird gefördert, wenn in den Debatten von Beginn an Mitarbeiter*innen beteiligt werden und QE-Verfahren eingeführt werden, bei denen die Themen Lernen und Weiterentwicklung im Mittelpunkt stehen und nicht die Kontrolle bzw. Standardisierung des Handelns (Merchel 2010b, S. 162). Auch ist auf die Passung zwischen dem/n gewählten QE-Instrument/en und den sonst üblichen Verfahren und Strukturen in der Organisation zu achten. So wäre es inkonsistent, ein umfangreiches Rückmeldesystem durch die Adressat*innen als wichtiges Qualitätselement einzuführen und gleichzeitig im kollegialen Miteinander keine strukturellen Bedingungen (Zeiten, Anlässe, begleitete Gesprächsformen) für Feedback- und Reflexionsgespräche zu schaffen.

Eine wichtige Frage ist, ob und in welchem Ausmaß für QM/QE mit der Implementation von Standards und Formalisierungen von Arbeitsprozessen eingeführt werden. Neben dem Nutzen solcher Standards für die Systematisierung und Strukturierung von QM/QE sollte auch die Frage nach ihrer Alltagstauglichkeit gestellt werden. So sind Verfahren, die sowohl auf der Steuerungsebene, wie z. B. Projektmanagement, als auch auf der Dienstleistungsebene, wie z. B. standardisierte Reflexionsbögen, daraufhin zu überprüfen, wie sie in den Arbeitsalltag integriert werden können. Wichtig dabei ist zum einen, dass angemessene Zeitfenster für Entwicklung, Anpassung und routinemäßige Nutzung zur Verfügung stehen. Die Erstellung eines Projektstrukturplans braucht Planungsparameter und Übung. Wenn der Zeitdruck hierbei zu groß ist, kann er nicht gelingen. Auch die Nutzung strukturierter kollegialer Fallgespräche muss eingeübt werden und sollte mit festen Zeiten im Arbeitsplan versehen werden, denn nur so können sie zu ›normalen‹ Bestandteilen von Arbeitsprozessen werden.

Entscheidend ist auch, dass diese Verfahren einen erkennbaren ›Mehrwert‹ für die Mitarbeiter*innen erzeugen, wie es z. B. bei der Abstimmung der Aufgaben mit Projektmanagementtools oder bei der Unterstützung für die konkrete Fallarbeit mit standardisierten kollegialen Beratungen der Fall ist. Forschungen zu Arbeitsbedingungen in der Kinder- und Jugendhilfe zeigen, dass solche Formalisierungen »ermächtigend« wirken, also dazu führen können, dass Fachkräfte ihre Arbeit als »bedeutsam erleben, sich für sie verantwortlich fühlen und ein Wissen über die Ergebnisse haben« (Beckmann et al. 2006, S. 35).

Impulse aus der Praxis zur Bedeutung passender Verfahren und Strukturen

Die Schilderungen der von uns befragten Expert*innen aus der Praxis zeigen, dass die Herstellung der passenden strukturellen Bedingungen eine für *jede Organisation individuell* zu lösende Aufgabe ist. Sie reflektieren die Suche nach Stimmigkeit im Hinblick auf die Kompetenzen der Fachkräfte und im Hinblick auf die Gesamtorganisation.

Prozessbeschreibungen und Qualitätshandbücher können nur Ergebnis und nicht Ausgangspunkt von QE sein.

In zweien der Einrichtungen wurde der QE-Prozess mit der Erstellung von Prozessbeschreibungen, Formulierung von Q-Standards etc. begonnen, die in ausführlichen Q-Handbüchern mündeten. Die Relevanz der Ergebnisse für die praktische Arbeit war eher gering bzw. ernüchternd: »Wenn es mal ernst wird und man braucht es, dann hat es mal wieder keiner gewusst, dass es das gibt«; »Man muss es (das Handbuch; die Verf.) auch in die Hand nehmen wollen, es darf nicht zu kleinteilig und sperrig sein«.

Prozessbeschreibungen und Qualitätshandbücher müssen sich an ihrer Alltagstauglichkeit messen lassen.

*In zwei Einrichtungen führte dies zu einer Überarbeitung des QE-Handbuchs und einer Reduktion auf wenige klar geregelte Prozesse, insbesondere solche, in denen es um heikle Situationen – auch mit rechtlichen Konsequenzen – geht, wie z. B. Kinderschutzfälle, Gewalt in Einrichtungen, Kündigungen mit Mitarbeiter*innen oder wichtige Verwaltungsprozesse.*

Leitung kann Gestaltungsräume geben, dass Fachkräfte selber passende QE-Strukturen finden und entwickeln können

*Bei der Weiterentwicklung der Einrichtung setzen zwei Leiter*innen auf offenere QE-Verfahren, die Diskurse fördern, Gestaltungsmöglichkeiten lassen (wie Konzeptionsentwicklung, Selbstevaluation, Q-Standards, die nur Grundrichtungen des Handelns vorgeben, die genauere Ausgestaltung aber den einzelnen Fachkräften überlassen): »Du hast jetzt Spielräume, nutze dein professionelles Verständnis und gehe kreativ damit um«.*

QE braucht nicht immer neue Strukturen, sondern kann und muss Bestehendes nutzen.

»QE mal eben, wenn's gerade akut wird, das bringt nichts und das funktioniert auch nicht. Das nimmt keiner ernst. Am wichtigsten sind unsere Teamsitzungen, in denen geht es um wichtige qualitätsrelevante Fragen.«

QE braucht individuell angepasste und in den Arbeitsalltag integrierbare Arbeitsformen.

»Wichtig war, dass jede Abteilung ihr eigenes Vorgehen bei einer groben Vorgabe für Inhalte und Verfahren entwickelt hat. Anders geht es nicht, bei diesen räumlich und inhaltlich weit auseinander liegenden Abteilungen.«

5.3.4 Der Nutzen des ›Blicks von außen‹

In umfassend angelegten QE-Prozessen, aber auch z. T. in kleineren Veränderungsansätzen, in denen es um die Frage von Qualität geht, ist die Einbindung von externen Begleitungen bzw. von Berater*innen meist sinnvoll und notwendig. Der Nutzen externer Unterstützung besteht insbesondere im Hinblick auf folgende Aspekte der QE:

- *Fehlendes Wissen über geeignete Verfahren und ihre Anwendung in der Praxis*
Häufig sind Fachkräfte nicht ohne Weiteres in der Lage, ihre QE-Projekte aus ihrem eigenen Wissen und ihren Erfahrungen zu entwickeln und umzusetzen. Es braucht eine wissenschaftliche und methodische Expertise, um die passenden Verfahren und ›Werkzeuge‹ zu kombinieren und fachlich angemessen, kompetent und ressourcenschonend umzusetzen. Praxisforschung durch Praktiker*innen braucht unserer Erfahrung nach Unterstützung von wissenschaftlich qualifizierten Begleiter*innen, die mit den Sachzwängen und Rahmenbedingungen der Praxis vertraut sind.
- *Gefahr, heikle Fragen, konfliktträchtige Situationen zu vermeiden*
Wenn Führungskräfte sich als Impulsgeber für die QE sehen, sich aber scheuen, Verbindlichkeiten bei den Mitarbeiter*innen einzufordern oder die Art und Weise des Vorgehens von Mitarbeiter*innen ggf. auch zu kritisieren (vgl. oben das Bewertungs- und Verpflichtungstabu, ▶ Kap. 5.3.1), dann besteht die Gefahr, dass der Entwicklungsprozess ungesteuert und ohne zufriedenstellende Ergebnisorientierung abläuft. In solchen Situationen ist es hilfreich, wenn neutrale Begleitungen eine qualifizierte Kommunikation sicherstellen und Meinungsverschiedenheiten thematisieren (Doppler/Lauterburg 2008, S. 98).
- *Tendenz von Organisationen zum »strukturellen Konservatismus«* (▶ Kap. 2.3)
Praktiker*innen richten sich in ihrem Alltag ein und sind in ihren Routinen gefangen. Diese Routinen brauchen Irritationen, der durch einen Blick von außen erfolgen kann. Die Spiegelung festgefahrener mentaler Modelle und Denkmuster durch eine externe Begleitung kann Impulse für eine Weiterentwicklung bringen.
- *Lahmlegen des Prozesses durch verdeckte Konflikte und Störungen des Organisationsklimas*
Bei größeren Störungen und Konflikten in einer Organisation kann es passieren, dass ein neues fachliches Thema wie QE in die Konfliktaustragung ›eingebaut‹ wird und so zum Scheitern verurteilt ist. Bei größeren Konflikten sollte deshalb zuerst der Konflikt bearbeitet werden, bevor man in das fachliche Thema einsteigt. »Eine externe Moderationsperson kann neben methodischen Anregungen verdeckte Strategien eher wahrnehmen und ansprechen, Irritationen einbringen (…), ohne damit zugleich als Person mit eigenen Interessen und eigenen mikropolitischen Strategien in der Organisation etikettiert zu werden« (Merchel 2013, S. 180).

Je nachdem, wie die Situation in der Organisation eingeschätzt wird, ist es sinnvoll, eher eine *moderierend neutrale* Person von außen zu beauftragen oder Begleiter*innen, die *konfrontierend* und stärker *steuernd* tätig werden. In jedem Fall ist es wichtig, sich mit der Frage der Ausrichtung der Begleitung zu beschäftigen und dies dann auch explizit mit den beauftragten Personen zu verhandeln und zu vereinbaren. Die Vor- und Zielgespräche mit Berater*innen sollten immer in einem Setting mit mehreren Personen aus der Organisation, etwa im Leitungsteam oder mit Qualitätsteams aus verschiedenen Abteilungen, stattfinden. Selbstherrliche Entscheidungen durch einzelne Führungskräfte hemmen die Akzeptanz von Berater*innen und stellen den Einstieg in den QE-Prozess unter ein negatives Vorzeichen. Bevor externe Berater*innen beauftragt werden, ist gründlich zu prüfen, welche moderierenden und ausgleichenden Kompetenzen im eigenen Hause vorhanden sind. Interne Personen mit solchen Eigenschaften können ggf. anstelle, aber insbesondere auch zusätzlich zu und neben externen Berater*innen eingesetzt werden. Neben der inhaltlichen Ausrichtung muss auch die zeitliche Ebene bewusst vorgeplant werden. Dabei ist festzulegen, wie lange bzw. bis zu welchem Meilenstein die »Hilfe zur Selbsthilfe« durch die externen Begleitungen erfolgen sollen und ab wann die Organisation voraussichtlich alleine weiterarbeiten kann (Doppler/Lauterburg 2008, S. 532). Zeitliche Modifikationen und Nachbesserungen während des Prozesses sind erlaubt und ›normal‹, der Prozess sollte aber zeitlich nicht ausufern, weil dann die Motivation der Mitarbeiter*innen leidet. Außerdem sollte rechtzeitig, also deutlich vor dem ursprünglich geplanten Ende, über ein neues Zeitziel verhandelt und berichtet werden.

Impulse aus der Praxis zum Nutzen des Blicks von außen

Die Schilderungen der von uns befragten Expert*innen aus der Praxis zeigen, dass externe Berater*innen in den QE-Prozessen eine *wichtige Rolle* spielen.

Berater*innen als Hilfe, um zu wichtigen Fragen zu gelangen und sich nicht zu verzetteln

»Q-Standards aus sich selbst heraus zu entwickeln ist schwierig. Man sieht manchmal den Wald vor lauter Bäumen nicht«.

Berater*innen als wichtige Impulsgeber

»Wir brauchen die externe Unterstützung, um immer wieder neue Impulse zu kriegen, wie man QE noch machen könnte. Manchmal, wenn man zu eingefahren ist und nur auf das eine Thema blickt«.

5.3.5 Erforderliche Ressourcen

Ein weiteres Spannungsfeld für das QM in kleinen Einrichtungen ist neben der methodischen Frage das Problem der begrenzten Ressourcen. Selbst für den Fall, dass QM/QE nur in begrenztem Ausmaß und mit wenigen ausgewählten Methoden erfolgt und leicht in den Alltag der Einrichtung integriert werden kann, wird die Implementation von QM/QE ohne ein gewisses Maß an zusätzlichen zeitlichen, personellen und finanziellen Ressourcen nicht funktionieren.

Wenn das Thema noch in die ohnehin vielfältigen Anforderungen des Alltags der Einrichtung hineingezwängt wird, besteht die Gefahr, dass sich die Bereitschaft der Mitarbeiter*innen zum Engagement in Grenzen halten und dass QM/QE mehr als lästige Pflicht denn als Chance begriffen wird. Durch eine solche Geringschätzung von Aufwand und notwendigem Engagement kann die Bedeutung des Themas von vornherein nivelliert werden. Hier sind Leitungskräfte, Träger und Geldgeber gefordert, die beteiligten Fachkräfte für die erforderlichen zusätzlichen Arbeiten zu entlasten und ihr Engagement dabei angemessen zu würdigen.

Wenn die Beschäftigung mit Qualität in der Einrichtung als umfassender Prozess gedacht ist, empfiehlt es sich, den Kostenrahmen im Vorhinein festzulegen, um eine realistische Basis für Planungen zu schaffen und Transparenz für alle Beteiligten herzustellen. Schnellschüsse bzw. allzu grobe Überschlagskalkulationen wirken dann kontraproduktiv, wenn bereits zugesagte Maßnahmen, wie z. B. Fortbildungen, wieder gestrichen werden müssen. Dies erzeugt Demotivation und ist Wasser auf die Mühlen derjenigen, die dem Prozess skeptisch bis ablehnend gegenüberstehen. Manchmal ist es schwierig, exakte Zahlen zu den Ressourcen im Vorhinein festzulegen. Die Botschaft, dass der Prozess durchaus etwas ›kosten darf‹, ist insgesamt entscheidend (Schiersmann/Thiel 2014, S. 35). Konkrete Zusagen sollten dann schnellst möglich nachgeliefert werden.

Die Personalkosten stellen bei den eingesetzten Ressourcen i. d. R. den größten Posten dar. Hier sollte ein Spielraum ›nach oben‹ eingeplant werden, denn es ist teilweise schwer absehbar, wie lange ein Qualitätsteam für seine Aufgaben braucht, v. a. wenn in der Einrichtung noch keine Erfahrungen damit vorliegen.

Neben den Personalkosten fallen auch Sachkosten an für Literatur, technische Hilfsmittel, Fortbildungen, Reisen, Workshops etc. Auch die Ressourcen Wissen und Know-how spielen eine wichtige Rolle. Diese immateriellen Ressourcen müssen genauso geplant und gesteuert werden wie die materiellen. Dies erfordert von Leitungskräften einschätzen zu können, welche Kompetenzen in der Einrichtung im Hinblick auf QM/QE und die darin verankerten Prozesse vorhanden sind und welche noch aufgebaut werden müssen. Der Bedarf hierfür ist nicht leicht ermittelbar, denn fehlende Kompetenzen im Hinblick auf Methoden wie Selbstevaluation und Konzeptionsentwicklung werden kaum in Befragungen ehrlich von den Fachkräften selbst eingeschätzt. Zum einen ›outet‹ man sich ja, wenn man preisgibt, was man (noch) nicht beherrscht. Zum anderen können konkrete Themenfelder z. T. erst dann benannt werden, wenn die QM-/QE-Maßnahme bereits Gestalt angenommen hat und sich konkrete methodische Vorgehensweisen herauskristallisieren. Deshalb muss zwar bereits zu Beginn der QM/QE, aber auch während des gesamten Verlaufs darauf geachtet werden, wo (Nach-)Qualifizierungsbedarfe auftauchen und angemeldet werden. Wichtig ist, dass Leitungskräfte auftretende Fortbildungsbedarfe und Wissenslücken nicht negativ bewerten, in dem Sinne etwa, dass es sich hier ja um Standardwissen handele, sondern dass die von Mitarbeiter*innen artikulierten Wünsche positiv aufgegriffen werden.

Insgesamt gilt, dass die Ressourcenfrage sehr unterschiedlich ausfällt und weder pauschal noch von außen beantwortet werden kann. Aus dem Beispiel in Kapitel 4.2 wird erkennbar (▶ Kap. 4.2.3), dass es auch mit wenig zusätzlichen Ressourcen gehen kann, wenn die ausgewählten Themen der QE und die hierfür erforderlichen Erhebungen und Auswertungen wenig umfangreich und gut in den Alltag des Teams integrierbar sind.

Impulse aus der Praxis zu den erforderlichen Ressourcen

Die Schilderungen der von uns befragten Expert*innen aus der Praxis beziehen sich auf die Herausforderung, *die Ressourcenfrage zu Beginn der QE-Arbeit angemessen beantworten* zu können. Auch die Wissensressourcen bei Mitarbeiter*innen werden thematisiert.

Von der Notwendigkeit und Schwierigkeit, erforderliche Ressourcen im Vorhinein festzulegen

»*Jetzt im laufenden Prozess habe ich gedacht, es wäre gut gewesen, mal ein paar Anhaltspunkte vielleicht durch Austausch mit anderen Leitungskräften gehört zu haben für dieses Verfahren. Wir mussten immer mal wieder nachbessern mit den Stunden für das Qualitätsteam. Gut, aber letztlich haben wir ein vernünftiges Maß gefunden.*«

Wissensressourcen sind sensibles Thema und gleichzeitig wichtig

»*Wir müssen da auch sensibel schauen: Was können meine Mitarbeiter*innen und wo müssen wir noch Unterstützung durch Fortbildungen usw. geben?*«

5.3.6 QE als Leitungsaufgabe

Forschungen belegen, dass der Erfolg von bedeutsamen Veränderungsstrategien in Organisationen davon abhängt, dass die Firmenleitung sie aktiv und kontinuierlich unterstützt (vgl. Schiersmann Thiel/2014, S. 402). Diese Unterstützung bezieht sich einerseits auf die Gestaltung und Bereitstellung adäquater Strukturen und Ressourcen, andererseits muss Leitung auch die personenbezogenen Bedingungen herstellen, die für die Gestaltung von Veränderung und Entwicklung – und die Implementation von QM ist als solches zu verstehen – erforderlich sind. Dazu gehört es, zu definieren, in welcher Weise sich die Mitarbeiter*innen beteiligen *können*, *sollen* und *dürfen* und in welchen *Prozessen* dies erfolgen kann (Vomberg 2010, S. 57).

Dies bedeutet, dass QM/QE nur durch und mit einer Leitung erfolgen kann, die eine Vorstellung davon hat, wie die Implementation aussehen kann und v. a. wie Mitarbeiter*innen daran zu beteiligen sind. In den universellen bzw. formalen QM-Systemen wie TQM, DIN EN ISO 9000ff, EFQM, LQW wird Leitung bzw. Führung auch als umfassender Qualitätsbereich beschrieben, der die *Grundlage* für die Fähigkeit der Organisation schafft, QM/QE sinnvoll zu betreiben. So wird im EFQM-Modell die ›Führung‹ als das erste ›Befähiger‹-Kriterium gefasst, das mit vier anderen ›Befähigern‹ als Grundlage für die Erfolge des Unternehmens verantwortlich ist. Das TQM stellt andersherum die QE sogar ins Zentrum aller Managementbemühungen (Müller 2017, S. 114ff). Neben diese *inhaltlich* begründete Definition von Leitung als expliziten Qualitätsbereich kommt in den QM-Systemen auch die *formale* Verantwortung von Leitungskräften zum Tragen.

Diese besteht darin, für die Wirksamkeit des Verfahrens zu sorgen und letztlich darüber Rechenschaft abzulegen. Leitungskräfte tragen also die inhaltliche *und* die formale, d. h. die unternehmerische Gesamtverantwortung für QM/QE. Sie stehen in der Pflicht, das oder die Verfahren anzustoßen, zu begleiten, zu legitimieren und zu brauchbaren Ergebnissen zu führen.

Um dieser Verantwortung gerecht zu werden, hat Leitung im Kontext von QE drei zentrale Aufgaben (Merchel 2013, S. 181).

- Schaffung und Pflege einer Organisationskultur, auf deren Basis ein Klima der Lern- und Entwicklungsbereitschaft verankert werden kann: Dies beinhaltet neben der Partizipation und Fehlerfreundlichkeit auch die Offenheit für Wissen und Können der Mitarbeiter*innen. Von oben oktroyierte QM-Systeme sind für eine solche Kultur kontraproduktiv.
- Fachliche Anregungs- und Beratungsfunktion bei der Auswahl geeigneter Instrumente und bei der Anwendung der Verfahren. Dazu sind fundierte Kenntnisse im Hinblick auf den Umgang mit konkreten Tools, wie z. B. Anleitungen bzgl. der Erstellung einer Umweltanalyse oder der Durchführung einer Selbstevaluation, erforderlich.
- Implementierung des ausgewählten QE-Systems in strukturierter Form. Dabei müssen Teilprozesse und dazu passende Strukturen der Umsetzung definiert und wieder mit der Gesamtorganisation zusammengefügt werden. Die Aufgabe von Leitung, die Aufbau- und Ablauforganisation zu gestalten, erstreckt sich auch auf das Management von Qualität.

In größeren Einrichtungen gibt es verschiedene Leitungsebenen. All diese Ebenen müssen sich erkennbar im QM-/QE-Prozess beteiligen und miteinander abstimmen. Dabei kommen ihnen unterschiedliche Funktionen zu. Während die oberste Leitung die groben Richtungen und Ziele vorgeben muss, sind es die Leitungen der Abteilungen und Teams, die die konkrete Ausgestaltung und Umsetzung verantworten müssen. Die Erfüllung dieser Aufgaben und das Tragen der Gesamtverantwortung bedeuten aber nicht, den QE-Prozess ›top-down‹, also von oben (Leitung) nach unten (Mitarbeiter*innen) zu organisieren. Dies ist einerseits mit dem für Veränderungsprozesse notwendigen Prinzip der Beteiligung nicht vereinbar. Andererseits können Leitungskräfte diese QE-Prozesse auch nicht alleine planen und strukturieren, denn dafür braucht es sowohl das Wissen als auch die Bereitschaft zur aktiven Mitarbeit vieler Organisationsmitglieder. Eine herausragende Position kommt Mitarbeiter*innen zu, die die Prozesse vorantreiben, die also Kolleg*innen motivieren und mitreißen können, die in Konflikten vermitteln und die inhaltliche Vorschläge einbringen. Solche Personen können auch als »Change Agents« bezeichnet werden. Sie füllen als Promotoren verschiedene Rollen aus. Kristof (2010, S. 110f) zeigt in ihrem Promotorenmodell für Veränderungsprozesse vier zentrale Rollen von Change Agents auf:

5.3 Herausforderungen bei der Einführung und Gestaltung von QE

- »Als *Fachpromotoren* bringen sie vor allem Fachkompetenz mit ein. Sie stoßen Veränderungsprozesse an, entwickeln konkrete Lösungen für die Veränderungsidee, lösen Probleme und bringen die Umsetzung voran.
- Als *Prozesspromotoren* kombinieren sie Fach- und Führungskompetenz. Sie definieren die Probleme, gestalten die Veränderungsprozesse und kommunizieren mit den Beteiligten.
- Als *Machtpromotoren* verbinden sie Führungskompetenz und Einflussmöglichkeiten. (...) Sie initiieren die Veränderungsprozesse und fördern deren Erfolg.
- Als *Beziehungspromotoren* bringen sie Beziehungskompetenz mit ein. Sie kennen die für den Veränderungsprozess relevanten Netzwerke, können sich im komplexen Beziehungsgeflecht der Beteiligten erfolgreich bewegen und bringen die Kompetenz ein, Konflikte erfolgreich beizulegen«.

Wenngleich all diese Rollen in Veränderungsprozessen vorkommen bzw. übernommen werden sollten, ist es weder realistisch noch erforderlich, dass sie von einer einzelnen Person übernommen werden bzw. formalisiert zugeordnet werden müssen.

Auch wenn Leitungskräfte von internen Personen (Change Agents, Qualitätsbeauftragten) bzw. externen Berater*innen unterstützt werden, es bleibt ihre Aufgabe, den Prozess der QE anzustoßen. Für diese nach *innen* gerichtete Verantwortung gilt es, fachliche und formale Maßstäbe für Qualität und QM/QE *von außen* wahrnehmen, aufgreifen und in geeigneter Weise in die Organisation hereinzutragen. Der Blick von Leitungskräften über den Tellerrand der eigenen Einrichtung hinaus ist für die Planung und Gestaltung von QM/QE unerlässlich und sollte systematisch zu ihrem Aufgabenportfolio gehören. Es gilt, einen Überblick über Verfahren und Methoden von QM/QE zu erlangen und aufzubauen sowie arbeitsfeldspezifische Trends und (neue) Qualitätsanforderungen zu ermitteln. Dazu gehört auch, sich in Fachkreisen zu bewegen und über Erfahrungen mit QE-Verfahren zu informieren und auszutauschen. Ein solcher Wissenstransfer erleichtert eine sinnvolle Planung und Gestaltung der Implementationsprozesse. Leitungskräfte müssen dafür in der Lage sein, die Außen- und Innenimpulse zu verknüpfen und zu einer kohärenten Qualitätsstrategie zu formen.

Impulse aus der Praxis zu den Aufgaben der Leitung in der QE

Die von uns befragten Expert*innen sprechen beim Thema Leitung und QE/QM v. a. über passende ›Leitungsphilosophien‹.

Sich als lernende Organisation verstehen

Es geht darum »Lernen auf Dauer zu stellen. (...) Wenn es bei QE nur darum geht, Fehler zu vermeiden, stimmt etwas nicht«.

Anerkennung und Wertschätzung zeigen

»Ich bin der Überzeugung, jede Mitarbeiterin will gute Arbeit machen. (...) Wir wissen, dass die Arbeit schwer ist, und es gibt von außen bestimmte Anforderungen. Was können wir tun (als Organisation; die Verf.), dass gute Arbeit möglich ist«.

> **Vertrauen in Fähigkeiten der Mitarbeiter*innen praktizieren**
>
> »Lange Zügel lassen. Ich bin bisher nicht enttäuscht worden«. In QE-Prozessen »weniger die Details vorgeben, sondern eher Grundrichtungen des Handelns«, die die Mitarbeiter*innen in ihrer eigenen Fachlichkeit fordern. »Ich bin jetzt auch weg von den smarten Zielen«, die führen zu einem »Tunnelblick«. Es geht darum, den Mitarbeiter*innen grundlegende Orientierungen zu geben, aber auch »Freiheiten, um das zu gestalten (...). Ich brauche etwas Weicheres, Flexibleres, harte Formulierungen führen nicht zu besseren Ergebnissen. Es fordert mehr von den Mitarbeitern, aber es zahlt sich langfristig aus«.
> Allerdings passt diese Haltung nicht für alle: »Leute, die alles geregelt haben wollen, leiden bei mir«.
>
> **QE auf den richtigen Ebenen verankern**
>
> »Die Qualitätsarbeit an der richtigen Stelle zulassen, ermöglichen und wertschätzen und dort nicht reinregieren wollen. Realisieren, dass die eigentlichen QM-Prozesse auf der Fachbereichsebene geregelt werden. Sie dienen so der inhaltlichen Arbeit des jeweiligen Bereichs: Werden gelebt, weiterentwickelt und dienen dem täglichen Geschäft.«

Zusammenfassend machen die Befunde aus der Wissenschaft und die Erfahrungen aus der Praxis gleichermaßen deutlich, dass die Einführung von QM/QE nur gelingen kann oder besser gelingt, wenn

- alle Organisationsmitglieder angemessen informiert und beteiligt werden,
- Verfahren weder von ›außen‹ noch von ›oben‹ oktroyiert sind,
- Aufwand und Zeit des Vorhabens der Größe und Kapazität der Einrichtung entsprechen und kalkulierbare Elemente sind,
- Verfahren etabliert werden, die im Alltag praktikabel sind,
- Fort- und Weiterbildung zum Thema QM/QE ermöglicht wird,
- angemessene Strukturen für die Prozessgestaltung entwickelt sind,
- Ergebnisse produziert werden, die einen erkennbaren Mehrwert hervorbringen,
- Leitungskräfte Verantwortung, Know-how und Wertschätzung zeigen und schließlich,
- falls nötig, Unterstützung von außen hinzugezogen wird.

Zwar müssen Leitungen in jedem Fall ihre eigenen Erfahrungen machen und aus ihren eigenen Fehlern lernen, dennoch ist es sinnvoll, sich mit zentralen Herausforderungen im Vorhinein zu beschäftigen, um keine unnötigen Widerstände und Hürden zu erzeugen.

📖 Literatur zur Vertiefung

Vahs, Dietmar 2012: Organisation. Ein Lehr- und Managementbuch (8. Aufl.). Stuttgart: Schäffer-Poeschel, darin insbesondere Kapitel 7.4: »Hemmnisse des organisatorischen Wandels«

Schiersmann, Christiane/Thiel, Heinz-Ulrich 2014: Organisationsentwicklung. Prinzipien und Strategien von Veränderungsprozessen (4., überarb. u. akt. Aufl.). Wiesbaden: VS Verlag, darin insbesondere Kapitel 2: »Rahmenbedingungen einer OE: Auftragsklärung, Aufbaustruktur und Prozessarchitektur«

Literatur

Albus, Stefanie et al. (Hrsg.) 2010: Wirkungsorientierte Jugendhilfe. Abschlussbericht der Evaluation des Bundesmodellprogramms »Qualifizierung der Hilfen zur Erziehung (…)«, Münster/New York: Waxmann

Antosch, Peter 2013: Von der Qualitätsprüfung zum Managementsystem. In: Antosch, Peter/Linnertz, Bernadette (Hrsg.): Qualitätsmanagementsystem für die Apotheke. Berlin: Springer, S. 5–31

Arnold, Ulli 2014: Qualitätsmanagement in Sozialwirtschaftlichen Organisationen. In: Arnold, Ulli/Grunwald, Klaus/Maelicke, Bernd (Hrsg.): Lehrbuch der Sozialwirtschaft (4., erw. Aufl.). Baden-Baden: Nomos, S. 585–628

Arnold, Ulli 2014: Sozialmarketing. In: Arnold, Ulli/Grunwald, Klaus/Maelicke, Bernd (Hrsg.): Lehrbuch der Sozialwirtschaft (4., erw. Aufl.). Baden-Baden: Nomos, S. 650–706

Arnold, Ulli/Grunwald, Klaus/Maelicke, Bernd (Hrsg.) 2014: Lehrbuch der Sozialwirtschaft (4., erw. Aufl.). Baden-Baden: Nomos

Badura, B./Gross, Peter 1976: Sozialpolitische Perspektiven. Eine Einführung in Grundlagen und Probleme sozialer Dienstleistungen, München

Beckmann, Christoph/Otto, Hans-Uwe/Schaarschuch, Andreas/Schrödter, Marc 2006: Qualität und Wirkung in der Sozialpädagogischen Familienhilfe – Vorläufige Ergebnisse des DFG-Projektes Dienstleistungsqualität (im Internet unter: https://www.erziehungswissenschaft.uni-wuppertal.de/fileadmin/erziehungswissenschaft/fach_sozialpaedagogik/Ergebnisbericht_DFG-Projekt_DLQ.pdf; Abruf am 10.07.2018)

Beckmann, Christof 2009: Qualitätsmanagement und Soziale Arbeit. Wiesbaden: VS Verlag

Beywl, Wolfgang/Niestroj, Melanie 2016: Der Programmbaum. In: Univation (Hrsg.): Das ABC der wirkungsorientierten Evaluation (2. Aufl.). Köln, S. 137–149

Beywl, Wolfgang/Schepp-Winter, Ellen 1999: Zielfindung und Zielklärung. Ein Leitfaden (QS-Heft Nr. 21, hrsg. v. BMFSFJ). Bonn

Beywl, Wolfgang/Schepp-Winter, Ellen 2000: Zielgeführte Evaluation von Programmen. Ein Leitfaden (QS-Heft Nr. 29, hrsg. v. BMFSFJ). Bonn

Bieker, Rudolf 2004: Neue Kommunalverwaltung. Weinheim/München: Juventa

Boettner, Johannes 2009: Sozialraumanalyse – soziale Räume vermessen, erkunden, verstehen. In: Michel-Schwartze, Britta (Hrsg.): Methodenbuch Soziale Arbeit (2. Aufl.). Wiesbaden: VS Verlag, S. 259–292

Breede, Christina 2009: Realität von Konzeptionen der Jugendarbeit in Schleswig-Holstein. In: Sturzenhecker, Benedikt/Deinet, Ulrich (Hrsg.): Konzeptentwicklung in der Kinder- und Jugendarbeit. Reflexionen und Arbeitshilfen für die Praxis (2. Aufl.). Weinheim/München: Juventa, S. 12–33

Brinkmann, Volker 2010: Sozialwirtschaft. Grundlagen – Modelle – Finanzierung. Wiesbaden: Gabler

Buestrich, Michael/Wohlfahrt, Norbert 2008: Die Ökonomisierung der Sozialen Arbeit. In: Aus Politik und Zeitgeschichte, 12–13, bpb (im Internet unter: http://www.bpb.de/apuz/31339/die-oekonomisierung-der-sozialen-arbeit; Abruf am 20.10.2018)

Böhnisch, Lothar/Lösch, Hans 1973: Das Handlungsverständnis des Sozialarbeiters und seine institutionelle Determination. In: Otto, Hans-Uwe/Schneider, Siegfried (Hrsg.): Gesellschaftliche Perspektiven der Sozialarbeit, Band 2. Neuwied/Berlin, S. 21–40

Böhnisch, Lothar/Schröer, Wolfgang 2013: Soziale Arbeit – eine problemorientierte Einführung, Bad Heilbrunn: Klinkhardt

Böllert, Karin 2004: Qualität und Wettbewerb sozialer Dienste. In: Beckmann, Christof/Otto, Hans-Uwe/Richter, Martina/Schrödter, Mark (Hrsg.): Qualität in der Sozialen Arbeit. Zwischen Nutzerinteresse und Kostenkontrolle. Wiesbaden: VS Verlag, S. 121–132
Böttcher, Wolfgang 2008: Evaluation. In: Coelen, Thomas/Otto, Hans-Uwe (Hrsg.): Grundbegriffe Ganztagsbildung. Das Handbuch. Wiesbaden: VS Verlag, S. 889–898
Bührmann, Thorsten/König, Joachim 2012: Evaluation und Selbstevaluation in der Jugendsozialarbeit – eine Arbeitshilfe (= Schriftenreihe Theorie und Praxis, hrsg. v. AWO Bundesverband)
Crozier, Michel/Friedberg, Erhard 1993: Die Zwänge kollektiven Handelns. Über Macht und Organisation. Frankfurt a. M.: Hain
Dahme, Heinz-Jürgen/Wohlfahrt, Norbert 2014: Qualität. In: Otto, Hans-Uwe/Thiersch, Hans (Hrsg.): Handbuch Soziale Arbeit (5., erw. Aufl.). München: Reinhardt, S. 1236–1245
DBSH 1997: Berufsethik des DBSH (im Internet unter: https://www.dbsh.de/fileadmin/redaktionell/pdf/Sozialpolitik/DBSH-Berufsethik-2015-02-08.pdf; Abruf am 31.01.2018)
DBSH 1998: Grundsatzprogramm (im Internet unter: https://www.dbsh.de/fileadmin/downloads/Grundsatzprogramm.Vorstellung-klein.pdf; Abruf am 04.07.2018)
DBSH 2016: Definition Soziale Arbeit (im Internet unter: https://www.dbsh.de/fileadmin/downloads/20161114_Dt_Def_Sozialer_Arbeit_FBTS_DBSH_02.pdf; Abruf am 31.01.2018)
DeGEval 2016: Standards für Evaluation (im Internet unter: https://www.degeval.org/fileadmin/Publikationen/Kurzversion_der_Standards_fuer_Evaluation_-_Revision_2016.pdf; Abruf am 31.01.2018)
DGQ (Hrsg.) 2016: Qualitätsmanagement in der sozialen Dienstleistung. Nützlich – lebendig – unterstützend. Weinheim/Basel: Beltz Juventa
Dewe, Bernd/Otto, Hans-Uwe 2010: Reflexive Sozialpädagogik. Grundstrukturen eines neuen Typs dienstleistungsorientierten Professionshandelns. In: Thole, Werner (Hrsg.): Grundriss Sozialer Arbeit: ein einführendes Handbuch. Wiesbaden, S. 197–217
Doppler, Klaus/Lauterburg, Christoph 2008: Change Management. Den Unternehmenswandel gestalten (12., akt. u. erw. Aufl.). Frankfurt a. M./New York: Campus
Dupuis, André 2001: Konzeptionsarbeit als Bestandteil von Qualitätsentwicklung. In: Adolph, Petra/Dupuis, André/Hoffmann, Hilmar/Prott, Roger: Qualität kommt nicht von allein. Anforderungen für eine Entwicklungsaufgabe. GEW-Hauptvorstand. Frankfurt a. M., S. 15–20 (im Internet unter: http://www.kindergartenpaedagogik.de/624.html; Abruf am 15.10.2018)
Etzioni, Amitai 1964: Modern Organizations, Prentice Hall
Früchtel, Frank/Cypris, Gudrun/Budde, Wolfgang 2013: Sozialer Raum und Soziale Arbeit. Textbook: Theoretische Grundlagen (3., überarb. Aufl.). Wiesbaden: VS Verlag
Galuske, Michael 2011: Methoden der Sozialen Arbeit. Eine Einführung (9. Aufl.). Weinheim/München: Juventa
Garvin, David A. 1988: Managing Quality. New York: The Free Press
Gerull, Peter 2012: Sozialwirtschaftliches Qualitätsmanagement. Grundlagen, Konzepte, Instrumente. Saarbrücken: Akademiker Verlag
Girschner, Werner 1990: Theorie sozialer Organisationen, Weinheim/München: Juventa
Glasl, Friedrich 2008: Selbsthilfe in Konflikten. Konzepte, Übungen, praktische Methoden (5. Aufl.). Stuttgart/Bern: Haupt
Graf, Pedro/Spengler, Maria 2008: Leitbild- und Konzeptentwicklung (5., überarb. Aufl.). Augsburg: Ziel Verlag
Grohs, Stephan/Schneiders, Katrin/Heinze, Rolf G. 2014: Mission Wohlfahrtsmarkt. Institutionelle Rahmenbedingungen, Strukturen und Verbreitung von Social Entrepreneurship in Deutschland. Baden-Baden: Nomos
Grunwald, Klaus 2015: Qualitätsmanagement als methodisch gestütztes und auf Kriterien bezogenes Konzept. In: Bolay, Eberhard/Iser, Angelika/Weinhardt, Marc (Hrsg.): Methodisch Handeln. Beiträge zu Maja Heiners Impulsen zur Professionalisierung der Sozialen Arbeit. Wiesbaden, S. 119–131
Grunwald, Klaus/Thiersch, Hans (Hrsg.) 2016: Praxishandbuch Lebensweltorientierte Soziale Arbeit (3. Aufl.). Weinheim/München: Beltz Juventa

Hamburger, Franz 2012: Einführung in die Sozialpädagogik. Stuttgart: Kohlhammer
Heiner, Maja 2004: Professionalität in der Sozialen Arbeit. Theoretische Konzepte. Modelle und empirische Perspektiven. Stuttgart: Kohlhammer
Heiner, Maja 2007: Soziale Arbeit als Beruf. München/Basel: Reinhardt
Heiner, Maja 2010: Kompetent handeln in der Sozialen Arbeit. München/Basel: Reinhardt
Herrmann, Franz/Bolay, Eberhard 2015: Qualitätsmanagement in der Sozialen Arbeit als Praxisforschung und reflexives methodisches Handeln. In: neue praxis 5, S. 519–538
Herrmann, Franz 2013: Konfliktkompetenz in der Sozialen Arbeit. Neun Bausteine für die Praxis. München: Reinhardt
Herrmann, Joachim/Fritz, Holger 2011: Qualitätsmanagement. Lehrbuch für Studium und Praxis. München: Carl Hanser
Holdenrieder, Jürgen 2017a: Einführung. In: Holdenrieder, Jürgen (Hrsg.): Betriebswirtschaftliche Grundlagen Sozialer Arbeit (2., erw. u. überarb. Aufl.). Stuttgart: Kohlhammer, S. 13–42
Holdenrieder, Jürgen 2017b: Planung. In: Holdenrieder, Jürgen (Hrsg.): Betriebswirtschaftliche Grundlagen Sozialer Arbeit (2., erw. u. überarb. Aufl.). Stuttgart: Kohlhammer, S. 75–94
Holdenrieder, Jürgen (Hrsg.) 2017c: Betriebswirtschaftliche Grundlagen Sozialer Arbeit. Eine praxisorientierte Einführung (2., erw. u. überarb. Aufl.). Stuttgart: Kohlhammer
Hubbertz, Karl Peter 2002: Problemlösen und Verstehen. Ein strategisch-kommunikatives Modell beruflichen Handelns in der Sozialen Arbeit. In: Archiv für Wissenschaft und Praxis der Sozialen Arbeit, S. 84–127
Jordan, Erwin/Hansbauer, Peter/Merchel, Joachim/Schone, Reinhold 2001: Expertise Sozialraumorientierte Planung. Begründungen, Konzepte, Beispiele (hrsg. v. Institut für soziale Arbeit e. V.)
KGSt 2017: Kommunales Steuerungsmodell (im Internet unter: https://www.kgst.de/web/guest/ksm; Abruf am 06.06.2017)
Klatetzki, Thomas 2004: Organisatorische Qualität sozialer Dienste und Einrichtungen. In: Beckmann, Christof/Otto, Hans-Uwe/Richter, Martina/Schrödter, Mark (Hrsg.): Qualität in der Sozialen Arbeit. Zwischen Nutzerinteresse und Kostenkontrolle. Wiesbaden: VS Verlag, S. 185–198
König, Joachim 2006: Ein Praxisleitfaden zur Selbstevaluation in der Jugendhilfe. In: Unsere Jugend 58, 1, S. 13–20
König, Joachim 2007: Einführung in die Selbstevaluation. Ein Leitfaden zur Bewertung der Praxis Sozialer Arbeit. Freiburg i. Br.: Lambertus
König, Joachim (Hrsg.) 2016: Praxisforschung in der Sozialen Arbeit. Stuttgart: Kohlhammer
Kratz, Dirk 2015: Hilfe und Entfremdung. Ein biographischer Blick auf Langzeitarbeitslosigkeit und Hilfen zur Arbeit im Kontext der Sozialen Arbeit. Weinheim/Basel: Beltz Juventa
Kristof, Kora 2010: Wege zum Wandel. Wie wir gesellschaftliche Veränderungen erfolgreicher gestalten können. München: oekom
Luhmann, Niklas/Schorr, Karl Eberhard 1982: Das Technologiedefizit der Erziehung und die Pädagogik. In: Luhmann, Niklas/Schorr, Karl Eberhard (Hrsg.): Technologie und Selbstreferenz. Frankfurt a. M.: Suhrkamp, S. 11–40
Matul, Christian/Scharitzer, Dieter 2007: Qualität der Leistungen in NPOs. In: Badelt, Christoph/Meyer, Michael/Simsa, Ruth (Hrsg.): Handbuch der Nonprofit Organisation. Strukturen und Management (4. Aufl.). Stuttgart: Schäffer-Poeschel, S. 532–556
May, Michael 2008: Aktuelle Theoriediskurse in der Sozialen Arbeit. Eine Einführung. Wiesbaden: VS Verlag
Mayerhofer, Helene/Meyer, Michael 2007: Projekte und Projektmanagement in NPO. In: Badelt, Christoph et al. (Hrsg.): Handbuch der Nonprofit Organisation (4. Aufl.). Stuttgart: Schäffer-Poeschel, S. 401–425
Mayring, Philipp 2002: Einführung in die Qualitative Sozialforschung (5. Aufl.). Weinheim/Basel: Beltz

Meinhold, Marianne/Matul, Christian 2011: Qualitätsmanagement aus der Sicht von Sozialarbeit und Ökonomie (2., überarb. u. akt. Aufl.). Baden-Baden: Nomos
Merchel, Joachim 2005: Organisationsgestaltung in der Sozialen Arbeit. Weinheim/München: Juventa
Merchel, Joachim 2010a: Leiten in Einrichtungen der Sozialen Arbeit. München/Basel: Reinhardt
Merchel, Joachim 2010: Evaluation in der Sozialen Arbeit. München/Basel: Reinhardt
Merchel, Joachim 2013: Qualitätsmanagement in der Sozialen Arbeit. Eine Einführung (4., akt. Aufl.). Weinheim/Basel: Beltz Juventa
Merten, Roland 2004: Inklusion/Exklusion und Soziale Arbeit. In: Merten, Roland/Scherr, Albert (Hrsg.): Inklusion und Exklusion in der Sozialen Arbeit. Wiesbaden: VS Verlag, S. 99–118
Michel-Schwartze, Brigitta 2009: Konzeptionsentwicklung als Steuerungsmethode. In: Michel-Schwartze, Brigitta (Hrsg.): Methodenbuch für die Soziale Arbeit. Wiesbaden: VS Verlag, S. 293–316
Moser, Heinz 1995: Grundlagen der Praxisforschung. Freiburg i. Br.: Lambertus
Moser, Heinz 2012: Instrumentenkoffer für die Praxisforschung. Eine Einführung (5. Aufl.). Freiburg i. Br.: Lambertus
Müller, Bettina 2017: Organisationsentwicklung. In: Holdenrieder, Jürgen (Hrsg.): Betriebswirtschaftliche Grundlagen Sozialer Arbeit: eine praxisorientierte Einführung (2., erw. u. überarb. Aufl.). Stuttgart: Kohlhammer, S. 98–126
Müller, Bettina/Zöller, Ulrike/Diezinger, Angelika/Schmid, Alexander 2015: Lehrbuch Integration von Jugendlichen in die Arbeitswelt. Weinheim: Beltz Juventa
Müller, Burkhard 2009: Sozialpädagogisches Können. Ein Lehrbuch zur multiperspektivischen Fallarbeit (6. Aufl.). Freiburg i. Br.: Lambertus
Müller, Burkhard 2010: Professionalisierung. In: Thole, Werner (Hrsg.): Grundriss Soziale Arbeit, Wiesbaden: VS Verlag, S.955–974
Olk, Thomas 1986: Abschied vom Experten. Soziale Arbeit auf dem Weg zu einer alternativen Professionalität. Weinheim/München: Juventa
Olk, Thomas/Speck, Karsten 2008: Qualität und Qualitätsentwicklung in der Sozialpädagogik. In: Klieme, Eckhard/Tippelt, Rudolf (Hrsg.): Qualitätssicherung im Bildungswesen. Weinheim/Basel: Beltz, S. 76–95 (= Zeitschrift für Pädagogik, Beiheft 53).
Perko, Gudrun 2016: Wogegen und wofür? Kritische Perspektiven auf Mündigkeit und Autonomie in der Sozialen Arbeit. In: Kleve, Heiko/Fischer, Danica/Grill, Beatrix/Horn, Ralf/Kesten, Eik/Langer, Hannes (Hrsg.): Autonomie und Mündigkeit in der Sozialen Arbeit. Weinheim/Basel: Beltz Juventa, S. 122–137
PHINEO o. J.: Wirkung Lernen (im Internet unter: www.wirkung-lernen.de/wirkung-planen/bedarfsanalyse/zweck/; Abruf am 22.07.2018)
Pracht, Arnold/Bachert, Robert 2005: Strategisches Controlling – Controlling und Rechnungswesen in Sozialen Unternehmen. Weinheim/München: Juventa
Preis, Wolfgang 2010: Prozessmanagement in der Sozialen Arbeit – Soziale Arbeit als Prozessmanagement. Berlin: RabenStück Verlag
Preissendörfer, Peter 2005: Organisationssoziologie. Eine Einführung. Wiesbaden: VS Verlag
Rose, Barbara 2004: Wer bestimmt die Qualität? Anmerkungen zum Qualitäts-Diskurs und seinen Wirkungen in der Sozialen Arbeit. In: Beckmann, Christof/Otto, Hans-Uwe/Richter, Martina/Schrödter, Mark (Hrsg.): Qualität in der Sozialen Arbeit. Zwischen Nutzerinteresse und Kostenkontrolle. Wiesbaden: VS Verlag, S. 211–220
Rüegg-Stürm, Johannes 2005: Das neue St. Galler Management-Modell. Grundkategorien einer integrierten Managementlehre. Der HSG-Ansatz (2., durchges. Aufl.) Bern/Stuttgart: Haupt
Schein, Edgar H. 2010: Organisationskultur (3. Aufl.). Bergisch Gladbach: Edition Humanistische Psychologie
Scherr, Albert 2005: Subjektorientierte Jugendarbeit. In: Deinet, Ulrich/Sturzenhecker, Benedikt (Hrsg.): Handbuch Offene Jugendarbeit (3. Aufl.). Wiesbaden, S. 613–622

Schilling, Johannes 1995: Didaktik – Methodik der Sozialpädagogik. Grundlagen und Konzepte (2., überarb. Aufl.). Neuwied: Luchterhand

Schlummer, Bärbel/Schlummer, Werner 2003: Erfolgreiche Konzeptionsentwicklung in Kindertagesstätten. München/Basel: Reinhardt

Schreyer-Schubert, Anne/Hanselmann, Paul G./Friz, Albrecht 2000: Leitfaden für Qualitätsbeauftragte (QS-Heft Nr. 28, hrsg. v. BMFSFJ). Bonn (im Internet unter: https://www.bmfsfj.de/bmfsfj/service/publikationen/qs-28--leitfaden-fuer-qualitaetsbeauftragte/96390; Abruf am 25.01.2018)

Schütze, Fritz 1992: Soziale Arbeit als ›bescheidene‹ Profession. In: Dewe, Bernd et al. (Hrsg.): Erziehen als Profession. Zur Logik professionellen Handelns in pädagogischen Feldern. Opladen: Leske + Budrich, S. 132–170

Scriven, Michael 1991: Evaluation Thesaurus. London: Sage

Seibel, Wolfgang 1992: Funktionaler Dilettantismus. Erfolgreich scheiternde Organisationen. Baden-Baden: Nomos

Senge, Peter M. 1993: Die Fünfte Disziplin. Kunst und Praxis der lernenden Organisation. Stuttgart: Schäffer-Poeschel

Spatscheck, Christian 2009: Methoden der Sozialraum- und Lebensweltanalyse im Kontext der Theorie- und Methodendiskussion der Sozialen Arbeit. In: Deinet, Ulrich (Hrsg.): Methodenbuch Sozialraum. Wiesbaden: VS Verlag, S. 33–43

Spatscheck, Christian (2009): Theorie- und Methodendiskussion. In: sozialraum.de 1 (im Internet unter: https://www.sozialraum.de/spatscheck-theorie-und-methodendiskussion.php; Abruf am 19.07.2018)

Staub-Bernasconi, Silvia 2007: Soziale Arbeit als Handlungswissenschaft: Bern: Haupt

Univation 2019: Der Programmbaum (im Internet unter: http://www.univation.org/programmbaum; Abruf am 06.05.2019)

Steinmann, Horst/Schreyögg, Georg/Koch, Jochen 2013: Management. Grundlagen der Unternehmensführung. Konzepte – Funktionen – Fallstudien (7. Aufl.). Wiesbaden: Gabler Springer

Textor, Martin R./Bustelmann, Antje 2018: Das Kita-Handbuch (im Internet unter: https://www.kindergartenpaedagogik.de/; Abruf am 10.07.2018)

Tov, Eva/Kunz, Regula/Stämpli, Adi 2013: Schlüsselsituationen der Sozialen Arbeit. Professionalität durch Wissen, Reflexion und Diskurs in Communities of Practice. Bern: hep-Verlag

Trubel, Elisabeth/Bastian, Andrea 2016: Qualitätsmanagement visuell verstehen, vermitteln und verankern. Freiburg i. Br.: Lambertus

Vahs, Dietmar 2012: Organisation. Ein Lehr- und Managementbuch (8. Aufl.). Stuttgart: Schäffer-Poeschel

Van der Donk, Cyrilla/van Lanen, Bas/Wright, Michael T. 2014: Praxisforschung im Sozial- und Gesundheitswesen. Bern: Huber

Vomberg, Edeltraut 2010: Praktisches Qualitätsmanagement. Ein Leitfaden für kleinere und mittlere Soziale Einrichtungen. Stuttgart: Kohlhammer

Von Spiegel, Hiltrud 2004: Methodisches Handeln in der Sozialen Arbeit. München/Basel: Reinhardt

Von Spiegel, Hiltrud 2013a: Methodisches Handeln in der Sozialen Arbeit (5. Aufl.). München/Basel: Reinhardt

Von Spiegel, Hiltrud 2013b: Konzeptionen entwickeln in der Offenen Kinder- und Jugendarbeit. In: Deinet, Ulrich/Sturzenhecker Benedict (Hrsg.): Handbuch Offene Kinder- und Jugendarbeit. Wiesbaden: VS Verlag, S. 491–501

Von Spiegel, Hiltrud 2018: Methodisches Handeln in der Sozialen Arbeit (6., durchges. Aufl.). München/Basel: Reinhardt

Vogel, Ch. 2002: LQM (Local Quality Management) – ein Qualitätsprogramm aus systemischer Perspektive. In: Vomberg, Edeltraut (Hrsg.): Qualitätsmanagement als Zukunftsstrategie für die Soziale Arbeit. Mönchengladbach, S. 221–244

Wiesner, Reinhard (Hrsg.) 2015: SGB VIII – Kinder- und Jugendhilfe. Kommentar (5. Aufl.). München: C. H. Beck

Wolf, Klaus 2007: Metaanalyse von Fallstudien erzieherischer Hilfen hinsichtlich von Wirkungen und »wirkmächtigen« Faktoren aus Nutzersicht (im Internet unter: http://www.wirkungsorientierte-jugendhilfe.de/seiten/material/wojh_schriften_heft_4.pdf; Abruf am 30.01.2018)

Wolf, Klaus 2006: Wie wirken pädagogische Interventionen? In: Jugendhilfe 44, 6, S. 294–308

Wöhrle, Armin 2008: Management im Umbruch. In: Sozialwirtschaft 2, S. 9–12

Zech, Rainer 2015: Qualitätsmanagement und gute Arbeit. Grundlagen einer gelingenden Qualitätsentwicklung für Einsteiger und Skeptiker. Wiesbaden: Springer

Abkürzungsverzeichnis

AG	Arbeitsgemeinschaft
ASD	Allgemeiner Sozialer Dienst
AWO	Arbeiterwohlfahrt
AZAV	Akkreditierungs- und Zulassungsverordnung – Arbeitsförderung
BAGFW	Bundesarbeitsgemeinschaft der Freien Wohlfahrtspflege
BAGFW	Bundesarbeitsgemeinschaft der Freien Wohlfahrtspflege
BMFSFJ	Bundesministerium für Familie, Senioren, Frauen und Jugend.
bpb	Bundeszentrale für politische Bildung
BSHG	Bundessozialhilfegesetz
BVJ	Berufsvorbereitungsjahr
DBSH	Deutscher Berufsverband für Soziale Arbeit
DeGEval	Deutsche Gesellschaft für Evaluation
DEKRA	Deutscher Kraftfahrzeug-Überwachungs-Verein
DGQ	Deutsche Gesellschaft für Qualität e. V.
DIN	Deutsches Institut für Normung
EFQM	European Foundation for Quality Management
EN	Europäische Norm
ESF	Europäischer Sozialfond für Deutschland
GAB	Gesellschaft für Ausbildungsforschung und Berufsentwicklung
ISO	Internationale Organisation für Normung
KGSt	Kommunale Gemeinschaftsstelle für Verwaltungsvereinfachung/ Kommunale Gemeinschaftsstelle für Verwaltungsmanagement (ab 2005)
LEWO	Lebensqualität in Wohnstätten für erwachsene Menschen mit geistiger Behinderung
LQM	Local Quality Management
LQW	Lernorientiere Qualitätstestierung Weiterbildung
NSM	Neues Steuerungsmodell
OE	Organisationsentwicklung
QE	Qualitätsentwicklung
QM	Qualitätsmanagement
SGB	Sozialgesetzbuch
SOFT	Satisfactions (Zufriedenheit), Opportunities (Möglichkeiten), Faults (Fehler), Threats (Gefahren)
SPFH	Sozialpädagogische Familienhilfe

TQM Total Quality Management
TÜV Technischer Überwachungsverein

Abbildungsverzeichnis

Abb. 1: Die Qualitätsdebatte in der Sozialen Arbeit 8
Abb. 2: Entwicklungslinie »Qualität im betrieblichen Kontext« 17
Abb. 3: Dimensionen von Qualität nach Donabedian 40
Abb. 4: Struktur Sozialer Arbeit und ihrer Rahmenbedingungen 60
Abb. 5: Beispiele für die Ausrichtung von Forschung im Sozial- und Gesundheitswesen 72
Abb. 6: Zyklus der Praxisforschung 73
Abb. 7: Einfaches Programm-Modell 83
Abb. 8: Der Programmbaum 84
Abb. 9: Zielpyramide 90
Abb. 10: Formen von Evaluation 95
Abb. 11: Methodische Arrangements in Evaluationen 97
Abb. 12: Beispiel für die Operationalisierung eines pädagogischen Handlungsziels 100
Abb. 13: Die Resultate-Treppe 108
Abb. 14: Kriteriengeleitete Evaluation 110
Abb. 15: Analysefelder der allgemeinen Umwelt 127
Abb. 16: Modell zur Geschäftsfeldanalyse in Sozialunternehmen 131
Abb. 17: Beispiel für eine Kraftfeldanalyse 141
Abb. 18: Modell einer Unternehmenskultur nach Edgar Schein 146
Abb. 19: Stärken-Schwächen-Analyse einer sozialwirtschaftlichen Einrichtung 148
Abb. 20: Arbeitsphasen im Projektverlauf 185
Abb. 21: Gründe für den Widerstand bei Veränderungen 198

Tabellenverzeichnis

Tab. 1: Standpunkte zur Stärkung des Qualitätsthemas in der Sozialen Arbeit 23
Tab. 2: Handlungsmodi in der Sozialen Arbeit 53
Tab. 3: Handlungsebenen und Handlungsbereiche methodischen Handelns 57
Tab. 4: Modifiziertes Modell methodischen Handelns als Bezugspunkt für QE in der Sozialen Arbeit 77
Tab. 5: Handlungsmuster im Kontext der QE 82
Tab. 6: Erläuterung der Elemente des Programmbaums 84
Tab. 7: Beispiel für eine Zielhierarchie 89
Tab. 8: Beispiel für ein Zielsystem 90
Tab. 9: Unterscheidung von Wirkungs- und Handlungszielen 91
Tab. 10: Themen und Informationen einer Umweltanalyse im Bereich der Arbeitshilfen 129
Tab. 11: Raster Stakeholderanalyse 138
Tab. 12: Beispiel für eine Stakeholderanalyse 139
Tab. 13: Beispiel für eine quantifizierende Stakeholderanalyse 140
Tab. 14: Stärken-Schwächen-Analyse der Abteilungen Ausbildungshilfen und Beschäftigungshilfen 151
Tab. 15: Stärken-Schwächen-Analyse der Abteilungen Ausbildungshilfen und Beschäftigungshilfen im direkten Vergleich 151
Tab. 16: Gegenüberstellung von Zielsetzung/Charakter, Inhalten und Zielgruppen verschiedener Konzeptionstypen 158
Tab. 17: Erwartungssammlung 166
Tab. 18: Zielentwicklung berufliche Eingliederung von langzeitarbeitslosen Menschen 167
Tab. 19: Instrumente zum Schlüsselprozess »Gestaltung von Lernsituationen in Gruppen im Bereich der Hilfen für Langzeitarbeitslose« und zu den darin enthaltenen Schlüsselsituationen: »Umgang mit Konflikten« und »Umgang mit Störungen« 173
Tab. 20: Verbindung von Zielebenen und Planung von Schlüsselsituationen 174
Tab. 21: Unterschiede zwischen Projekt und Basisorganisation 186